Christian Pantle
Der Bauernkrieg

Propyläen wurde 1919 durch die Verlegerfamilie Ullstein als Verlag für hochwertige Editionen gegründet. Der Verlagsname geht zurück auf den monumentalen Torbau zum heiligen Bezirk der Athener Akropolis aus dem 5. Jh. v. Chr. Heute steht der Propyläen Verlag für anspruchsvolle und fundierte Bücher aus Geschichte, Zeitgeschichte, Politik und Kultur.

Christian Pantle

Der Bauernkrieg

Deutschlands großer Volksaufstand

Propyläen

Wir verpflichten uns zu Nachhaltigkeit
• Papiere aus nachhaltiger Waldwirtschaft und anderen kontrollierten Quellen
• Druckfarben auf pflanzlicher Basis
• ullstein.de/nachhaltigkeit

MIX
Papier | Fördert gute Waldnutzung
FSC® C083411
FSC www.fsc.org

Propyläen ist ein Verlag der Ullstein Buchverlage GmbH.
www.propylaeen-verlag.de

ISBN 978-3-549-10051-6
4. Auflage 2025

Lektorat: Christian Seeger
Karten: Peter Palm, Berlin
Gesetzt aus der Sabon
Satz: Arnold & Domnick
Repro: LVD GmbH
Druck und Bindung: CPI books GmbH, Leck

Für Heike

INHALT

EINFÜHRUNG

Am 8. Mai 1525 steht das Rebellenheer erstmals vor verschlossenen Toren – nach einem beeindruckenden Siegeszug, der nur drei Wochen zuvor begonnen hat: Mitte April marschierten rund 2000 bewaffnete Bauern und Bürger im Norden des Herzogtums Württemberg los, angeführt von dem Gastwirt Matern Feuerbacher, den sie zum obersten Hauptmann gewählt hatten. Die Aufständischen nahmen kampflos einen Ort nach dem anderen ein, sogar die Landeshauptstadt Stuttgart, und rekrutierten dabei immer weitere Truppen aus dem Volk. Auf 12 000 Mann schwoll so ihre Streitmacht an, die nun vor Herrenberg steht, einem befestigten Städtchen südwestlich von Stuttgart.

Die Aufständischen sind nicht die Einzigen, die es auf Herrenberg abgesehen haben. Nur einen Tagesmarsch entfernt steht eine 8000 Mann starke Armee des Adels, angeführt von dem Feldherrn Georg Truchsess von Waldburg. Der hatte schon einige Hundert bayerische Landsknechte vorausgeschickt, die Herrenberg besetzten. Diese Vorhut blickt jetzt von den Stadtmauern herab auf ein Furcht einflößendes Meer aus kampfbereiten Bauern und Bürgern, die zudem 33 Kanonen mit sich führen.

Feuerbacher fordert die Stadt schriftlich zur Übergabe auf, ohne Erfolg. Er hofft immer noch auf eine friedliche Lösung des Konflikts mit dem Adel und will auf einen Angriff verzichten. Doch er kann sich damit im Kriegsrat der Rebellen nicht durchsetzen, wie aus späteren Prozessakten hervorgeht. Insbesondere der zweite oberste Hauptmann, Hans Wunderer, der mit Feuerbacher eine Doppelspitze bildet, dringt auf einen raschen Sturmangriff.

Um 8 Uhr morgens versuchen es die Aufständischen noch einmal mit einem Drohbrief: Sie fordern die Herrenberger auf, ihre Frauen und Kinder aus der Stadt zu schaffen und so in Sicherheit zu bringen. Denn man werde angreifen. Die Stadtoberen erbeten sich zwei Stunden Bedenkzeit. Die will Feuerbacher konziliant gewähren – und bringt damit die anderen Anführer im Kriegsrat gegen sich auf. Diese werfen ihm vor, den Angriff zu hintertreiben, drohen sogar, ihn zu erstechen. Hans Wunderer schreit: »Wir wollen stürmen!«, und Feuerbacher gibt dem Druck nach.

Um 10 Uhr beginnt der Angriff. Hans Wunderer prescht mit dem »Verlorenen Haufen« voran – so heißt in der damaligen Militärsprache ungeschönt der Teil des Heeres, der zuerst Feindberührung hat und dadurch die meisten Verluste erleidet. Feuerbacher begibt sich in Rüstung zu dem »Gewalthaufen«, dem zahlenmäßig stärksten Teil des Heeres, und führt diesen hinter die Stadt. Trotz seiner Kriegsskepsis feuert er die Männer an, ihr Bestes zu geben. Dann eilt er nach vorne und lässt an einem Stadttor graben, um dieses zu unterminieren.

Die Verteidiger sehen derweil Menschenmassen auf sich zurollen: Von drei Seiten versuchen die Rebellen, in die Stadt zu gelangen. Die Landsknechte und Herrenberger Einwohner auf den Stadtmauern lassen sich davon nicht einschüchtern. Sie werfen die Anstürmenden von den Leitern und wehren zwei Angriffswellen ab.

Die Aufständischen allerdings haben kriegserfahrene Männer in ihren Reihen – und weitere Belagerungstechniken in petto: Sie schießen Feuerpfeile über die Mauern, setzen so 18 Häuser in Brand, und sie sprengen mit Pulver ein Stadttor in die Luft.

Nun kapitulieren die Herrenberger. Sechs Stunden hat der

Kampf gedauert, 200 Angreifer kamen ums Leben. Matern Feuerbacher betritt mit weiteren Rebellenführern zuerst die Stadt. Die bayerischen Landsknechte lässt er in einer Kirche einsperren und von Vertrauten beschützen – viele Aufständische sind auf Rache aus, wollen die Gefangenen erstechen. Feuerbacher muss immer wieder mäßigend eingreifen, aber er kann nicht überall zugleich sein: Der Pfarrhof wird geplündert, den Landsknechten ihr Hab und Gut abgenommen. Doch insgesamt scheinen sich die Sieger diszipliniert zu verhalten. Von Morden oder Zerstörungen ist nichts überliefert.

Georg Truchsess von Waldburg erfährt noch am selben Abend von der Kapitulation Herrenbergs. Gleich am nächsten Morgen, dem 9. Mai 1525, zieht er mit seiner Armee zu der Stadt. Dort muss er erkennen, dass sich seine Gegner bereits strategisch geschickt in Schlachtordnung aufgestellt haben: Ein Teil des Rebellenheeres steht auf dem Berg hinter der Stadt, ein weiterer vor den Mauern, mit den Kanonen im Anschlag und geschützt durch eine Wagenburg. Georg Truchsess verzichtet auf den aussichtslos erscheinenden Angriff. Stattdessen lässt er, womöglich zum Frustabbau, ein paar umliegende Dörfer anzünden und mit seinen Kanonen aus der Distanz auf die Stadt schießen.

Wenig später erscheint vor ihm ein gegnerischer Bote mit der Nachricht, dass die Aufständischen am folgenden Morgen eine Schlacht liefern wollen. Georg Truchsess sieht sich damit wohl am Ziel – das Verhandeln und Taktieren hat ein Ende, endlich entscheiden die Waffen. Doch am nächsten Tag sind die Gegner verschwunden. Die Nachricht war nur eine Finte, damit das Rebellenheer um 2 Uhr nachts ungestört Herrenberg verlassen konnte, um sich in das 16 Kilometer entfernte Sindelfingen zurückzuziehen. Noch einmal sind Feuerbacher und seine Männer dem Truchsess entschlüpft. Es sollte der letzte Aufschub sein vor der großen Schlacht um Württemberg, die einen Wendepunkt darstellen wird im größten Volksaufstand, den Europa bis zur Französischen Revolution 1789 erlebt.

Denn Feuerbacher und sein Heer sind nur ein Teil des umfassenden Freiheitskampfes, den der kommunistische Vordenker Friedrich Engels 1850 mit Recht den »großartigsten Revolutionsversuch des deutschen Volkes« nennt: Geschätzt 200 000 Bauern und Bürger erheben sich 1525 gegen ihre adligen Herren und organisieren sich in paramilitärischen Verbänden quer durch die deutschsprachigen Länder. Vom Bodensee bis zum Thüringer Wald, von Salzburg bis Südtirol übernehmen sie die Macht im Land, gehen dabei überwiegend diszipliniert vor und entwickeln demokratische Reformideen, die heute noch faszinierend progressiv erscheinen. Ihr Manifest »Zwölf Artikel« enthält eine der frühesten Forderungen nach Menschenrechten, wird vieltausendfach gedruckt und findet rasende Verbreitung.

Doch der Adel reagiert mit Waffengewalt, und der zunächst friedliche Aufstand eskaliert zum sogenannten Bauernkrieg. In den großen Schlachten von April bis Juni 1525 werden an die 70 000 Aufständische von Soldaten und Henkern getötet, ihre Ideen von Freiheit und Gleichheit im Blut erstickt. Es ist eine der furchtbarsten Tragödien der deutschen Geschichte, die langfristig aber auch positive Folgen zeigt, weil der aufgeschreckte Adel der Bevölkerung fortan mehr Rechte einräumt.

Dieses Buch erzählt die gesamte Geschichte des Bauernkriegs: von den ersten Revolten 1524 über die Hochphase und weiträumige Volksherrschaft 1525 bis zum letzten Widerstand in den Alpen 1526. Dabei rückt es zwei Personen in den Mittelpunkt, die bereits in der eingangs geschilderten Schlacht um Herrenberg erwähnt wurden: zum einen den Feldherrn Georg von Waldburg, der den Adelstitel Truchsess trägt, entscheidende Schlachten des Bauernkriegs schlägt und den Spitznamen Bauernjörg erhält. Sein erbarmungsloser Feldzug gegen die Rebellen bildet den roten Faden des Buchs, um das komplexe Kriegsgeschehen mit seiner verwirrenden Vielzahl an Personen und Handlungsorten in einen übersichtlichen Erzählstrang zu gießen.

Die zweite Hauptperson, Matern Feuerbacher, erlaubt es, den Konflikt aus Sicht der Aufständischen zu betrachten. Der Gastwirt aus Großbottwar nahe Stuttgart will erst nicht mit dem örtlichen Rebellenheer ziehen, wird dann aber sogar oberster Anführer, versucht mäßigend einzuwirken und Gewalt zu verhindern. Trotzdem entwickelt er sich zu einem der bedeutendsten Gegenspieler des Georg Truchsess. Seine Erlebnisse im Bauernkrieg sind gut belegt: durch eigenhändig von ihm verfasste Schriftstücke, durch Tagebücher anderer Beteiligter und durch einen monatelangen Gerichtsprozess, in dem 75 Zeugen für und gegen Feuerbacher aussagen. Die überraschende Wende, die sein Leben nach dem Prozess 1527 nimmt, widerlegt viele moderne Vorurteile über die Welt vor 500 Jahren.

Die einfachen Menschen waren damals nicht so rechtlos, wie man heute gern denkt, und sie waren zwar fromm, aber keineswegs bereit, die angeblich gottgegebene Ordnung wie Schafe hinzunehmen. Vielmehr zeigten sie einen Mut zum Widerstand, den wir wohlstands- und demokratieverwöhnten Bürger der Gegenwart nur bestaunen können. Der Bauernkrieg von 1525 ist dabei kein Einzelfall, sondern der Höhepunkt und vorläufige Abschluss einer ganzen Serie von Volksaufständen, die seit dem späten Mittelalter Europa erschüttern.

KAPITEL I: VORLAUF

1. Rebellisches Mittelalter (1315–1476)

Als Adam grub und Eva spann,
wo war denn da der Edelmann?

Unter diesem Motto erheben sich die deutschen Bauern, doch der Spruch ist viel älter und stammt aus England: »When Adam delved and Eve span, Who was then the gentleman?«, predigt der Geistliche John Ball 1381 während des englischen Bauernaufstands. Gott habe alle Menschen gleich erschaffen. Jetzt sei die Zeit gekommen, das Joch der Knechtschaft abzuwerfen und die Freiheit zurückzuerlangen.

John Balls Gedanken fallen auf fruchtbaren Boden. Die Menschen des Spätmittelalters sind fromme Kirchgänger, aber keine lammfrommen Untertanen. Heute wird gern das Bild einer fest zementierten mittelalterlichen Ständegesellschaft gezeichnet, in der die Adligen für den Schutz zuständig sind, die Geistlichen für das Seelenheil und die Bauern für die Ernährung. In diese angeblich gottgegebene Ordnung fügen sich die Untertanen widerstandslos, besagt die gängige Vorstellung. Doch in Wahrheit ist das späte Mittelalter eine Epoche der Rebellionen, weit mehr als die Moderne: Ab 1300 zieht sich eine ganze Kette von Aufständen quer durch Europa, und diese Kette reißt nicht ab, als um 1500 die Frühe Neuzeit beginnt. Der Bauernkrieg von 1525 bildet dabei den Höhepunkt einer Entwicklung, die nicht nur gesellschaftliche Ursachen hat, sondern auch durch zwei übergreifende Krisen befeuert wird: den Klimawandel und die Pest.

Um 1300 beginnen sich die Temperaturen in Europa langsam abzukühlen. In der Folge werden die Ernten schlechter, es kommt zu Hungersnöten – allein im sogenannten Großen Hunger von 1315 bis 1317 sterben Millionen Menschen von Spanien über Deutschland bis Skandinavien. 1347 tritt der Schwarze Tod hinzu: Die Pestwelle fegt über Europa, tötet bis 1353 etwa ein Drittel der Bevölkerung des Kontinents und taucht auch danach immer wieder örtlich begrenzt auf.

Die Menschen fangen an, Fragen zu stellen: Warum legt Gott uns solche Prüfungen auf? Wieso kann niemand diese Katastrophen verhindern? Immer mehr Untertanen zweifeln an den kirchlichen und weltlichen Autoritäten – und wehren sich gegen diese, wie aus zeitgenössischen Dokumenten hervorgeht. Chroniken berichten von Sekten und Rebellionen, Gesetzestexte verbieten Streiks. Kaum ein Jahrzehnt vergeht mehr in Europa ohne einen größeren Aufstand.

Den Anfang machen die Schweizer. Die Bewohner der drei Kantone Uri, Schwyz und Unterwalden verbinden sich 1291 per Eid zu einer Genossenschaft, um sich beizustehen und die eigenen Freiheiten zu verteidigen – vor allem gegen die österreichischen Habsburger, die in der Region herrschen. Es kommt zu Konflikten, in deren Verlauf die Amtsleute der Habsburger unter anderem den Eidgenossen Wilhelm Tell 1307 zwingen, mit der Armbrust einen Apfel vom Kopf seines Sohnes zu schießen. So jedenfalls lautet die populäre Legende; vermutlich ist der Schweizer Freiheitsheld keine reale Person.

Ende 1315 hat der Habsburger Herzog Leopold von Österreich genug von den aufmüpfigen Schweizern und startet einen Feldzug mit mehreren Tausend Rittern und Fußsoldaten. Beim Dorf Morgarten, das 30 Kilometer südlich von Zürich liegt, begibt er sich mit seinem Heer auf einen schmalen Pfad zwischen dem örtlichen See und einer Bergflanke. Die Ritter ziehen wie üblich vorneweg, bis sie vor einer Wegbarriere anhalten müssen. Plötzlich kommt von oben ein Steinhagel, und die Schweizer Bauern stürmen aus ihrem Versteck heraus den Berghang herab. In den Händen halten sie neuartige Waffen, mit denen sie einerseits zustechen, andererseits mit ungeheurer

Wucht zuschlagen können: die Hellebarden, die sogar eiserne Rüstungen durchtrennen.

Die Eidgenossen hacken die Ritter regelrecht in Stücke – oder treiben diese in den See, wo sie in ihren schweren Panzern ertrinken. »Da war es nicht ein Kampf, sondern nur gleichsam ein Schlachten«, schildert der zeitgenössische Chronist Johann von Winterthur. »Niemanden verschonten sie, noch auch bemühten sie sich, einige zu fangen, sondern schlugen alle ohne Unterschied bis zur völligen Vernichtung nieder.« Keine Gefangenen zu machen wird auch in der Folgezeit zu einem gefürchteten Charakteristikum der Schweizer Kriegführung.

Herzog Leopold kann zwar mit einigen Rittern und den nachfolgenden Fußsoldaten fliehen, aber die Schlacht am Morgarten bedeutet eine Zeitenwende. Sie begründet die Unabhängigkeit der Schweiz und läutet das Ende der Ritterheere ein, zumal es den Eidgenossen noch zwei weitere Male gelingt, die Habsburger Ritter zu besiegen: 1339 bei Laupen nahe Bern und 1386 bei Sempach unweit Luzern. Die einfachen Fußsoldaten, die diszipliniert in geschlossener Formation mit ihren Spießen und Hellebarden vorrücken, sind nun die Herren des Schlachtfeldes, nicht mehr die Adligen in ihren teuren Rüstungen.

Die Schweizer Bergbauern haben damit auch bewiesen, dass ein erfolgreicher Freiheitskampf gegen die Herren hoch zu Ross möglich ist. Sie werden so zum Vorbild, das den späteren Rebellen quer durch Europa Hoffnung spendet. Unter anderem erheben sich 1323 die Bauern und Bürger der Grafschaft Flandern, die großteils im heutigen Belgien liegt, und übernehmen jahrelang die Macht im Land. 1328 beendet ein französisches Heer den flandrischen Volksaufstand in einer Schlacht, in der über 3000 Freiheitskämpfer ihr Leben lassen. 1336 bis 1339 rebellieren Bauern in Franken und im Rheinland. 1358 folgt eine große Bauernrevolte im Nordosten Frankreichs, die ebenfalls blutig niedergeworfen wird.

1381 wagen die englischen Bauern den Aufstand. Angeführt von dem Rebellen Wat Tyler und angestachelt von dem Priester John Ball (»Als Adam grub und Eva spann ...«), stürmen Zehntausende London. Sie befreien Gefangene aus dem Kerker, zerstören eine Reihe von Gebäuden, verüben einige Lynchmorde und schicken König Richard II. eine Liste mit Forderungen. Der erst 14-jährige Monarch trifft sich daraufhin auf offenem Feld mit Wat Tyler, doch am zweiten Verhandlungstag ersticht ein Begleiter des Königs den Bauernführer. Beinahe eskaliert die Situation, aber schließlich vertrauen die Aufständischen den Versprechen ihres Monarchen, der ihnen ein Ende der Leibeigenschaft und allgemeine Straffreiheit zusichert. Die Bauern zerstreuen sich und kehren zurück in ihre Dörfer.

Es folgt ein Verhaltensmuster, das Adlige noch oft bei Volksaufständen zeigen werden: Kaum ist die Gefahr vorbei, nimmt der Herrscher alle Zusagen zurück, schickt seine Truppen aus und lässt zahlreiche Rebellen festnehmen und hinrichten. Bei der Exekution John Balls sieht König Richard persönlich zu. Der Priester wird zunächst gehängt, aber kurz bevor er erstickt, vom Galgen abgenommen. Dann schneidet der Henker ihm bei lebendigem Leib die Genitalien ab, zieht die Gedärme aus dem Körper, schneidet das Herz heraus und verbrennt die Organe vor den Augen der Zuschauer. Schließlich wird der Leichnam enthauptet, der restliche Körper in vier Teile zertrennt und öffentlich ausgestellt. Diese Hinrichtungsform namens »Hängen, Ausweiden und Vierteilen« ist die traditionelle englische Strafe für Hochverrat und wird erst 1870 offiziell abgeschafft.

Selbst solche grausamen Strafaktionen unterdrücken die rebellische Stimmung in Europa nicht. Weitere große Revolten folgen, unter anderem: 1382 der Aufstand der »Maillotins«, mit Bleihämmern bewaffneter Handwerker und Bauern in der Region um Paris; ab 1410 die Volksaufstände im heutigen Litauen; 1437 die Bauernerhebung im heute rumänischen Siebenbürgen, auch Transsilvanien genannt; 1438 in Norwegen; 1441 in Dänemark; 1462 im spanischen Katalonien.

Im Frühjahr 1476 löst ein ungebildeter Viehhirte die bis dato radikalste Massenbewegung aus, und zwar dort, wo ein halbes Jahrhundert später auch der Bauernkrieg toben wird: Der nur etwa 18-jährige Hans Böhm, Pauker oder Pfeifer von Niklashausen genannt, beginnt in der Region um Würzburg zu predigen. Die Mutter Gottes sei ihm erschienen und habe ihm befohlen, Folgendes zu verkünden: Es soll künftig keinen Kaiser, keinen Fürsten, keinen Papst, keine weltliche und geistliche Obrigkeit mehr geben, keine Frondienste, Zinsen, Steuern und sonstigen Abgaben. Niemand soll künftig mehr haben als der andere, dann haben alle genug, erklärt der frühe Kommunist – und trifft damit bei seinen Zuhörern einen Nerv.

Zunächst strömen die Menschen aus der Nachbarschaft herbei. Bald kommen sie auch aus Bayern und Schwaben, Thüringen und Sachsen, Hessen und dem Elsass, um dem Prediger vor der Kirche von Niklashausen zu lauschen. »Der ganze Süden und die Mitte von Deutschland müssen sich in Bewegung befunden haben«, schreibt der Historiker Günther Franz in seinem Buch *Der deutsche Bauernkrieg*, das 1933 in erster, 1984 in zwölfter Auflage erschien und bis heute als Standardwerk gilt. »Die einen kamen in geordneter Wallfahrt mit Fahnen und mächtigen Kerzen, andere liefen von ihrer Arbeit weg, die Knechte vom Pflug, die Mägde von der Ernte, die Handwerker aus ihrer Werkstatt, das Werkzeug noch in der Hand.« Die Anhänger des Pfeifers von Niklashausen schlafen auf den Wiesen um die Kirche, und es bildet sich ein riesiges Feldlager, in dem im Juni 1476 geschätzt 40000 Männer, Frauen und Kinder kampieren.

Die Fürstbischöfe von Würzburg und Mainz verfolgen den Volksaufmarsch mit zunehmender Sorge. Zunächst senden sie Geistliche aus, um den Pfeifer zur Räson zu bringen. Als sie damit nichts erreichen, verbieten sie ihren Untertanen die Wallfahrten nach Niklashausen. Auch diese Maßnahme bleibt ohne Erfolg. Am 12. Juli 1476 schickt der Würzburger Bischof dann 34 Reiter los. In einer Nacht-und-Nebel-Aktion dringen diese heimlich in das Haus ein, in dem der Pfeifer schläft. Sie fesseln und knebeln ihn, binden ihn auf ein Pferd und entführen ihn unbemerkt in das Würzburger Schloss des Bischofs.

Als die Wallfahrer in Niklashausen am nächsten Tag erfahren, dass ihr Prediger in Würzburg eingekerkert ist, ziehen 16 000 von ihnen zu dem Schloss, viele mit Kerzen, einige mit Waffen. Sie sammeln sich vor den Schlossmauern, bleiben aber friedlich und ziehen nach einigen Schreckschüssen und beruhigenden Worten eines Abgesandten des Bischofs wieder ab. In kleinen Gruppen machen sie sich auf den Heimweg – und der Bischof schickt nun bewaffnete Reiter los. Diese fallen den arglosen Wallfahrern in den Rücken, töten angeblich zwölf, nehmen 100 bis 300 gefangen und kerkern diese in Würzburg ein. Ein paar Tage später werden fast alle wieder freigelassen, bis auf zwei Bauern, die man vor den Augen des entsetzten Pfeifers am 19. Juli 1476 köpft. Unmittelbar danach wird der junge Prediger auf den Scheiterhaufen gebunden. Er singt dabei mit heller und klarer Stimme Marienlieder, so heißt es, selbst dann noch, als die Flammen hochlodern. Seine Asche lässt der Bischof in den Main streuen, die Kirche in Niklashausen dem Erdboden gleichmachen. Nichts soll mehr an den Ketzer erinnern.

Die Volksbewegung löst sich daraufhin auf, nicht aber das revolutionäre Gedankengut, das der Pfeifer von Niklashausen predigte. Wieder aufgegriffen werden seine Ideen in den beiden großen Bewegungen, die den Bauernkrieg von 1525 direkt vorbereiten.

2. Bundschuh und Armer Konrad (1493–1517)

17 Jahre nach dem Ende des Pfeifers von Niklashausen erinnern sich die Menschen nur zu gut an dessen Hinrichtung. Die erste große Bewegung im Vorfeld des Bauernkriegs formt sich daher 1493 im Geheimen: im elsässischen Schlettstadt, dem heutigen Sélestat unweit der französisch-deutschen Grenze, sowie in den nahe gelegenen Dörfern.

Die Verschwörer treffen sich nachts an versteckten Orten, geben sich durch Geheimzeichen zu erkennen und nehmen Neulinge nur nach festgelegten Zeremonien auf, bei denen Verrätern schreckliche Strafen angedroht werden. Ihr Ziel ist es, unerkannt genügend Bauern und Bürger zu sammeln, um dann gemeinsam loszuschlagen. Im besonderen Visier der Aufständischen befinden sich Pfarrer, Juden und Gerichte, die allesamt im Ruf stehen, habgierige Geldeintreiber zu sein. Auf ihr Banner malen die Aufrührer einen Bundschuh, den mit einem langen Riemen gebundenen Schuh des Bauern, der den Gegensatz bildet zum gespornten Stiefel des Ritters. Nach einem halben Jahr hat die Bewegung gerüchteweise 1500 Mitglieder – und trotz aller Vorsichtsmaßnahmen auch Verräter in den eigenen Reihen. Die Obrigkeit wird informiert, lässt einige Verschwörer hinrichten und erstickt die Bewegung im Keim.

Aber nicht auf Dauer: Acht Jahre später formt sich ein neuer Bundschuh, angeführt von dem Leibeigenen Joß Fritz im Bistum Speyer. Fritz will 1501 eine allgemeine Bauernrevolution lostreten. Künftig soll niemand mehr einen anderen Herrn anerkennen als Gott, den Kaiser und den Papst. Damit gäbe es keine Leibeigenen mehr und auch keine adeligen Landesherren wie Ritter, Grafen und Fürsten.

Zunächst gewinnt Joß Fritz die Bewohner seines Heimatdorfes Untergrombach und der Nachbarorte für seine Sache. Im Jahr darauf schickt er 40 Werber quer durch die Lande, den Rhein hinauf und hinab, an Main und Neckar entlang. Mindestens 7000 Männer und 400 Frauen soll die Bewegung jetzt umfassen, manche sprechen gar von 20000 Anhängern. Die Eingeweihten erkennen sich durch eine vielsagende Losung: »Gott grüß dich, Gesell! Was ist nun für ein Wesen?«, fragt der eine, und der andere antwortet: »Wir mögen von den Pfaffen nicht genesen.«

Am 22. April 1502 will Joß Fritz losschlagen, zunächst ein nahes Schloss besetzen, dann die Stadt Bruchsal. Doch einer seiner Mitstreiter, ein ehemaliger Söldner, erzählt bei der Beichte seinem Pfarrer von den Plänen – und der bricht prompt das Beichtgeheimnis und verrät alles an die Regierung. Die lässt etwa hundert Verschworene verhaften und zehn hinrichten. Fritz entkommt, taucht jahrelang unter – und entfacht die Flamme der Rebellion andernorts erneut. 1512 erscheint er bei Freiburg im Breisgau und beginnt im Jahr darauf, Mitstreiter zu werben, zunächst versteckt, dann offen. Und er reist durch Schwaben und nach Österreich. Die Zeit scheint reif zu sein, an zahlreichen Orten entzünden sich 1513 Aufstände: in Regensburg, Schweinfurt, Worms, Lüttich, Köln, Neuss, Duisburg, Göttingen, Braunschweig und Lübeck.

Im Herbst 1513 will Joß Fritz mit seinen Anhängern die Revolution starten, doch wieder wird die Bewegung im letzten Augenblick verraten. Die Obrigkeit richtet 13 Bundschuhler hin, Fritz entkommt erneut. Der »Musterkonspirateur«, wie ihn der Kommunist Friedrich Engels anerkennend nennen wird, taucht wieder unter und durchstreift den Schwarzwald mit der Bundschuhfahne auf der Brust. Zudem spinnt er durch Mittelsmänner weiter seine Fäden: Bettler, Spielleute, Hausierer und ausgediente Landsknechte tragen seine Botschaft durchs Land, werben neue Anhänger und halten das geheime Netzwerk aufrecht. Und so leitet Joß Fritz zum dritten Mal die Revolution in die Wege. Anscheinend gelingt es ihm sogar, weiter heimlich seine Frau und Mitstreiterin Else zu treffen. Die kommt kurzzeitig in Haft, leugnet aber erfolgreich jedes Mitwissen und spinnt zu Hause die Fäden der Verschwörung.

Parallel zum Bundschuh formt sich 1514 eine weitere Bewegung, die den Bauernkrieg unmittelbar vorbereitet: der »Arme Konrad« im Herzogtum Württemberg, wobei Konrad für keine bestimmte Person steht, sondern damals ein Allerweltsname ist. Im Aufstandsgebiet leben der spätere Bauernführer Matern Feuerbacher und sein künftiger Gegenspieler, Georg Truchsess von Waldburg, der zu der Zeit in den Diensten des Herzogs von Württemberg steht. Welche Rolle beide während der Revolte 1514 spielen, wird in späteren Kapiteln geschildert.

Stein des Anstoßes ist diesmal, dass der verschwenderisch lebende Herzog Ulrich von Württemberg die Steuern nahezu verdoppelt, um seine Schulden begleichen zu können. Zudem führt er neue Standardgewichte ein, die leichter sind als die bisherigen, sodass die Käufer weniger Ware für ihr Geld erhalten. Der Untertan Peter Gaiß aus Beutelsbach östlich von Stuttgart nimmt das zum Anlass für eine Protestaktion, die viel über die damaligen Menschen und ihren Humor erzählt: Am 2. Mai 1514 holt er die neuen Gewichtssteine und zieht mit Pfeifen und Trommeln und einer immer größer werdenden Schar zum nahen Fluss Rems. Dort wirft er die Steine ins Wasser und fordert mit lauter Stimme ein Gottesurteil: »Haben die Bauern recht, so fall zu Boden; hat aber der Herzog recht, so schwimm empor.« Nicht sehr überraschend sinken die Gewichtssteine auf den Grund des Flusses, und die Umstehenden jubeln: »Wir haben gewonnen!«

Auch andernorts wiederholen Bauern mit großem Trara die Wasserprobe, und immer steht Gott auf ihrer Seite – oder jedenfalls die Naturgesetze. Schon bald wird aus dem sarkastischen Spaß Ernst: Peter Gaiß spricht unverhohlen davon, sich bewaffnet zusammenzutun, um Widerstand gegen die Ausbeutung zu leisten. Mit seinen Anhängern marschiert er zu der drei Wegstunden entfernten Stadt Schorndorf, und Tausende schließen sich unterwegs an. Am Zielort gelingt es herzoglichen Amtsleuten, die aufgebrachten Bauern mit gütlichen Worten und kostenlosem Brot und Wein zu beschwichtigen. Wenig später zerstreut sich die Menge wieder.

Als Herzog Ulrich von dem kurzzeitigen Aufstand erfährt, hebt er die neue Steuer sofort auf und begibt sich persönlich nach Schorndorf. Dort bitten ihn die Anwesenden um Verzeihung. Ulrich verspricht Straffreiheit und eine Untersuchung der Klagen der Bauern, die nicht nur unter hohen Abgaben leiden, sondern ihre Rechte immer mehr eingeschränkt sehen (siehe dazu Kapitel II.2). Sein Vorgehen ist ein Musterbeispiel, wie ein Aufstand friedlich beendet werden kann – so scheint es. Doch es ist zu viel faul im Staate Württemberg. Schon bald flackern wieder Unruhen auf, und der Herzog tut wenig, um den Wünschen der Bauern entgegenzukommen. So bricht in weiten Teilen des Herzogtums der Arme Konrad erneut aus. Im Juli 1514 besetzen die Rebellen Schorndorf und planen einen Zug durch Württemberg.

Doch inzwischen hat Herzog Ulrich genug Soldaten zusammen, um die Revolte mit Gewalt niederzuschlagen – und die Aufständischen erkennen, dass Widerstand zwecklos ist. Am 2. August strecken sie kampflos die Waffen. Viele flüchten, 3400 ergeben sich dem Herzog. Der lässt 1682 Männer aus der Menge ziehen, mit Stricken aneinanderfesseln und in die Türme und Gefängnisse von Schorndorf stopfen. Nach einem Tag des Bangens kommen die meisten Gefangenen wieder frei. 46 aber werden in Ketten gelegt, viele gefoltert und vom 7. bis 9. August 1514 gerichtet: Die Henker köpfen 15 echte oder angebliche Rädelsführer. Andere werden ausgepeitscht, des Landes verwiesen oder mit glühenden Eisen auf der Stirn gebrandmarkt. Weitere Folterungen und Hinrichtungen quer durch das Herzogtum folgen. Der schlitzohrige Peter Gaiß, der die Wasserprobe veranstaltet hat, kann zwar fliehen, wird aber im Lauf des Jahres gefasst und geköpft. Tausende erhalten Geldstrafen, mit denen der Herzog seine leeren Kassen füllt.

Der Arme Konrad ist damit kampflos zusammengebrochen, Blut floss nur auf den Richtstätten. Ein ähnliches Schicksal erleidet der Bundschuh: 1517 scheitert auch der dritte Versuch von Joß Fritz, eine Volkserhebung zu starten. Wieder werden seine Pläne im letzten Moment an die Obrigkeit verraten, und wieder kann der schier unzerstörbare Revolutionär entkommen.

Die beiden großen Volksbewegungen in Südwestdeutschland sind damit zwar gescheitert, aber zahlreiche Rebellen leben noch. Viele sind in die Schweiz geflohen und kehren oft nach Jahren wieder zurück. Andere haben sich in die innere Emigration zurückgezogen, halten still, ohne ihre Sehnsucht nach Freiheit zu verlieren. Sie bilden die Saat, aus der eine neue Bewegung erwächst. Der Boden dafür wird schneller bereitet, als wohl die meisten ahnen: Am 31. Oktober 1517 veröffentlicht ein noch wenig bekannter Mönch in Wittenberg seine 95 Thesen – und setzt damit eine Entwicklung in Gang, die nicht nur in die Reformation mündet, sondern auch in den Bauernkrieg.

Als dieser 1524 beginnt, taucht Joß Fritz noch einmal auf. »Mit einem alten grauen Bart« verkündet er den Bauern im südlichen Schwarzwald, so die Überlieferung, dass er nicht sterben könne oder wolle, solange der Bundschuh nicht fortgesetzt wird. Mehr ist über den Verschwörer nicht mehr bekannt. Rund zwei Jahrzehnte seines Lebens hat Joß Fritz in bewundernswerter Weise all seine Energie für den Freiheitskampf gegeben. Jetzt muss er das Werk anderen überlassen, wie der Forscher Günther Franz anmerkt: »Nur noch als Mythos ragt er in die Geschichte des Bauernkriegs.«

Steckbrief Joß Fritz

- Geb. um 1470 in Untergrombach, heute ein Stadtteil von Bruchsal im Landkreis Karlsruhe.
- Gest. nach 1524, Todesjahr unbekannt.

Stand und Familie: Leibeigener des Bischofs von Speyer. Ab circa 1510 verheiratet mit der Bauerstochter Else Schmid.

Wirken: Joß Fritz wirbt ab 1501 für eine Revolution im Zeichen des Bundschuhs. Die Verschwörung wird aufgedeckt, er entkommt. 1513 sammelt er in Lehen bei Freiburg Mitstreiter, wieder wird die Bewegung verraten. 1517 knüpft er am Oberrhein ein weitläufiges Netzwerk, doch auch sein dritter Bundschuh-Anlauf scheitert an Verrat. Zu Beginn des Bauernkriegs 1524 erscheint Joß Fritz im Schwarzwald, dann verliert sich seine Spur. Die Behörden werden seiner nie habhaft.

Besondere Merkmale: Zu Lebzeiten erfolglos, erfährt Joß Fritz späte Würdigung. Friedrich Engels nennt ihn 1850 einen »Musterkonspirateur« und »in jeder Beziehung hervorragenden Charakter«. Der führende Bauernkriegsforscher des 20. Jahrhunderts, Günther Franz, lobt: »Nicht mit Unrecht hat man diesen einfachen Bauern, der im Lauf der Jahre so über sich hinausgewachsen ist, ein organisatorisches Genie genannt.« In Bruchsal-Untergrombach steht seit 1989 der Joß-Fritz-Brunnen mit Bronzeskulptur (im Bild), die örtliche Grund- und Realschule tragen seinen Namen.

3. Welt im Umbruch (bis 1522)

Entschlossenen Schrittes marschiert der Mönch über den Marktplatz von Wittenberg, in der linken Hand einen Bogen Papier, in der rechten einen Hammer. Auf den Stufen der Schlosskirche angekommen, nagelt er das Schriftstück an die massive Kirchentür, mit so kräftigen Schlägen, dass es in dem Gotteshaus laut widerhallt.

Die Szene stammt aus dem Film »Luther« von 2003, in dem der Schauspieler Joseph Fiennes eindrucksvoll den großen Reformator darstellt. Doch ereignete sich der berühmte Thesenanschlag auch in der Realität? Oder schickte Luther seine 95 Thesen am 31. Oktober 1517 zunächst nur an einige geistliche Würdenträger? Darüber tobt seit Jahren eine Historikerdebatte. Die einen halten den Thesenanschlag für eine Legende, da Luther nie selbst darüber berichtet hat. Die anderen sehen ihn als belegt an, unter anderem, weil Luthers Privatsekretär in einer späteren Notiz das ikonische Ereignis erwähnt. Unstrittig sind die Folgen: Die Kirche bricht auseinander, neben der katholischen etabliert sich die protestantische Konfession. Es ist einer der Meilensteine, die den Übergang vom Mittelalter in die Neuzeit markieren.

Zwischen den beiden Zeitaltern existiert keine scharfe Trennlinie. Die runde Jahreszahl 1500 wurde etwas willkürlich als Grenze gewählt, damit man sich die drei großen Epochen leichter merken kann: Bis 500 nach Christus herrscht die Antike, 500 bis 1500 das Mittelalter, ab dann die Neuzeit – eingeläutet durch eine Reihe von epochalen Zäsuren.

Die wohl berühmteste Zäsur ist aus europäischer Sicht die

Entdeckung Amerikas 1492 durch Christoph Kolumbus, der allerdings nie die folgenschwere Tragweite seines Lebenswerks begreift. Bis zu seinem Tod 1506 glaubt er, um die Welt herum nach Ostasien gesegelt zu sein. Die Kugelgestalt der Erde stand dabei nie zur Debatte; sie war schon im Mittelalter gängiges Wissen. Das belegen nicht nur Schriften und Enzyklopädien aus der Zeit, sondern auch der goldene Reichsapfel der mittelalterlichen Kaiser: Das Herrschaftssymbol ist eine stilisierte Weltkugel mit aufgesetztem Kreuz, nicht eine Scheibe mit Kreuz. Dass die damaligen Menschen geglaubt hätten, die Erde sei eine Scheibe, zählt zu den erfolgreichen Fake News. Die Falschbehauptung wird ab dem 19. Jahrhundert verbreitet, um sich vom angeblich finsteren Mittelalter abzusetzen – und hält sich bis heute in vielen Schulbüchern.

Auf Kolumbus' Spuren erforscht der Italiener Amerigo Vespucci 1499 bis 1502 die Ostküste des heutigen Brasiliens und bezeichnet diese als »Neue Welt«. Das nimmt der Freiburger Kartograf Martin Waldseemüller 1507 zum Anlass, auf seiner Weltkarte die Landmasse als eigenen Kontinent einzuzeichnen und nach Vespuccis Vornamen »America« zu taufen. Jegliche Restzweifel an der Erdkugelgestalt und dem neuen Kontinent beseitigen dann Ferdinand Magellan und Juan Sebastián Elcano: Sie leiten von 1519 bis 1522 – Magellan stirbt unterwegs – die erste Weltumsegelung. Gleichzeitig erobert der spanische Konquistador Hernán Cortés das Aztekenreich in Mexiko.

So weltumstürzend diese Entdeckungen sind, für den Bauernkrieg 1525 spielen sie keine Rolle. Umso bedeutender für den Aufstand ist eine weitere Zäsur, die den Übergang zur Neuzeit markiert: der Siegeszug des Buchdrucks. Der Mainzer Goldschmied Johannes Gutenberg erfindet um 1450 den Druck mit beweglichen Lettern – gut 400 Jahre nach den Chinesen. Seine Innovation entfacht die erste Medienrevolution in Europa. 1470 wird bereits in 17 Städten von Köln über Paris bis Rom gedruckt, 1500 sogar in 252 Städten, davon 62 im deutschen Reich. Noch sind die Erzeugnisse vor allem für die Elite gedacht, drei Viertel der Bücher erscheinen in lateinischer Sprache.

Dann gewinnt ein neues Geschäftsmodell an Fahrt: die Flugschrift, ein bedrucktes Blatt mit Nachrichten, Ratschlägen, Propaganda oder Seelentrost, zu einem Preis, der für das Volk bezahlbar ist. Der Autor bleibt in der Regel anonym. 1518 erscheinen 150 deutsche Flugschriften, 1521 schon 620, 1524 am Beginn des Bauernkriegs 990 – und es werden immer mehr. »Bis 1530 wurden an die 10 000 Titel herausgegeben«, schreibt der Bauernkriegsforscher Horst Buszello, »das bedeutet bei der üblicherweise angenommenen Auflagehöhe von 1000 Stück 10 Millionen Flugschriften bei einer Gesamtbevölkerung Deutschlands von 12 Millionen.« Niemand weiß, wie viele Menschen damals lesen und schreiben können, aber die Zahlen belegen, dass es im Volk eine hohe Nachfrage gibt – wer nicht selbst die Buchstaben beherrscht, der kennt wohl jemanden, der vorlesen kann. Revolutionäre und Gegenrevolutionäre nutzen 1525 die neue Technologie, um ihre Ideen zu verbreiten. »Der Bauernkrieg ist hinsichtlich seiner Ausdehnung und Programmatik ohne das Kommunikationsmittel Flugschrift kaum denkbar«, resümiert Buszello.

Die Obrigkeiten versuchen natürlich, per Zensur zu verhindern, dass sich subversive Texte verbreiten. Dabei haben sie aber nur mäßigen Erfolg, denn es gibt bereits zu viele Druckereien in zu vielen verschiedenen Hoheitsgebieten: Das deutsche Reich, Heiliges Römisches Reich Deutscher Nation genannt, ist zersplittert in Hunderte Territorien, die vom Osten des heutigen Frankreich bis Westpolen, von Schleswig-Holstein bis nach Italien reichen.

Jedes dieser Territorien besitzt weitgehende Autonomie, ist nur dem Kaiser unterstellt und gern durch die Vorsilbe »Reichs-« gekennzeichnet. Die Größe variiert enorm, von ein paar Bauernhöfen bis zum Flächenstaat. Es gibt zahlreiche kleine Reichsrittergüter, Reichsabteien und sogar einige freie Reichsdörfer. Außerdem Reichsgrafschaften und rund 80 freie Reichsstädte. Am mächtigsten sind die 81 Fürsten- und Kurfürstentümer: Um 1520 herrschen 28 weltliche Fürsten, von denen manche den Titel Herzog, Land- oder Markgraf tragen, sowie 53 Fürstbischöfe, also Bischöfe, die gleichzeitig Landesherrscher sind.

Eine herausgehobene Stellung unter den Fürsten haben die sieben Kurfürsten, die als »Säulen des Reiches« gelten: Sie allein dürfen den deutschen Kaiser wählen – daher die Vorsilbe Kur von küren. Es sind die Erzbischöfe von Mainz, Köln und Trier sowie die Herrscher von Böhmen, der Pfalz, Sachsen und Brandenburg, also drei geistliche und vier weltliche Herren. Warum ausgerechnet sie die Kurfürsten sind und niemand sonst, ist bis heute nicht ganz geklärt.

Die vielen autonomen Territorien werden 1500 und 1512 in zehn Reichskreise zusammengefasst, vom Schwäbischen Kreis bis zum Niedersächsischen Kreis. Die Reichskreise kümmern sich um einige übergreifende Aufgaben und bilden sozusagen die nächsthöhere Verwaltungsebene. Sie sollen insbesondere den Ewigen Landfrieden überwachen, der seit 1495 gilt. Seither ist es Adligen und Städten streng verboten, sich zu befehden – also gegeneinander Privatkrieg zu führen, um Rechtsansprüche durchzusetzen, etwa bei Besitzstreitigkeiten, Beleidigungen, Mord oder Sachbeschädigung.

Der Landfriede war für viele Ritter ein schwerer Schlag: Den Kleinadligen kam nicht nur eine beliebte Beschäftigung abhanden, sondern auch eine lukrative Einnahmequelle, denn fortan durften sie nicht mehr die Dörfer und Händler eines Gegners überfallen. Auch das ist eine entscheidende Entwicklung am Beginn der Neuzeit: Statt das mittelalterliche Faustrecht zu tolerieren, pocht der Staat auf das Gewaltmonopol – genauer gesagt der sich herausformende Staat mit seinen zentralen Instanzen. Diese sind im frühneuzeitlichen Deutschland der Kaiser, der Reichstag und die Reichsgerichte.

Der Reichstag ist das gesamtdeutsche Parlament, das unregelmäßig an verschiedenen Orten tagt. Das Sagen dort haben die Kurfürsten und Fürsten. Reichsgrafen, Reichsritter, Reichsäbte und Reichsstädte sind zwar auch in dem Parlament vertreten, aber nur kosmetisches Beiwerk. Das einfache Volk bleibt ganz außen vor. Der Reichstag entscheidet über reichsweite Steuern, etwa zur Finanzierung von Kriegen, und er beschließt Gesetze wie den Ewigen Landfrieden.

Noch jung sind die beiden zentralen und höchsten Gerichte in Deutschland: 1495 wird im Zuge des Landfriedens das Reichskammergericht eröffnet, 1498 der Reichshofrat. Beide Gerichtshöfe bilden die letzte Berufungsinstanz, ihre Urteile sind auch für die Landesherren bindend – zumindest in der Theorie. In der Praxis sehen viele Ritter und höhere Adlige nicht ein, dass nun Advokaten statt des geliebten Schwertes alle Streitigkeiten entscheiden sollen. Doch nach und nach, im Lauf von Jahrzehnten, wird der Rechtsstaat das Faustrecht verdrängen.

Über alldem thront als höchste Reichsinstanz der Kaiser, der von den Kurfürsten auf Lebenszeit gewählt wird. 1519 fällt die Wahl einstimmig auf den Habsburger Karl V., der zugleich König von Spanien und Erzherzog von Österreich ist. Offiziell gekrönt wird er erst nach dem Bauernkrieg, im Jahr 1530 – als letzter deutscher Kaiser vom Papst persönlich. Er ist zudem der letzte Habsburger, der sowohl in Mitteleuropa als auch auf der Iberischen Halbinsel regiert; nach ihm wird sich die Dynastie in eine spanische und eine österreichische Linie aufspalten. Zu seinen Besitztümern zählen ferner die riesigen Gebiete in Mittel- und Südamerika, die die spanischen Konquistadoren in seinem Namen erobern. »In meinem Reich geht die Sonne niemals unter«, soll Kaiser Karl V. über sein weltumspannendes Imperium gesagt haben.

Für Deutschland bleibt da wenig Zeit: Von 1521 bis 1530 ist Karl sogar komplett abwesend, obwohl er das gewählte Reichsoberhaupt ist. Sein Erzherzogtum Österreich und die südwestdeutschen Gebiete überlässt er seinem jüngeren Bruder Ferdinand, der zugleich sein Stellvertreter im deutschen Reich ist. Damit wird Ferdinand ein zentraler Akteur im Bauernkrieg.

Karl selbst kümmert sich vor seiner Abreise nach Spanien 1521 noch um ein lästiges Problem in Deutschland: den Reformator Luther, der inzwischen nicht nur seine Thesen veröffentlicht hat, sondern eine Reihe weiterer aufrührerischer Schriften. Auf dem Reichstag zu Worms nimmt das Reichsoberhaupt am 17. April 1521 persönlich am Verhör Luthers teil. Und als dieser sich immer noch weigert zu widerrufen, verhängt Karl die Reichsacht über ihn.

Luther gilt jetzt als vogelfrei. Zu seinem Schutz lässt ihn Sachsens Kurfürst Friedrich der Weise heimlich auf die Wartburg bringen. Dort lebt der Geächtete knapp ein Jahr lang inkognito als »Junker Jörg«, lässt sich zur Tarnung einen Vollbart wachsen, leidet unter Bewegungsmangel und Gewichtszunahme, kann dafür ungestört arbeiten. Und so gelingt ihm der große Wurf: In nur elf Wochen übersetzt Luther das Neue Testament aus dem Altgriechischen ins Deutsche. Schon im September 1522 kommt die erste Auflage seiner Bibelübersetzung heraus (und 1534 auch noch das Alte Testament auf Deutsch).

Damit eröffnet sich den Menschen im deutschen Reich ein ganz neuer Kosmos: Die Heilige Schrift ist plötzlich für alle verständlich. Bis dahin war sie nur wenigen Hochgebildeten zugänglich, die die alten Sprachen studiert hatten. Nun können zahllose Bauern und Bürger lesen oder sich vorlesen lassen, was Jesus gesagt und getan hat. Und sie können ihre eigenen Schlüsse daraus ziehen: Was ist wirklich Gottes Wille? Das, was der Pfarrer predigt und die Obrigkeit verkündet? Oder steht im Neuen Testament etwas ganz anderes? Finden sich dort vielleicht Stellen, die es rechtfertigen, sich gegen die herrschenden Verhältnisse zu erheben? Dann wäre ein Aufstand legitim, folgern viele. Denn welch höhere Legitimation gibt es als das Wort Gottes? Dass die Bibel Gottes Wort ist, daran zweifelt im christlichen Europa niemand.

Ohne es zu wollen, hat Martin Luther mit seiner Bibelübersetzung 1522 den Aufrührern im Land eine mächtige Waffe in die Hand gelegt.

Steckbrief Martin Luther

- Geb. 10. November 1483 in Eisleben im heutigen Sachsen-Anhalt.
- Gest. 18. Februar 1546 ebendort.

Stand und Familie: Sohn des Bergmanns, Grubenbesitzers und späteren Ratsherrn Hans Luder. 1505 Eintritt ins Kloster, 1507 Priesterweihe, 1521 Exkommunikation.
1525 Hochzeit mit der ehemaligen Nonne Katharina von Bora, sechs Kinder.

Wirken: 1512 promoviert der Mönch und übernimmt eine Theologieprofessur in Wittenberg. 1517 schreibt Luther seine 95 Thesen und wird zum Begründer der Reformation. Er veröffentlicht unter anderem 1520 die Denkschrift »Von der Freiheit eines Christenmenschen«, 1522 die Übersetzung des Neuen Testaments ins Deutsche. Im Bauernkrieg zeigt er sich 1525 zunächst verständnisvoll, verfasst dann aber die berüchtigte Schrift »Wider die mörderischen und räuberischen Rotten der Bauern«, in der er dazu aufruft, die Aufständischen erbarmungslos zu töten. Damit schlägt sich Luther erfolgreich auf die Seite der Obrigkeit, die vor allem im Norden Deutschlands seine Reformation durchsetzt.

Besondere Merkmale: Der aufbrausende Kraftmensch polemisiert nicht nur gegen die Bauern in heute verstörender Weise. Luther hetzt auch in Fäkalsprache gegen Juden und fordert die gnadenlose Verfolgung von Hexen: »Mit denselben soll man keine Barmherzigkeit haben. Ich wollte sie selber verbrennen.«

4. Truchsess: Ein Mann will nach oben (bis 1523)

Im Juni 1523 zieht Georg Truchsess von Waldburg mit mehr als 10000 Fußsoldaten, über 1500 Reitern und 31 Kanonen zur Burg Boxberg im Norden des heutigen Baden-Württemberg. Im Gepäck hat er den Befehl, dass das mächtige Bauwerk »verbrannt, zerrissen und eingeebnet« wird – ebenso wie 20 weitere Burgen und Schlösser, die als Unterschlupf von fränkischen Raubrittern gelten.

Am Boxberg angekommen, schickt Georg Truchsess den sogenannten Heerschreier vor, der die Burgbesatzung zur Kapitulation auffordert. Bald darauf öffnen sich die Tore: Die hoffnungslos unterlegenen Verteidiger verzichten auf Gegenwehr und suchen das Weite, zumal ihr Herr bereits geflohen ist. Georg Truchsess lässt die Mehl- und Getreidevorräte aus dem Bauwerk herausschaffen, Stroh, Holz und Schwarzpulver hineinbringen – und die gewaltige, den ganzen Boxberg einnehmende Burganlage in Flammen aufgehen.

Der Feldzug gegen die fränkischen Raubritter bildet den vorläufigen Höhepunkt in der Militärkarriere des Georg Truchsess, der zum bedeutendsten Akteur des Bauernkriegs aufsteigen wird. Über sein Leben sind wir sehr gut informiert durch zahlreiche Dokumente und mehrere Biografien. Die erste verfasst ein enger Begleiter des Truchsess, dessen Namen wir nicht kennen und der daher in der Forschung nur »Schreiber des Truchsess« genannt wird. Georg Truchsess wirkt an dem Werk selbst mit, sodass man von einer autorisierten Biografie sprechen kann.

Eine weitere Lebensbeschreibung erstellen 1832 der Oberamtmann Kasimir Walchner und der Archivar Johann Bodent, die ihr Werk »ehrerbietigst und untertänigst« den Herren zu Waldburg – den Nachfahren des Truchsess – widmen. Auch diese Biografie ist also keineswegs neutral. Aber sie beruht auf sorgfältiger Quellenarbeit und enthält einen umfangreichen Anhang mit zeitgenössischen Dokumenten. Daher wird sie »der Sockel aller weiteren Forschung bleiben«, wie der Geschichtsprofessor Peter Blickle anerkennend feststellt. Blickle ist bis zu seinem Tod 2017 der führende Bauernkriegsforscher in Deutschland; 2015 veröffentlichte er die bis dato jüngste Biografie über den Truchsess alias »Bauernjörg«.

Dieser wird geboren am 25. Januar 1488 in Waldsee, einer kleinen Stadt im Süden des heutigen Baden-Württemberg. Seine beiden Brüder sterben in früher Jugend. Georg selbst wird mit zehn Jahren von zu Hause fortgeschickt und kommt zu seinem Onkel, dem Bischof von Augsburg, der ihn streng erziehen will. Das scheint dem kleinen Georg nicht gefallen zu haben. Schon mit elf Jahren büxt er zusammen mit einem Freund aus, um auf eigene Faust in den gerade tobenden Schwabenkrieg im Grenzgebiet zur Schweiz zu ziehen. Die beiden Knirpse planen, dort irgendeinem Ritter ihre Dienste als Spießträger anzubieten, ihm also seine Stangenwaffen hinterherzutragen. Doch sie kennen den Weg nicht, werden bald eingeholt und wieder nach Augsburg zurückgebracht.

Mit 16 Jahren darf Georg dann tatsächlich einem Ritter die Lanze tragen. Er begleitet diesen 1504 in den bayerischen Erbfolgekrieg und erhält noch während des Feldzugs Harnisch, Helm und Spieß, steigt also zum Kämpfer auf. Danach streitet er erst mal an anderer Front: Sein Vater, Johann Truchsess von Waldburg, möchte ihn gegen seinen Willen verheiraten. Und zwar mit einer Grafentochter, der Georg bereits im Alter von neun Jahren versprochen wurde – solche Ehearrangements sind unter Adligen gängig. Der junge Truchsess zeigt jetzt Standvermögen: Er weigert sich beharrlich, trotz allen Drängens seines Vaters, der immer ungehaltener wird und dem widerspenstigen Sohn schließlich alle finanzielle Unterstützung streicht.

Der Vater-Sohn-Zwist dauert jahrelang und löst sich erst 1507 auf, als Georg mit 19 Jahren einwilligt, die Tochter eines anderen Grafen zur Frau zu nehmen: Apollonia von Sonnenberg. Zwei Jahre später heiraten die beiden, und Georg erhält als Mitgift die Herrschaft Wolfegg nahe seinem Geburtsort Waldsee. Das Territorium ist jetzt sein größter Besitz – man benötigt etwa drei Fußstunden, um es von einem zum anderen Ende zu durchwandern.

1511 stirbt Georgs Vater. Der junge Truchsess erbt neben den kleinen Städten Waldsee und Wurzach nur Dörfer, Einödhöfe und viele Schulden. 1512 verscheidet überraschend auch seine Frau, mit der er drei Jahre lang offenbar glücklich zusammenlebte. Mit nur 24 Jahren hat Georg damit seinen Vater, seine Brüder und seine Ehefrau verloren. Doch er hält sich nicht lange mit Trauer auf und heiratet im Jahr darauf Maria, Tochter des Grafen von Oettingen. Während die erste Ehe kinderlos blieb, wird Georg Truchsess mit seiner zweiten Gattin fünf Söhne und drei Töchter zeugen.

Gleichzeitig verfolgt er seine kriegerische Karriere. Bereits mit 20 Jahren trat er in den Dienst des Herzogs Ulrich von Württemberg. Während des bereits geschilderten Volksaufstands »Armer Konrad« kann er sich als Anführer beweisen: Georg Truchsess zieht im August 1514 mit 600 Fußsoldaten und 100 Reitern zum Fuß der Schwäbischen Alb. Binnen vier Tagen wirft er den Aufstand in der Region nieder und verhaftet 96 mutmaßliche Rebellen, die er zum Teil unter Folter verhören lasst. Die meisten kommen gegen Geldbuße wieder frei. Einige Rädelsführer überstellt Georg Truchsess an das Gericht in Tübingen, das die Verurteilten verstümmeln oder hinrichten lässt.

Mit seinem ersten Kommando hat sich der 26-Jährige gleich als militärisches Naturtalent erwiesen. Das bleibt nicht verborgen: Schon im Jahr darauf wirbt Herzog Wilhelm von Bayern den Truchsess ab – und dieser gerät in einen brutalen Konflikt zwischen seinem alten und seinem neuen Herrn.

Der Auslöser ist ein Mord, den Georgs bisheriger Dienstherr Ulrich von Württemberg im Mai 1515 mit eigener Hand begeht: Der 28-jährige Herzog ersticht bei einem Jagdausflug den Ehemann seiner Geliebten, seinen Stallmeister Hans von Hutten, weil der die Liebesaffäre zwischen seinem Herrn und seiner Frau nicht dulden will. Nach vollbrachter Tat rammt Ulrich ein Schwert in den nächststehenden Baum, legt einen Gürtel um den Hals seines Opfers und knüpft diesen an dem Schwertknauf fest – als Zeichen, dass es sich hier um ein Femegericht an einem Verräter handelt. Doch die Öffentlichkeit lässt sich nicht täuschen, und der Mord zum Lustgewinn wird zu einem Skandal, der die höchsten politischen Kreise beschäftigt. Selbst Ulrichs Ehefrau Sabina stellt sich gegen ihren Mann. Das verschärft die bereits bestehende Ehekrise zwischen den beiden, und der jähzornige Ulrich malträtiert seine Gattin derart, dass diese sich im November 1515 heimlich davonmacht und zu ihrem Bruder flieht – dem Herzog Wilhelm von Bayern in München.

Wilhelm solidarisiert sich mit seiner Schwester, wird zum offenen Feind Ulrichs und wartet nur darauf, es seinem Schwager heimzuzahlen. Die Gelegenheit ergibt sich gut drei Jahre später: Ulrich überfällt am 28. Januar 1519 mit einem Heer die Reichsstadt Reutlingen und verleibt sie seinem Herzogtum Württemberg ein – womit er den Ewigen Landfrieden bricht. Mehr noch: Ulrich hat mit Reutlingen ein Mitglied des Schwäbischen Bundes attackiert, eines Schutzbündnisses aus Reichsstädten, Fürsten und anderen Landesherrn, das 1488 geschlossen wurde. 1519 gehören dem Schwäbischen Bund 65 Mitglieder an; ähnlich wie heute bei der NATO gilt der Angriff auf ein Mitglied als Angriff auf alle Mitglieder.

Der Kriegsgrund ist da, und Herzog Wilhelm von Bayern erklärt sich gern bereit, in einer Koalition der Willigen als

Oberster Heerführer gegen seinen verhassten Schwager Ulrich zu Felde zu ziehen. Ende März 1519 bricht er mit 20000 Soldaten des Schwäbischen Bundes auf. Georg Truchsess begleitet seinen neuen Herrn als Oberster Feldleutnant, das heißt als sein Stellvertreter.

Ulrich hat dem wenig entgegenzusetzen und flieht im April außer Landes. Sein Herzogtum Württemberg ist nun herrenlos, und der siegreiche Schwäbische Bund verkauft es 1520 an die Habsburger, um die Kriegskosten zu decken. Kaiser Karl V. und sein Bruder Ferdinand von Österreich werden dadurch zu den wichtigsten Machthabern im Südwesten Deutschlands, wo später der Bauernkrieg beginnt. Die beiden Habsburger nehmen zudem am 24. Juni 1520 Georg Truchsess in ihre Dienste, der also erneut den Arbeitgeber wechselt – just an dem Tag, an dem sich in seiner Familie eine Katastrophe ereignet.

Graf Joachim von Oettingen, der Schwiegervater des Truchsess, wird am 24. Juni auf einer Reise in der Nähe von Donauwörth überfallen: von 40 Reitern unter Führung des berüchtigten Raubritters Hans Thomas von Absberg. Graf Joachim gibt seinem Pferd die Sporen, jagt hin zur rettenden Stadt und stürzt vom Pferd. Einer der Verfolger versetzt dem Grafen einen Stich mit dem Schwert, erlaubt dem Schwerverletzten aber, sich in der Stadt ärztlich behandeln zu lassen – gegen das Ehrenwort des Grafen, sich im Fall einer Heilung freiwillig in die Gefangenschaft der Raubritter zu begeben.

Als Georg Truchsess von der Gewalttat hört, eilt er zu seinem Schwiegervater ans Krankenbett. Dort muss er feststellen, dass die Verletzung unheilbar ist und der Graf im Sterben liegt. Georg Truchsess fordert nun die Hilfe des Schwäbischen Bundes, um die Mörder und Landfriedensbrecher zu bestrafen, und er erhält zu dem Zweck 104 berittene Soldaten. Mit diesen gelingt es ihm, sich unbemerkt durch einen Wald in die Nähe der Burg des Raubritters Absberg zu schleichen – und am helllichten Tag, als gerade Bauersfrauen frisch geerntete

Rüben in die Burg tragen, durch das offene Tor in den Burghof zu stürmen. Die überrumpelte Besatzung leistet keinen Widerstand, und der Truchsess nimmt das Bauwerk im heutigen Bezirk Mittelfranken für die Familie seines Schwiegervaters in Besitz. Der Raubritter Absberg selbst ist allerdings an dem Tag abwesend, entkommt so der weiteren Strafe.

Georg Truchsess setzt im folgenden Jahr seinen Kampf gegen Absberg und dessen Helfershelfer fort. Er nimmt vier weitere Burgen ein, kann aber mit seiner kleinen Schar Soldaten sonst nicht viel ausrichten. 1523 gelingt dann der große Wurf. Der Schwäbische Bund hat endgültig genug von den Überfällen und Entführungen der fränkischen Raubritter und stellt ein mächtiges Heer auf: mehr als 11 500 Mann, angeführt von Georg Truchsess, der als Erstes die Burg Boxberg in Flammen aufgehen lässt, wie zu Beginn des Kapitels beschrieben.

Die fränkischen Ritter bringen keine nennenswerte Gegenwehr zustande. In nur einem Monat nimmt das Heer des Truchsess 23 Burgen ein und zerstört diese. Der Straffeldzug, Fränkischer Krieg genannt, schließt am 17. Juli 1523 mit einer pompösen Siegesparade in Nürnberg. Die Bewohner und vor allem die Händler der Stadt feiern das Ende des fränkischen Raubrittertums – und damit das Ende des Mittelalters in dieser Region.

Georg Truchsess hat sich jetzt als Feldherr bewährt und so in die ideale Position gebracht, als im Jahr darauf der große Bauernaufstand beginnt. Doch der Fränkische Krieg wird noch dunkle Schatten auf sein Leben werfen. Denn der Besitzer der Burg Boxberg schwört Rache – und er wird sie fünf Jahre später auf perfide Weise vollziehen.

Steckbrief Georg Truchsess von Waldburg (»Bauernjörg«)

- Geb. 25. Januar 1488 in Waldsee nahe dem Bodensee.
- Gest. 29. Mai 1531 ebendort.

Stand und Familie: Schwäbischer Hochadel – Truchsess ist ein Adelstitel, der ursprünglich den Verantwortlichen für die fürstliche Tafel bezeichnete. Seine Eltern sind Johann Truchsess von Waldburg und Gräfin Helene von Hohenzollern. Georgs erste Frau stirbt nach drei Jahren Ehe 1512. Im Jahr darauf heiratet er Maria von Oettingen, mit der er acht Kinder hat. Sein Vetter Wilhelm Truchsess von Waldburg ist zu Beginn des Bauernkriegs Statthalter des Herzogtums Württemberg, das heißt dessen Regierungschef. Nach einem Schlaganfall übergibt Wilhelm 1525 das Amt an Georg Truchsess.

Wirken: Georg alias Jörg Truchsess ist der mit Abstand wichtigste Feldherr im Bauernkrieg, weshalb er den Spitznamen Bauernjörg erhält.

Besondere Merkmale: Er verbreitet so viel Schrecken in der Bevölkerung, dass über lange Zeit die Redewendung umgeht: »Ich will dir den Herrn Jörgen singen.« Noch 1868 droht man schwere Strafen mit den Worten an: »Man wird dir den Jörgen zeigen.«

KAPITEL II: FLÄCHENBRAND

1. Funkenflug (Juni 1524 – Februar 1525)

Hat sich genug explosives Material angesammelt, kann bereits ein Funke zu unabsehbaren Folgen führen. Dann müssen beispielsweise nur einige Adlige drei kaiserliche Amtsträger in Prag aus dem Fenster werfen, um 1618 den Dreißigjährigen Krieg auszulösen. Oder es braucht bloß ein Attentäter in Sarajevo den österreichischen Thronfolger und seine Frau zu erschießen, um 1914 den Ersten Weltkrieg zu entfesseln.

Auch der Funke, der den Bauernkrieg entzündet, ist ein vergleichsweiser nichtiger Anlass: Die Ehefrau des Grafen Sigmund von Lupfen, des Herrn über die Landgrafschaft Stühlingen an der Grenze zur Schweiz, befiehlt im Juni 1524 ihren Bauern, Schneckenhäuser und Waldbeeren zu sammeln. Denn sie will ihre Mägde damit beschäftigen, Garn auf die Schneckenhäuser zu wickeln. Zudem hält sie es wohl für angebracht, Beerenmus einzukochen.

Doch die Stühlinger Bauern bringen gerade ihre Sommerernte ein. Und nun sollen sie alles stehen und liegen lassen, um für die Gräfin auf Sammeltour zu gehen? Das ist die eine Schikane zu viel! Anstatt zu gehorchen, greifen die Untertanen am 23. Juni zu den Waffen und ziehen gemeinsam zum Schloss ihres Herrn, der allerdings gerade im Elsass weilt. Und so verkünden die Bauern dem Vogt, dem Vertreter des Grafen, der sich hinter dem Schlosstor verschanzt, ihre Forderungen. Insbesondere verlangen sie, dass sie nur diejenigen Frondienste leisten müssen, zu denen sie urkundlich verpflichtet sind – und nicht, wie sie später beklagen, »alles tun sollen, was sie uns heißen, als wären wir geborene Knechte«.

Mit der Stühlinger Erhebung vom 23. Juni 1524 beginnt nach allgemeiner Definition der deutsche Bauernkrieg. So unstrittig das Datum ist, so strittig sind die Details, unter anderem die Frage, wie glaubhaft die Anekdote von den Schneckenhäusern ist. Zweifel wurden früh laut, ein Fürstabt schmähte die Geschichte bereits im 18. Jahrhundert als »Altweibergeschwätz«. Allerdings überliefern gleich drei zeitgenössische Chroniken die Schneckenhaus-Affäre, »sodass an ihrer Wahrheit kaum zu zweifeln ist«, wie der Bauernkriegsforscher Günther Franz argumentiert. Sein Kollege Peter Blickle meint salomonisch: »Falls die Geschichte nur eine Metapher sein sollte, war sie bauernschlau erfunden. Die in ihr chiffrierte Wahrheit verbarg eine doppelte herrschaftliche Arroganz, denn erstens sammelten Bauern keine Schneckenhäuschen, zu keinen Zeiten, wie finster sie auch gewesen sein mochten, und zweitens leisteten sie außerordentliche Frondienste nicht zur Erntezeit, und es war Erntezeit.«

Was immer der Anlass für die Erhebung war – nach ein paar Tagen haben sich 1200 bewaffnete Bauern zusammengefunden. Sie fertigen eine Fahne an, um die sie sich scharen, und wählen einen erfahrenen Landsknecht zum Hauptmann: Hans Müller von Bulgenbach, laut Zeitgenossen ein stattlicher, hochgeschossener Mann und charismatischer Redner. Dann gehen die Bauern zurück auf ihre Felder, denn die Rebellion kann warten, die Arbeit nicht. Auch im weiteren Verlauf des Aufstands werden sie nur ausrücken, wenn keine Ernte ansteht, als ob sie den späteren Spruch Bert Brechts schon kannten: »Erst kommt das Fressen, dann kommt die Moral.«

Aber bald finden die Bauern wieder zusammen, und es strömen immer mehr aus der Umgebung herbei. Am 24. August zieht Hans Müller von Bulgenbach mit 800 Mann in die 22 Kilometer entfernte Stadt Waldshut, die nahe am Rhein mit Blick auf die Schweiz liegt. Dort verbünden sich die Bauern mit der städtischen Bürgerschaft, die ebenfalls rebelliert: gegen ihren Herrn, den Habsburger Erzherzog Ferdinand von Österreich, dem Waldshut und Umgebung gehören. Grund des dortigen Konflikts ist der Stadtpfarrer Balthasar Hubmaier. Er hat mit dem Schweizer Reformator Zwingli Freundschaft geschlossen und treibt in Waldshut die Reformation voran – was dem erzkatholischen Ferdinand ein Dorn im Auge ist. Der Habsburger fordert die Auslieferung des ketzerischen Stadtpfarrers, doch die Waldshuter weigern sich beharrlich.

Die Obrigkeit findet kein Mittel gegen die rebellierenden Bauern und Bürger. Verhandlungen scheitern bereits im Ansatz: Der Stühlinger Graf Sigmund fordert, die Aufständischen sollten zuerst ihre Fahne ausliefern, vor ihm niederknien und bekennen, dass sie Unrecht getan hätten – was die stolzen Bauern selbstredend ablehnen. Militärisch können die Adligen nichts ausrichten: Graf Sigmund kann gerade mal 60 gerüstete Edelleute zusammentrommeln – viel zu wenige, um einen Angriff auf die bewaffneten Bauern auch nur zu erwägen. Selbst die Habsburger zeigen sich machtlos: Ihre Streitkräfte führen in Italien Krieg gegen den Erzrivalen Frankreich. Alle verfügbaren Landsknechte sind dort, an einen Abzug der Truppen ist nicht zu denken.

Und so können einige Hundert Bauern im äußersten Südwesten Deutschlands der Weltmacht Habsburg auf der Nase herumtanzen. Hans Müller von Bulgenbach und seine Truppe setzen ihren Zug durch die Lande ungestört fort. Zunächst begeben sie sich wieder nach Stühlingen, belagern zwei Wochen lang erfolglos das Schloss ihres Grafen, um dann im Oktober in großem Bogen durch die nördlich angrenzenden Ländereien zu marschieren. Sie ziehen von Dorf zu Dorf, verlesen ihr Manifest und werben für Verständnis und Unterstützung. Dabei zeigen sich die Rebellen diszipliniert und gut organisiert. Selbst die bauernfeindliche Villinger Chronik vermerkt, dass der Zug in großer Ordnung vor sich ging.

Gleichzeitig verstehen es die Aufständischen, der Bevölkerung eine gute Show zu liefern: Ihre Protestzüge werden stets von Musikanten begleitet, vor allem von Trommlern und Querpfeifern, die sich lautstark vernehmbar machen. Später kommt Pomp hinzu: Im Jahr darauf trägt Hans Müller von Bulgenbach einen auffällig roten Mantel und auf dem Kopf ein rotes, mit Federn geschmücktes Barett. Begleiten lässt sich der Rebellenhauptmann von Trabanten, einer Leibgarde aus erfahrenen Kriegern, wie es sonst bei Fürsten üblich ist. Vor ihm reitet ein sogenannter Zierhold, der durch das Zierholdengeschrei die Menschen herbeiruft und das gedruckte Manifest der Aufständischen verliest. Hinter dem Hauptmann folgt ein Zierwagen, der mit Blättern und Bändern geschmückt ist und die Fahne der Rebellen präsentiert.

Am 12. Oktober 1524 kehren die Stühlinger Bauern in ihre Heimat zurück. Tags darauf schließen sie einen Vertrag mit ihrem Herrn, der besagt, dass ein unparteiisches Schiedsgericht über ihre Beschwerden entscheiden wird. Die Aufständischen gehen brav auseinander im Vertrauen auf die erhaltenen Zusagen, und es herrscht schlagartig wieder Ruhe.

Doch es ist nur eine kurze Ruhe, aus zwei Gründen. Erstens nehmen die Adligen die Vereinbarung nicht so ernst wie die Bauern. Hier wie anderswo suchen die Herren oft keinen echten Vergleich mit ihren Untertanen, sondern wollen diese nur hinhalten, planen ein Scheitern des Schiedsgerichts ein. Ihr Ziel: Zeit zu gewinnen, um Truppen anzuwerben und eventuell militärisch zuzuschlagen. Friedrich Engels formuliert dies 1850 in seiner kurzen Geschichte des Bauernkriegs überspitzt, aber treffend so: »Von jetzt an begann jener systematische Verrat, jene konsequente Wortbrüchigkeit und Heimtücke, durch die der Adel und die Fürsten sich während des Bauernkriegs auszeichneten und die gegenüber den dezentralisierten und schwer organisierbaren Bauern ihre stärkste Waffe war.«

Der zweite Grund ist, dass sich die Flamme der Rebellion bereits ausgebreitet hat: von Stühlingen in den östlich angrenzenden Klettgau und Hegau, ein Gebiet, das am Rhein liegt und bis zum Bodensee reicht. Die Bauern dort verbünden sich, schwören einander Eide, formulieren ihre Forderungen, verweigern Abgaben und besetzen einige Klöster. Am 14. Dezember 1524 kommt es zum ersten blutigen Zusammenstoß des Bauernkriegs, als etwas weiter nördlich bei Donaueschingen 400 Bewaffnete im Auftrag der Obrigkeit 200 Aufständische verjagen und einige niederstechen.

Das aber ist die Ausnahme. Insgesamt breitet sich der Aufstand 1524 weitgehend friedlich aus. Die Züge der bewaffneten Bauern sind in erster Linie Demonstrationen ohne militärische Aktion. Das Ziel lautet bislang nicht Revolution, sondern Reformen: Die Bauern wollen nicht ihre Herren absetzen, sondern nur gerechtere Regelungen durchsetzen. Das nächste Kapitel wird sich näher mit ihren Forderungen befassen.

Um Weihnachten herum fliegen die Funken des Aufstands weiter nach Nordosten: nach Oberschwaben, die Region zwischen Bodensee, Ulm und Augsburg, die heute den Südosten Baden-Württembergs und den Südwesten Bayerns bildet. Dort entfachen die Funken einen Flächenbrand; die Bewegung erreicht eine neue Dimension.

Den Anfang macht Baltringen, ein Dorf, das 26 Kilometer südlich von Ulm liegt. An Heiligabend 1524 setzen sich im Wirtshaus des Ortes einige Bauern zusammen, um zu beraten, wie sie ihre Anliegen durchsetzen können. Von da an treffen sie sich jeden Donnerstag und gehen von Dorf zu Dorf, um im Geheimen für ihre Sache zu werben. Ihre Aktivitäten können sie dadurch gut tarnen, dass es auf die Fastnacht zugeht mit allen zugehörigen Feierlichkeiten und Vorbereitungen. Binnen weniger Wochen werden aus sechs bis sieben Bauern ein paar Hundert, dann ein paar Tausend. Die Bewegung schwillt damit explosionsartig auf eine Größe an, bei der eine Geheimhaltung nicht mehr möglich ist – zumal der Schwäbische Bund seinen Hauptsitz im nahen Ulm hat. Das Bündnis aus 65 Landesherrn und Reichsstädten wird trotzdem völlig überrascht von der Entwicklung, die sich gleichsam vor seiner Haustür entfaltet.

Am 9. Februar 1525 reagiert der Schwäbische Bund und schickt Gesandte zu den Baltringern, die inzwischen ein Lager errichtet haben. Die Diplomaten ermahnen die Bauern wenig diplomatisch, ihre Aktivitäten zu beenden. Wie der Zeitgenosse Johannes Kessler in seiner Chronik berichtet, sagt der oberste Gesandte, ein Bürgermeister: »Euch Bauern wird es gehen wie den Fröschen im Frühling. Sie kommen zusammen, schreien und machen ›quak, quak‹; dann kommt der Storch und verschlingt sie. Ihr also schreit ›wo, wo‹; dann kommen die Herren und schlachten euch zu Tode.«

Der Anführer der Aufständischen, der Handwerker Ulrich Schmid, »ein frommer, gutherziger, redekundiger, weiser Mann«, so die Chronik, antwortet darauf höflich: Die Bauern suchten weder Aufruhr noch Gewalt und wollten auch nicht mit ihren Herren brechen, sondern wünschten nur untertänigst geringere Lasten und Abgaben. »Dass wir Waffen und Harnisch jetzt mit uns tragen, geschieht nicht in der Meinung, dass wir sie nutzen oder brauchen wollen«, betont er laut der Chronik. Die Bewaffnung diene nur dazu, zu verhindern, dass man »uns wehrlos abwürgen will«.

Die Gesandten reiten daraufhin nach Ulm zurück, erscheinen nach sieben Tagen zu weiteren Gesprächen bei den Baltringern – und müssen feststellen, dass sich deren Zahl inzwischen mindestens verdoppelt hat. Die Quellenangaben variieren, wahrscheinlich sind an diesem 16. Februar an die 10 000 Aufständische versammelt. Sie nennen sich »Baltringer Haufen«, in bewusster Anlehnung an das damalige Heereswesen, in dem das Wort »Haufen« eine geschlossene Formation bezeichnet. Die Rebellen sind »militärisch gut organisiert«, wie die Historiker Manfred Bensing und Siegfried Hoyer urteilen. »Wir wissen von regelmäßigen militärischen Übungen und der Aufstellung der quadratischen Schlachtordnung« – entsprechend dem damals aktuellen Stand der Kriegskunst.

Die Bauern in den Schlachtreihen tragen nicht nur Sensen,

Mistgabeln und andere primitive Waffen, wie bis heute gern kolportiert wird, sondern sind erheblich besser gerüstet. Der Grund ist die Wehrpflicht, die zu dieser Zeit weit verbreitet ist, besonders in Südwestdeutschland. Wo sie gilt, »verfügt jedes Haus in der Regel über Waffen und Wehren«, erklärt Bauernkriegsforscher Peter Blickle. »Dabei handelt es sich in der Regel um einfache Hieb- und Stichwaffen, um Brustschilde und zum Teil auch um Harnische«, also eiserne Rüstungen. Sogar Hakenbüchsen, die damalige Frühform des Gewehrs, sind gängig – in Württemberg stehen bereits viele Schützenhäuser, in denen die Bevölkerung das »Büchsenschießen« übt. Blickle resümiert: »Das entspricht kaum dem herkömmlichen Bild sensen- und morgensternbewehrter Bauern in leinenen Kitteln.«

Die Gesandten des Schwäbischen Bundes sehen sich also am 16. Februar 1525 in Baltringen keiner wilden Menge gegenüber, sondern einer beeindruckenden, in Reih und Glied aufgestellten Armee. Und es ist nicht die einzige. Im Allgäu, dem südlichsten Teil Oberschwabens, der heute zu Bayern gehört, formierte sich am 14. Februar eine weitere Rebellenarmee: der Allgäuer Haufen, der 7000 bis 9000 Mann zählt. Am Bodensee bildet sich zudem am 21. Februar der Seehaufen, der sogar um die 12 000 Mann umfasst. Insgesamt haben sich also in Oberschwaben binnen weniger Wochen rund 30 000 Bauern erhoben und in drei mächtigen Heeren organisiert.

Damit sind die Bauern plötzlich die stärkste Macht in der Region, der Adel kann ihnen im Moment nichts entgegensetzen. Trotzdem kommt das falsche Gerücht auf, ein feindliches Heer des Schwäbischen Bundes rücke an. Die Allgäuer Aufständischen beschließen daraufhin, dass jeder im Land ihrer Vereinigung beitreten muss. Wer sich weigert, verfällt dem weltlichen Bann: Ihm wird ein Pfahl vor die Tür geschlagen als Zeichen dafür, dass er und seine Familie fortan von jeglicher Gemeinschaft ausgeschlossen sind.

Was das bedeutet, formulieren zwei Monate später die Bauern im Schwarzwald, die wie viele andere Rebellengruppen die

Drohung mit dem weltlichen Bann übernehmen, um die gesamte Bevölkerung zum Mitmachen zu zwingen. »Mit denen, die sich sperren und weigern, diese brüderliche Vereinigung einzugehen«, mahnt ihr Artikelbrief, soll niemand »essen, trinken, baden, mahlen, backen, ackern oder mähen« und »von ihnen nichts kaufen, noch etwas zum Kauf geben, sondern man lasse sie in all diesen Dingen als abgeschnittene, abgestorbene Glieder bleiben«. Wer trotz des Verbots mit einem Gebannten verkehrt, wird selbst gebannt.

Tatsächlich schließt sich fast das ganze Allgäu dem Aufstand an. Die Bauern beginnen, größer zu denken. Schon Ende Februar fordern die Baltringer nicht mehr, einzelne Beschwernisse abzustellen, sondern nennen ein neues Ziel: die Verwirklichung des »göttlichen Rechts«, also eine neue Gesellschaftsordnung, die sich aus der Bibel ableitet. Damit gehen die Bauern den Schritt von der Rebellion zur Revolution, vom bloßen Aufbegehren zur grundlegenden Umwälzung der Verhältnisse. Doch wie soll diese neue Gesellschaftsordnung aussehen? Das scheint in dem Moment noch niemandem klar zu sein.

Klar ist den Aufständischen, dass ihre Heere zusammenarbeiten müssen, um gegen die Landesherren zu bestehen und die großen Ziele zu verwirklichen. Anfang März senden die drei mächtigen Vereinigungen – der Baltringer, Allgäuer und Bodenseer Haufen – insgesamt 50 Delegierte in die oberschwäbische Reichsstadt Memmingen. Dort sollen die Abgesandten ein Bündnis schließen und ein gemeinsames Programm verabschieden. Es wird die wirkmächtigste Schrift werden, die Bauern je in Deutschland verfasst haben.

Steckbrief Hans Müller von Bulgenbach

- Geb. um 1490 in Bulgenbach, einem Weiler 16 Kilometer westlich von Stühlingen.
- Gest. 12. August 1525 in Laufenburg durch Enthauptung.

Stand und Familie: ungewiss.

Wirken: Als Landsknecht in kaiserlichen Diensten kämpft er in Frankreich. Die aufständischen Stühlinger Bauern wählen den erfahrenen Soldaten im Sommer 1524 zu ihrem Hauptmann. Hans Müller führt sie nach Waldshut und bringt fast die ganze Region auf seine Seite. Auch der abgesetzte Herzog Ulrich von Württemberg tritt seiner »evangelischen Bruderschaft« bei. Im Frühjahr 1525 treibt Hans Müller den Aufstand im Schwarzwald voran, gilt als Kopf und Seele des bäuerlichen Widerstands. Mit geschätzt 6000 Anhängern zieht er nach Freiburg im Breisgau, belagert es gemeinsam mit fünf weiteren Rebellenheeren und nimmt die stark befestigte Stadt am 23. Mai 1525 ein – einer der größten militärischen Erfolge der Bauern. Im Juli fällt Hans Müller dem Laufenburger Vogt in die Hände und wird im August 1525 mit dem Schwert »stehend« hingerichtet.

Besondere Merkmale: Der Chronist Andreas Lettsch, der Hans Müller persönlich kannte, beschreibt ihn als »ganz wohlberedt [redegewandt] und vorwitzig, einen Redner wie ihn mochte man nicht finden«. Der Bauernführer ist groß gewachsen und reist auffällig in Rot gekleidet durchs Land. Zeitgenössische Porträts fehlen, ein späterer Kupferstich (auf der vorhergehende Seite) wird ihm gelegentlich zugeschrieben. Das Ortswappen von Bulgenbach zeigt heute einen Bundschuh als Hinweis auf Hans Müller.

2. Die Erklärung der Menschenrechte (März 1525)

Wer sich heute in die Stadt Memmingen an der Grenze von Bayern zu Baden-Württemberg begibt, trifft in der Altstadt am Platz Weinmarkt auf das »Haus der Kramerzunft«, ein großes rötliches Gebäude. An der Fassade, in der Höhe des zweiten Stocks, ist eine auffallende Malerei angebracht. Sie zeigt vier Männer: zwei entschlossen blickende Bauern, einen mit Hellebarde, einen mit Morgenstern bewaffnet, sowie einen Prediger und einen Bürger, der ein Schriftstück in den Händen hält. Darunter steht in schwarzen und roten Buchstaben: »In diesem Haus versammelten sich im März 1525 die aufständischen Bauern, um ihre Forderungen in den berühmten ›ZWÖLF ARTIKEL‹ festzulegen.«

Hinter dem Wandgemälde (Abb. 3 im Bildteil) befindet sich der Versammlungssaal, in dem heute noch die fein verzierte Holzdecke hängt, unter der sich vor 500 Jahren die Bauernvertreter der drei oberschwäbischen Haufen trafen. Die Rebellen wählten Memmingen als Tagungsort, weil sie dort mit der Unterstützung der Bürgerschaft rechnen konnten. Denn in der Reichsstadt wirkte der Pfarrer Christoph Schappeler – der Prediger auf dem Wandgemälde –, der sich erfolgreich für den neuen evangelischen Glauben einsetzte. Schappeler wetterte gegen die »Pfaffen«, also gegen die katholischen Priester, die er als »Mistfinken, Küchen- und Suppenprediger« schmähte. Zudem predigte er gegen die Abgabe des »Zehnt« und fand viel Zustimmung im Volk. Im Januar 1525 erreichte er, dass Memmingen offiziell ins Lager der Reformation wechselte, als eine der ersten Reichsstädte in Süddeutschland. Außerdem zeigte der Rat der Stadt ein offenes Ohr für die Anliegen der Bauern.

Am 6. März 1525 beginnen die 50 Vertreter des Baltringer, Allgäuer und Bodenseer Haufens ihre Besprechung im Versammlungssaal der Kramerzunft. Schappeler nimmt beratend teil. Die Verhandlungen gestalten sich zunächst schwierig, denn Schappeler und die Baltringer lehnen die Anwendung von Gewalt strikt ab, während die Allgäuer und Bodenseer »tapfer mit dem Schwert hindurchdringen« wollen, wie der zeitgenössische Chronist Johannes Kessler berichtet. Doch schon am nächsten Tag erreichen die Delegierten einen ersten Durchbruch: Die drei Haufen schließen sich zusammen zur »Christlichen Vereinigung«, um gemeinsam ihre Ziele durchzusetzen.

Entweder in dieser Sitzung oder bei ihrem nächsten Treffen gut eine Woche später verabschieden die Delegierten die beiden entscheidenden Papiere: zum einen die gemeinsame Verfassung, Bundesordnung genannt, die die Organisation und Vorgehensweise der Christlichen Vereinigung sowie die Rechte und Pflichten der Mitglieder benennt; zum anderen die »Zwölf Artikel«, die das politische Programm der Aufständischen beinhalten.

Bis heute wird diskutiert, wer die Zwölf Artikel verfasst hat, ein bemerkenswertes Manifest, progressiv und praxisnah zugleich, das sich durch eine klare Sprache und sinnvollen Aufbau auszeichnet. Mehrheitlich geht die Forschung davon aus, dass der Memminger Kürschnergeselle und Feldschreiber des Baltringer Haufens, Sebastian Lotzer, der federführende Autor war – er ist der Bürger auf dem heutigen Wandgemälde der Kramerzunft. Unterstützt wurde er vermutlich vom Prediger Schappeler.

Am 19. März 1525 geben die Bauern die Zwölf Artikel in Augsburg in Druck. Sie gehören damit zu den Ersten, die das neue Massenmedium Flugschrift für politische Zwecke einsetzen – mit verblüffendem Erfolg. Die Zwölf Artikel verbreiten sich rasend schnell; binnen zwei Monaten wird das Manifest noch 27 Mal gedruckt, in 14 weiteren Städten: in Zürich, Straßburg, Konstanz, Speyer, Worms, Reutlingen, Regensburg, Würzburg, Nürnberg, Forchheim, Erfurt, Zwickau, Magdeburg und sogar in Breslau im heutigen Polen. Die Gesamtauflage beträgt geschätzt 25 000 Exemplare, eine für damalige Verhältnisse ungeheuer hohe Zahl.

Das Programm der Aufständischen kursiert damit in großen Teilen des Reichs, vor allem in Süd- und Mitteldeutschland, und es bringt quer durchs Land die Menschen in Bewegung. An verschiedensten Orten formieren sich wie aus dem Nichts Bauernhaufen, die sich auf die Zwölf Artikel berufen und die – wenn sie stark genug sind – die Geistlichen, Adligen, Gemeinden und Städte ihrer Region schwören lassen, die Programmpunkte zu befolgen. »Den Bauernkrieg von 1525 hätte es in dieser Art ohne die ›Zwölf Artikel‹ nicht gegeben«, folgert der Historiker Peter Blickle.

Es lohnt sich daher, einen näheren Blick auf die Flugschrift zu werfen, zumal sie wie ein Brennglas die wichtigsten Beschwerden der Bauern bündelt, uns dadurch auch die Lebensumstände der einfachen Menschen nahebringt. Zugleich enthält das Manifest so viel Wegweisendes, dass etwa die *Süddeutsche Zeitung* 2018 jubelt: »Im Allgäu liegt ein Ursprung der Menschenrechte.« (Wer sich vor allem für den Fortgang der Ereignisse interessiert, kann die folgenden Seiten überblättern und direkt zum nächsten Kapitel springen.)

»Dem christlichen Leser Friede und Gnade Gottes durch Christus.« Mit diesem Satz beginnt die Präambel der Zwölf Artikel, die betont, dass die aufständischen Bauern nur gemäß dem Wort Gottes leben wollen und daher »nicht ungehorsam und aufruhrerisch genannt werden können«. Diese Argumentation löst elegant das Problem, wie die Aufständischen ihre Forderungen legitimieren können in einer tief religiösen Ständegesellschaft, in der gilt: Vom Fürsten bis zum Knecht hat jeder Mensch seinen von Gott zugewiesenen Platz; wer dagegen aufbegehrt, stört nicht nur die staatliche Ordnung, sondern frevelt gegen Gott selbst. Die Bauern drehen nun den Spieß um: Mit ihren Zwölf Artikeln, die sich alle aus der Bibel ableiten, befolgten sie bloß Gottes Willen – und »wer will den Willen Gottes tadeln?«, fragt die Präambel. Die »Widerchristen und Feinde des Evangeliums« seien also diejenigen, die sich den Forderungen der Bauern entgegenstellen.

Selbstbewusst sehen sich die Aufständischen in der gleichen Rolle wie das auserwählte Volk Israel, das einst in ägyptischer Knechtschaft lebte. So wie Gott »die Kinder Israels, die zu ihm schrien, erhört und aus der Hand des Pharaos befreit« hat, schließt die Präambel optimistisch, so werde er auch den Bauern beistehen: »Kann er nicht noch heute die Seinen erretten? Ja, er wird sie erretten! Und in Kürze! Deshalb, christlicher Leser, lies die nachfolgenden Artikel mit Fleiß und dann urteile!«

»Zum Ersten ist unser diemütig Bitt und Beger, auch unser aller Will und Mainung, das wir nun fürohin Gewalt und Macht wöllen haben, ain ganze Gemain sol ain Pfarer selbs erwölen und kiesen«, so beginnt der erste Artikel in buchstabengetreuer Fassung. Der Satz wird wie alle Originalzitate in diesem Buch behutsam ins heutige Deutsch übertragen, damit der Inhalt klarer zutage tritt – hier beispielsweise wird die inzwischen veraltete Formulierung »erwölen und kiesen« in »wählen und ernennen« übersetzt, zudem die Schreibweise angepasst, um keinen falschen Eindruck zu vermitteln. Wir moderne Leser verzeihen nämlich keine Rechtschreibfehler und reagieren auf alte Texte, in denen ein Wort mal so und mal anders geschrieben ist, unwillkürlich ein wenig herablassend. Dabei hat man damals einfach keinen Fetisch aus der Rechtschreibung gemacht – nicht auf den einzelnen Buchstaben kam es an, sondern auf den Inhalt.

Der Beginn des ersten Artikels lautet damit übertragen: »Zum Ersten ist unser demütiges Bitten und Begehren, auch unser aller Wille und Meinung, dass wir von nun an die Gewalt und Macht haben wollen, dass die ganze Gemeinde ihren Pfarrer selbst wählen und ernennen kann.« Zudem verlangen die Bauern, dass sie ihren Pfarrer absetzen können, »wenn er sich ungebührlich verhält«.

Der zweite und der achte Artikel fordern Steuererleichterungen. Im Normalfall müssen die Bauern ein Drittel bis die Hälfte ihres Ertrags abgeben, vor allem in Form des Grundzinses und des sogenannten Zehnten. Der Grundzins steht an erster Stelle, ist von Gebiet zu Gebiet unterschiedlich geregelt und wird um 1525 überwiegend in Naturalien wie Getreide oder Wein abgegolten. Existenzgefährdend ist diese fixe jährliche Abgabe in Zeiten von Missernten, und die häuften sich ab 1500. Im Elsass etwa gingen viele Bauern deswegen bankrott. Manche liefen von den Gütern davon, andere nahmen Kredite bei reichen Bauern, Juden, Bürgern oder der Kirche auf – und konnten diese oft nicht mehr zurückzahlen. Die Verleiher durften dann die berüchtigten »Blutzapfen« engagieren: Söldner, die das Geld bei den Schuldnern mit Gewalt eintrieben.

Der achte der Zwölf Artikel verlangt daher: »Ehrbare Männer« sollen den Grundzins neu festlegen, und zwar auf ein Maß, das nicht mehr ruinös ist, »damit der Bauer seine Arbeit nicht umsonst tue, denn ein jeder Tagwerker ist seines Lohnes wert«.

Der zweite Artikel befasst sich mit dem zusätzlich zu entrichtenden Zehnten. Dieser betrug im Mittelalter ursprünglich knapp ein Zehntel der Ernte und war an die Kirche zu entrichten. Doch mit der Zeit brachten weltliche Herren diese Einnahmequelle zunehmend unter ihre Kontrolle, und sie weiteten den Zehnten auf andere landwirtschaftliche Produkte aus: Zu dem bereits vorhandenen »Großen Zehnten« auf Getreide und Wein kam der »Kleine Zehnt« hinzu, der auf Vieh, Gartengemüse und Obst zu entrichten war – sehr zum Verdruss der Bauern. Diese schreiben denn auch im zweiten Artikel unverblümt: »Den Kleinen Zehnten wollen wir gar nicht geben, denn Gott der Herr hat das Vieh frei dem Menschen geschaffen, sodass wir ihn für einen ungebührlichen Zehnten halten, den die Menschen erdichtet haben.«

Der Große Zehnt auf das Getreide dagegen, konzediert der zweite Artikel, »ist im Alten Testament festgesetzt«. Diesen »rechten Zehnten« wollen die Bauern »gerne geben«, so beteuern sie. Allerdings nur für bestimmte Zwecke: Der Pfarrer soll davon so viel erhalten, wie er für einen angemessenen Unterhalt benötigt. Was übrig bleibt, soll für Bedürftige und für die Landesverteidigung verwendet werden. Der zweite Artikel stellt somit einen Reformvorschlag dar, der einen Interessenausgleich zwischen Kirche, Grundherren und Bauern sucht – und der sich wie alle anderen Artikel auf die Bibel stützt, das mit Abstand mächtigste Werkzeug der Bauern, um ihre Forderungen zu legitimieren.

Besonders stark auf das Gotteswort beruft sich der dritte Artikel, der wahrhaft Revolutionäres enthält: Er verlangt nichts weniger als die Abschaffung der Leibeigenschaft. »Zum Dritten ist es bisher Brauch gewesen, dass man uns für Leibeigene gehalten hat«, beginnt der Artikel, doch Christus habe mit seinem Blut alle erlöst, »den Hirten gleich wie den Höchsten, keinen ausgenommen. Darum erfindet sich mit der Schrift, dass wir frei sind und sein wollen.«

Kurz gesagt: Alle Menschen sollen frei sein! Die Zwölf Artikel zählen damit zu den Pionieren der Menschenrechtsidee, sind ein Vorreiter in Mitteleuropa. Sie gehen sogar weit über Englands berühmte Magna Carta von 1215 hinaus, die nur der Minderheit der freien Bürger Rechte zugesteht. Die Bauern zeigen sich hier fortschrittlicher als die größten Denker ihrer Zeit – und es ist eine der Tragödien des Bauernkriegs, dass ihre Zwölf Artikel nicht zu den Meilensteinen der deutschen Geistesgeschichte zählen, sondern weitgehend vergessen wurden, ignoriert von den damaligen Gelehrten wie vom späteren Bildungsbürgertum. Bis in die jüngste Vergangenheit findet das Manifest nur vereinzelte Würdigung wie zum Beispiel im

Jahr 2000, als der damalige Bundespräsident Johannes Rau betont, die Zwölf Artikel enthielten mit ihrer Freiheitsforderung »im Kern die Überzeugung von der Universalität der Menschenrechte«.

So weit dachten die Verfasser der Zwölf Artikel sicherlich nicht. Für die aufständischen Bauern stellt die Leibeigenschaft kein philosophisches, sondern ein sehr konkretes Problem dar, das viel Verbitterung schuf. Zumal diese Institution der Unfreiheit in Südwestdeutschland, dem Kerngebiet des Aufstands, zuletzt noch ausgeweitet wurde. Das mächtige Kloster Kempten im Allgäu etwa wandte in den Jahren um 1500 mafiaähnliche Erpressungsmethoden an, um in seinem Herrschaftsgebiet die Freien und Zinser (abgabepflichtige Bauern, die weitgehend frei sind) in die Leibeigenschaft zu drücken. Beispielsweise ließ der Kemptener Fürstabt die Ehefrau des Zinsers Hainrich Schmaltznapff einkerkern und in Eisenketten legen, bis ihr verzweifelter Mann nach fünf Wochen unterschrieb, sich in die Leibeigenschaft zu begeben – in die »härtere Eigenschaft«, wie die Bauern dort sagten. Hunderte solcher Fälle von erschütterndem Machtmissbrauch sind in Kempten dokumentiert.

Dagegen ist die Leibeigenschaft im angrenzenden Bayern, in Thüringen und in weiten Teilen Österreichs weitgehend verschwunden oder verblasst und spielt im Leben der Bauern keine nennenswerte Rolle mehr – was die Menschen im Südwesten wohl zusätzlich anstachelt, gegen die Unfreiheit zu rebellieren. Der Begriff selbst entstammt der mittelalterlichen Formulierung »mit dem libe eigen«, das heißt »mit dem Leben zugehörig« dem Leibherrn, dem man gehört.

Allerdings darf die Leibeigenschaft nicht mit der Sklaverei gleichgesetzt werden, wie es heute bisweilen geschieht. »Man sollte zwischen beiden klar trennen«, betont der Augsburger Geschichtsprofessor Ulrich Niggemann. »Der Sklave gilt als eine Sache, er unterliegt dem Sachenrecht. Der Leibeigene ist immer Mensch.« Er kann sogar ein wohlhabender Bauer sein mit eigenen Knechten und Mägden, aber er ist eben nicht frei, darf nicht fortziehen, wenn er will, sondern ist an seinen Leibherrn gebunden.

Welche Folgen die Leibeigenschaft darüber hinaus für den Einzelnen hat, ist von Gebiet zu Gebiet enorm unterschiedlich. Im Südwesten sind Ehebeschränkungen und zusätzliche Abgaben üblich. Diese bestehen zum einen aus der jährlichen Leibsteuer plus einer symbolischen Gebühr, zum Beispiel einem Huhn, das in einer Unterwerfungsgeste als sogenanntes Leibhuhn an den Leibherrn abgeliefert wird. Gravierender ist eine weitere Sonderabgabe, die im Todesfall des Leibeigenen eintritt und entsprechend »Todfall« heißt: Die Erben müssen, je nach Regelung, ein Drittel bis die Hälfte des Erbes oder nur das beste Kleidungsstück oder das beste Stück Vieh abtreten. Gerade für Kleinbauern kann das wirtschaftlich so verheerend sein, dass die Nachkommen den Hof aufgeben müssen. Diese Form der Erbschaftsteuer ist daher ein drängendes Thema, und die Aufständischen widmen ihm den elften ihrer Zwölf Artikel: »Zum Elften wollen wir den Brauch, Todfall genannt, ganz und gar abgeschafft haben; und es weder erleiden noch gestatten, dass man Witwen und Waisen das Ihre wider Gott und Ehre schändlich nimmt und raubt.«

Existenzielle Auswirkungen haben auch die Eheregelungen für Leibeigene – zu denen aber nicht das berüchtigte »Ius primae noctis« zählt, das »Recht der ersten Nacht«, dem zufolge die bäuerliche Braut in der Hochzeitsnacht mit ihrem Landesherrn schlafen muss. Hier handelt es sich wahrscheinlich um einen Mittelalter-Mythos, der nur in Erzählungen, literarischen Werken und Filmen existiert, nicht aber in der Realität, lautet heute die Mehrheitsmeinung der Historiker.

Real sind Beschränkungen bei der Wahl des Ehepartners: Straffrei heiraten dürfen nur Leibeigene desselben Herrn. Hochzeiten zwischen Leibeigenen verschiedener Herren sowie Hochzeiten zwischen Leibeigenen und Freien gelten als sogenannte ungenossame Ehen, die oft mit drastischen Vermögensstrafen belegt sind. Bisweilen werden die Strafen erst beim Tod eines Ehepartners fällig – sind dann aber zum Teil so hoch, dass die Kinder praktisch enterbt werden. Alter Familienbesitz kann so nahezu komplett verloren gehen. Paare, die ungenossam heiraten wollen, müssen daher oft mit heftigen Auseinandersetzungen im Familienkreis rechnen.

Dass die Landesherren diese drastische Maßnahme gegen die Ehefreiheit ergreifen, ist die Folge einer alten Regelung: Die Leibeigenschaft vererbt sich immer von der Mutter auf das Kind. Das führt zu eigenartigen Verwicklungen, wenn die Leibeigenen verschiedener Herren heiraten. Ein Beispiel: Der Vater und sein Hof gehören dem Grafen X, die Mutter ist Leibeigene des Grafen Y. Dann sind die Kinder wie die Mutter Leibeigene von Y, leben aber auf dem Land von X. Sprich: Die Kinder haben später, wenn sie den Hof erben, zwei verschiedene Herren, einen Leibherrn (Graf Y) und einen Grundherrn (Graf X). Sie sind somit Diener zweier Herren, und daraus folgen fast zwangsläufig Komplikationen und Konflikte.

Das Durcheinander an Herren führte im späten Mittelalter dazu, dass um 1400 ein oberschwäbisches Dorf typischerweise drei bis vier verschiedene Grundherren hatte, von denen jeder einen Teil des Dorfgebietes besaß, und ähnlich viele Leibherren, von denen jeder einen Teil der Dorfbewohner sein Eigen nannte. Damit kam es einer Lotterie gleich, ob ein leibeigener Bauer und seine Nachbarin denselben Herrn hatten und somit straffrei heiraten durften. Im Lauf des 15. Jahrhunderts unternahmen die Herren dann ernsthafte Anstrengungen, die Besitzverhältnisse zu entwirren. Durch Gebietstausch gelang es ihnen tatsächlich, weitgehend geschlossene Territorien zu schaffen. Um 1500 hatte ein Dorf üblicherweise nur noch einen dominierenden Herrn, dem fast alles und alle gehörten. Das vereinfachte die Partnersuche für die Leibeigenen enorm. Heiratsverbote sind in den Zwölf Artikeln denn auch kein Thema mehr.

Auf der anderen Seite konnen die Machthaber ihre Untertanen nun deutlich wirksamer gängeln. Als noch mehrere rivalisierende Leib- und Grundherren sich ein Dorf teilten, hatte in dem Durcheinander oft keiner wirklich das Sagen – und dieses Machtvakuum nutzten die Bauern, um eine effiziente dörfliche Selbstverwaltung aufzubauen. Gewählte bäuerliche Richter, Amtmänner und Gemeindepfleger regelten unter anderem, wer wie viel Holz schlagen durfte, wie die Gemeinschaftswiesen bewässert und genutzt wurden, welche Ge- und Verbote galten. Diese bäuerliche Autonomie gerät massiv unter Druck, sobald nur noch ein Herr über das Dorf gebietet. Denn dieser Herr setzt typischerweise eigene Vögte und Amtmänner ein, die anfangs in die Arbeit der gewählten Gemeindevertreter eingreifen – und später die Gemeindevertreter teils sogar ganz ersetzen. Aus dörflicher Demokratie wird so herrschaftliche Autokratie, und dieser Prozess ist zur Zeit des Bauernkriegs noch im Gang.

Die Bauern wehren sich natürlich gegen die Entmachtung ihrer gewählten Organe, auch wenn sie im dritten der Zwölf Artikel eigens betonen, dass sie zwar frei sein wollen, aber »nicht, dass wir ganz frei sein wollen und keine Obrigkeit mehr haben wollen«. Vielmehr wehren sie sich in den folgenden Artikeln nur gegen die zunehmenden Übergriffe der Obrigkeit auf ihre angestammten Rechte.

Im vierten Artikel fordern die Bauern die Freiheit, zu jagen und zu fischen. Jahrhundertelang nutzten sie wie selbstverständlich die Bäche, Flüsse und Seen zur Fischerei. Erst am Ende des Mittelalters, in der zweiten Hälfte des 15. Jahrhunderts, reklamierten die Herren die Gewässer für sich. Gleichzeitig steigerten die Adligen und Klöster die Fischzucht in den Teichen und verkauften die Produkte teuer. Aus einem allgemein verfügbaren Nahrungsmittel, das in der Fastenzeit besonders beliebt war, wurde so ein hochpreisiges Herrenessen.

Zunehmend verboten die Herren ihren Untertanen auch das Jagen, nicht nur in den Wäldern, sondern sogar auf den eigenen Feldern. Oft ist es den Bauern nicht einmal gestattet, ihren

Grund einzuzäunen oder das Wild von den Äckern zu vertreiben. Sie müssen also hilf- und tatenlos zusehen, wie Rehe und Wildschweine ihre Ernte zerstören – und wehe, sie wehren sich. »Die Strafen für Jagdfrevel gingen so weit«, erzählt der Historiker Blickle, »dass der Bauer, der auf seinen eigenen Äckern einen Hirsch erlegte, in die Haut des Tieres eingenäht und von Jagdhunden zerfleischt wurde.«

Den Herren geht es schlicht darum, den Wildbestand hoch zu halten, um ihrer Jagdleidenschaft zu frönen. Dass die Bauern auch noch die adligen Jagdgesellschaften beherbergen und die Jagdhunde für ihre Herren halten müssen, um anschließend dabei zuzusehen, wie diese Jagdgesellschaften samt Hundemeute fröhlich die bereits bebauten Felder verwüsten – das, so Blickle, »übertraf dann freilich im bäuerlichen Bewusstsein das noch erträgliche Maß an Willkür«.

Im fünften Artikel verlangen die Bauern die freie Nutzung der Wälder, um Holz zu schlagen, was ihnen ebenfalls im Lauf des 15. Jahrhunderts zunehmend verboten wurde. Die Gründe dafür waren zum einen wiederum die Jagdleidenschaft der Herren – weniger Wälder bedeuten weniger Wild –, zum anderen aber auch Naturschutz: Die Bauern, Herrschaften und wachsenden Städte hatten so viel Raubbau an den Wäldern betrieben, dass verantwortungsvolle Landesherren Regelungen erließen, wer wie viel Holz entnehmen darf, welche Baumarten besonders geschützt sind und dass wiederaufgeforstet werden muss.

Diese neue Forstschutzpolitik bedeutet für die Bauern freilich eine zusätzliche Belastung. »Unsere Herrschaften haben sich die Gehölze alle allein angeeignet, und was der arme Mann benötigt, muss er um das doppelte Geld kaufen«, klagen sie im fünften Artikel. Und fordern: »Ein jeglicher soll seinen Bedarf an Brennholz umsonst ins Haus nehmen« sowie das Holz »zum Zimmern mit Wissen derer, die von der Gemeinde erwählt wurden«. Beim Bauholz erkennen die Bauern also an, dass nicht jeder abholzen darf, wie er will; aber die

Einschränkungen sollen die Gemeindevertreter erlassen, nicht die Herren.

Der sechste und siebte Artikel widmen sich den bis heute berüchtigten Frondiensten. »Zum Sechsten sind wir hart beschwert durch die Dienste, welche von Tag zu Tag vermehrt werden und täglich zunehmen«, klagen die Bauern – und bitten die Herren, »gnädig zu berücksichtigen, wie unsere Eltern gedient haben«, dass also die Frondienste auf das frühere Maß zurückgesetzt werden.

Konkreter wird dieser Artikel nicht, und er kann es auch nicht werden, da die Fronen extrem unterschiedlich geregelt sind: In einem Teil der Territorien dürfen die Herren ihre Bauern jederzeit in beliebigem Umfang dazu heranziehen, Fronarbeiten für sie zu leisten, etwa Brennholz für den Hof heranzuschaffen, beim Burgenbau zu helfen oder als Treiber das Jagdwild zu scheuchen. Vor allem Leibeigene leiden unter der unbegrenzten Dienstpflicht, den sogenannten ungemessenen Fronen, die der herrschaftlichen Willkür Tür und Tor öffnen. In anderen Gebieten sind die Fronen gemessen, das heißt ihr Umfang ist genau festgelegt, in der Regel auf zwei bis 16 Arbeitstage pro Jahr. Das gilt überwiegend für die Frondienste, die auch von freien Bauern gegenüber dem Grundherrn zu leisten sind.

Das Ziel der Aufständischen sind solche gemäßigten Regelungen, nicht die komplette Abschaffung der Fronarbeit. »Wenn aber dem Herrn Dienst vonnöten ist, soll ihm der Bauer vor anderen willig und gehorsam sein«, heißt es im siebten der Zwölf Artikel, »doch zu einer Stunde und Zeit, da es dem Bauern nicht zum Nachteil gereicht« – also beispielsweise nicht während der Ernte. »Und er soll für einen angemessenen Lohn Dienst tun«, nicht mehr kostenlos, wie es meist der Fall ist.

Der achte Artikel verlangt, wie erwähnt, dass die Grundzinsen auf ein vernünftiges Maß sinken.

Der neunte Artikel spricht wie der dritte ein großes Menschenrechtsthema an: Die Bauern fordern eine unparteiische Rechtsprechung nach dem Gesetz, wie sie bis heute symbolisiert wird durch die blinde Justitia, die römische Göttin der Gerechtigkeit mit Schwert, Waage und verbundenen Augen als Zeichen, dass sie ohne Ansehen der Person entscheidet. Die Aufständischen formulieren das so: »Man straft uns nicht nach der Sachlage, sondern zuzeiten aus großer Missgunst und zuzeiten aus großer Gunst. Es ist unsere Meinung, uns nach altem geschriebenem Strafrecht zu strafen, sodass nach der Sache verhandelt wird, und nicht nach Gunst.« Also keine willkürlichen Urteile mehr, sondern Strafen objektiv nach Recht und Gesetz.

Es ist ein Anliegen, das gleichzeitig modern klingt und auf alten Traditionen fußt. Denn im Mittelalter herrschte noch die Auffassung vor, dass das Recht über allem steht, auch über den Herrschern – während in der Frühen Neuzeit nach dem Siegeszug des Absolutismus das Gegenteil gelten wird. Der Ruf der Bauern nach dem Recht ist damit 1525, am Übergang vom Mittelalter zur Neuzeit, im Grunde eine rückwärtsgewandte Forderung, die erst in späteren Jahrhunderten progressiv wird.

Die nächsten beiden Artikel enthalten wieder materielle Forderungen. Im zehnten Artikel verlangen die Bauern die Rückgabe von ehemaligen Allmenden – von denjenigen Gemeindewiesen und -äckern, die sich die Herren angeeignet haben, ohne einen Kaufvertrag vorlegen zu können. Der elfte Artikel zielt wie erwähnt auf die Abschaffung des Todfalls, der Erbschaftsteuer für Leibeigene. Und er fügt eine Anklage an die Adligen an: »Die, die uns beschützen und beschirmen sollten, haben uns geschunden und geschabt« – eine damals gängige Alliteration, die bedeutet: »haben uns die Haut abgezogen und das Fleisch von den Knochen geschabt«, also alles weggenommen.

Der letzte der Zwölf Artikel formuliert die Schlussbestimmung. »Zum Zwölften ist unser Beschluss und entschiedene Meinung: Wenn einer oder mehrere der hier aufgestellten Artikel dem Worte Gottes nicht gemäß wären«, schreiben die Verfasser, »dann wollen wir davon Abstand nehmen, wenn man es uns auf Grund der Schrift erklärt.« Die Bauern greifen hier die Präambel auf, der zufolge sie nur Gottes Willen befolgen wollen. »Desgleichen«, so fahren sie fort, »wollen wir uns auch vorbehalten«, weitere Forderungen zu stellen, sollten sich diese aus der Bibel ergeben.

Der Schluss ist damit eine Einladung zur theologischen Diskussion über die Zwölf Artikel – und eine Drohung: Die Herren können nie davor sicher sein, mit neuen Begehrlichkeiten konfrontiert zu werden. Der letzte Satz lautet schlicht: »Der Friede Christi sei mit uns allen.«

Die Zwölf Artikel kurz gefasst

1. Freie Wahl des Pfarrers
2. Wegfall des Kleinzehnten, einer Abgabe auf Vieh
3. Freiheit, Abschaffung der Leibeigenschaft
4. Freie Jagd und Fischerei
5. Nutzung der Wälder
6. und 7. Begrenzung der Fronarbeit
8. Neufestlegung der Grundsteuer
9. Strafen gemäß dem Recht, ohne Willkür
10. Rückgabe der ehemaligen Gemeindegüter
11. Abschaffung des Todfalls, einer Erbschaftsteuer
12. Schlussbestimmung

3. Truchsess: Endlich Krieg (Februar/März 1525)

Wie ist der ideale Oberbefehlshaber einer Armee beschaffen? Die Kriegswissenschaft des 16. Jahrhunderts kennt die Antwort: »Es ist gut, wenn er ein herrlicher, tapferer, von hohem Stamm geborener, reicher vermögender Mann ist«, schreibt der Militärtheoretiker Leonhard Fronsperger 1565 in seinem Lehrbuch *Von Kaiserlichen Kriegsrechten*. Zudem soll er geschickt und fromm sein, nicht jähzornig, redegewandt, »belesen in vielen Büchern«, von »scharfer Vernunft« und bei der Arbeit »als letzter müde«. Und er soll ein offenes Ohr für alle haben: »Einen jeden, der zu ihm will, soll er zu sich lassen. Doch soll er sich nicht mit einem jeden so gemein machen, dass es ihm zur Verachtung und Verkleinerung reicht.«

Der Oberbefehlshaber »soll auch nicht zu jung und nicht zu alt sein«, betont Fronsperger. Ein Junger bringe »durch seine jugendliche Unerfahrenheit und schnelle Torheit« das Heer in Not. Ein Alter sei »zu schwach und verdrossen« und durch »Blödheit aufgrund des Alters unfähig«, schreibt der Militärtheoretiker unverblümt. »Aber der von mittelmäßigem Alter ist zu erwählen, denn er hat Vernunft, Kraft und Stärke.«

Georg Truchsess von Waldburg feiert am 25. Januar 1525 seinen 37. Geburtstag. Vom Alter her passt er perfekt in das Anforderungsprofil, und auch seine Erfahrung und Persönlichkeit dürften seinen Dienstherrn Ferdinand von Österreich überzeugt haben. Schon am 14. Oktober 1524 bot der Erzherzog dem Truchsess den Oberbefehl über die Habsburger

Truppen in Südwestdeutschland an. Am 2. Februar 1525 teilt Ferdinand dann mit, dass er »den edlen, unseren lieben getreuen Georg Truchsess« zum Obersten Feldhauptmann des Schwäbischen Bundes ernannt hat – also zum militärischen Oberbefehlshaber des Bündnisses, zu dessen bedeutendsten Mitgliedern Österreich, Bayern, Baden, die Pfalz, Mainz und Hessen gehören.

Der Auftrag an den Truchsess ist ein doppelter: erstens den aufkeimenden Bauernaufstand ersticken; zweitens den abgesetzten Herzog Ulrich von Württemberg daran hindern, das Herzogtum Württemberg zurückzuerobern, das seit 1520 den Habsburgern gehört.

Dazu benötigt Georg Truchsess natürlich Soldaten, die er aber zunächst anwerben muss – stehende Heere existieren in Mitteleuropa noch nicht. Wie viele Landsknechte er rekrutieren darf, entscheidet der Schwäbische Bund, der geführt wird von drei gewählten Bundeshauptleuten und 21 Räten – je ein Drittel davon sind Vertreter der Städte, der Fürsten und des übrigen Adels. Das Maximum an Soldaten, die sogenannte volle Bundeshilfe, sind laut Verfassung des Schwäbischen Bundes um die 1800 Berittene und 12 000 Mann zu Fuß. In der Regel genehmigen die Räte aber nur einen Teil davon, je nach Auftrag und Bedrohungslage. Am 11. Februar 1525 bewilligen sie ein Drittel der Bundeshilfe, also 600 Reiter und 4000 Fußsoldaten.

Der Truchsess fühlt sich damit stark genug, gegenüber den Aufständischen aufzutrumpfen. Am 15. Februar verfasst er einen provokanten Brief an die »aufrührerischen und abgefallenen Bauern im Hegau«, einer Region nordwestlich des Bodensees, die von erloschenen Vulkanen und bizarren Felsformationen geprägt ist. In dem Schreiben fordert er die Hegauer ultimativ auf, die Waffen niederzulegen und Schadenersatz zu leisten. Andernfalls bestrafe er sie als Verbrecher gegen den Landfrieden »mit Brand, Totschlag und allem anderen, das euren Leibern und Gütern zum Nachteil gereicht«. Diese Drohung stellt eine neue Eskalation dar angesichts der Tatsache, dass der Aufstand bislang weitestgehend friedlich verlief.

Drei Tage später, am 18. Februar, bewilligt der Schwäbische Bund ein weiteres Drittel der Bundeshilfe, also noch einmal 600 Reiter und 4000 Fußsoldaten. Und weitere fünf Tage später beginnt der erste Feldzug während des Bauernkriegs. Den führt aber weder der Truchsess noch die Bauernschaft, sondern Ulrich von Württemberg.

Der abgesetzte Herzog startet den Kriegszug von seiner Festung Hohentwiel aus, die nahezu uneinnehmbar auf dem gleichnamigen Vulkankegel im Hegau liegt, unweit der Grenze zur Schweiz. Zuvor schloss sich Ulrich der Reformation an und versuchte, Bündnisse mit den aufständischen Bauern zu knüpfen. Er trat sogar in die Bruderschaft des rot gekleideten Bauernführers Hans Müller von Bulgenbach ein. Insgesamt reagierten die Aufständischen allerdings zurückhaltend auf seine Offerten. Sie misstrauten dem Herzog, der 1514 den Aufstand »Armer Konrad« mit Gewalt unterdrückt hatte, und nahmen ihm seine plötzliche Wandlung zum Bauernfreund wohl nicht ganz ab.

Auf anderem Gebiet hatte Ulrich mehr Erfolg: Es gelang ihm, 6000 bis 10000 Schweizer Fußsoldaten sowie 300 bis 800 Reiter anzuwerben (die Quellenangaben schwanken). Mit dieser formidablen Söldnerarmee sowie einigen Hundert bewaffneten Bauern zieht er am 23. Februar 1525 vom Hohentwiel los. Sein Ziel ist Stuttgart, die Hauptstadt seines verlorenen Herzogtums.

Georg Truchsess ist zu dem Zeitpunkt noch dabei, Landsknechte für sein Heer anzuwerben, und er kann dem Feldzug seines ehemaligen Herrn zunächst wenig entgegensetzen. Trotzdem sendet er Herzog Ulrich eine Kriegserklärung – die weit höflicher und stilvoller formuliert ist als gegenüber den Bauern. »Dem Durchlauchten, Hochgeborenen, Fürsten und Herren Ulrich, Herzog zu Württemberg und Teck, Graf von Mömpelgard etc.« teile er mit: »Weil Euer Durchlaucht vorhat und in Begriff steht, Kaiserliche Majestät Fürstliche Durchlauchtigkeit, Kürfürsten, Fürsten und gemeine Stände anzugreifen und zu beschädigen«, so der Truchsess, »will ich Euer Durchlaucht und Euren Helfershelfern unsere offene Fehde und Feindschaft zugesagt und auch Eure Ehre bewahrt« haben.

Die Antwort kommt schon am 25. Februar. Ulrich bestätigt seinem ehemaligen Untergebenen knapp, »dass wir in dieser Stunde einen Feindesbrief von dir empfangen haben«, und fügt an, von Ehre zu sprechen sei unnötig angesichts »deiner Undankbarkeit, die du gegenüber uns und unseren gezeigten Wohltaten bewiesen« hast. Peter Blickle kommentiert in seiner Truchsess-Biografie von 2015: »Eleganter und demütigender konnte man die ständische Distanz, die beide trennte, schwerlich ausdrücken.«

Herzog Ulrich zieht mit seiner Armee weiter gen Norden Richtung Stuttgart. Georg Truchsess folgt ihm mit circa 300 Reitern, während die Anwerbungen für sein eigenes Heer schleppend verlaufen. Auf halbem Weg zwischen Hohentwiel und Stuttgart ergibt sich die erste Gelegenheit für einen Nadelstich: Vom Berg Lochen in der Schwäbischen Alb aus späht der Truchsess heimlich das feindliche Lager im Tal aus. Dabei bemerkt er, dass 300 Mann – Schweizer Söldner und bewaffnete Schwarzwälder Bauern – das Lager verlassen und zu einem Dorf am Fuß des Bergs ziehen. Georg Truchsess befiehlt seinen Begleitern, den Trupp über Nacht zu beobachten, um ihn am nächsten Tag zu überfallen. »Treffen wir sie morgen früh«, sagt er laut seinem Schreiber scherzend, »dann wird es eine rechte Morgensuppe für uns.«

Am nächsten Morgen marschieren die ahnungslosen Schweizer und Schwarzwälder zurück zum Hauptlager – und plötzlich galoppieren Georg Truchsess und 50 Reiter den Berg herab, schneiden ihnen den Weg ab und drängen sie in einen Graben. Dort werfen sich die Überfallenen auf die Knie und bitten um Gnade. Doch die will der Truchsess nicht gewähren.

»Er schrie ihnen zu, sie sollen sich um Leib und Leben wehren«, berichtet sein Schreiber, »und er griff sie mit den 50 Pferden über den tiefen Graben an.« Die Attackierten wehren sich mit dem Mut der Verzweiflung, sind aber ohne Chance: »Keiner versuchte, von dem anderen zu weichen, und sie wurden alle bis auf ungefähr zehn erstochen.« Die lässt der Truchsess am Leben, damit sie die Nachricht von dem Massaker in Ulrichs Lager verbreiten. Es wird nicht das letzte Mal sein, dass er auf Terror als Methode der psychologischen Kriegsführung setzt, um die gegnerischen Truppen zu demoralisieren.

»Am selben Tag und in der nächsten Nacht liefen dem Herzog daraufhin 5000 Schweizer davon«, triumphiert der Schreiber des Truchsess – aber das hält die moderne Forschung für unglaubhafte Prahlerei. Schließlich sind die Schweizer Truppen dafür berüchtigt, selbst keine Gefangenen zu machen. Warum sollten sie jetzt in Panik ausbrechen?

Wirklich bedeutend für Ulrichs Feldzug – und den Bauernkrieg insgesamt – ist ein anderes Drama, das sich wenige Tage zuvor in weiter Entfernung abspielte: Am 24. Februar 1525 ereignete sich die gigantische Schlacht bei Pavia in Norditalien, die den Krieg zwischen Habsburg und Frankreich vorübergehend entschied. Fast 50 000 Soldaten waren im Einsatz, darunter 8000 Schweizer Söldner aufseiten Frankreichs und 7000 deutsche Landsknechte aufseiten der Habsburger. Letztere errangen einen vernichtenden Sieg: Fast die Hälfte der französischen Armee kam ums Leben, 5000 der Toten waren Schweizer. Frankreichs König Franz I. geriet in Gefangenschaft, und er bleibt in Habsburger Haft, bis er im Jahr darauf einen Friedensvertrag unterzeichnet, der ihn gewaltige Gebiete kostet.

Herzog Ulrich verliert dadurch seinen wichtigsten Sponsor, denn Frankreichs König unterstützte ihn nur zu gern gegen die Habsburger. Zudem strömen nun Tausende deutscher Landsknechte von Pavia aus zurück nach Hause, da sie in Italien nicht mehr gebraucht werden. Der bis dahin leergefegte deutsche Söldnermarkt füllt sich mit Arbeitssuchenden, und das Rekrutierungsproblem des Truchsess – sowie anderer Feldherrn im Bauernkrieg – ist bald gelöst.

All das entfaltet seine Wirkung aber erst mit der Zeit, und so kann Ulrich seinen Zug gen Stuttgart zunächst ungestört fortsetzen. Er nimmt am 1. März die Stadt Balingen ein, die sich nach kurzem Kanonenbeschuss ergibt, und steht vier Tage später vor Herrenberg, das nur 30 Kilometer von Stuttgart entfernt liegt.

Hier kommt es zum ersten Aufeinandertreffen von Ulrichs Hauptheer und der Armee des Truchsess, die inzwischen auf 1500 Reiter und 5000 Fußsoldaten angewachsen ist. Georg Truchsess startet einen Angriffsversuch, aber als Ulrich ein paar Kanonen abfeuern lässt, zieht er sich gleich wieder zurück – offenbar schätzt er seine Kräfte noch als zu schwach ein. Ulrich kann jetzt in Ruhe die Stadt Herrenberg beschießen, die sich rasch ergibt, ebenso wie die benachbarten Orte.

Zwei Tage später, am 7. März, sieht der Schwäbische Bund die Bedrohung durch Herzog Ulrich als so stark an, dass er auch noch das dritte Drittel der sogenannten Bundeshilfe bewilligt. Georg Truchsess darf nun sein Heer auf die maximale Stärke bringen, die die Bundesverfassung vorsieht: 1892 Reiter und 11 258 Fußsoldaten. »Totale Mobilmachung«, kommentiert der Forscher Blickle.

Zufälligerweise sitzen just am selben Tag 120 Kilometer entfernt 50 Bauernvertreter in der Memminger Kramerzunft zusammen, um die Zwölf Artikel zu verabschieden. Der 7. März 1525 bildet damit eine entscheidende Wegmarke des Bauernkriegs.

Georg Truchsess schickt an diesem Tag zudem ein Vorauskommando nach Stuttgart: Graf Ludwig von Helfenstein eilt mit 600 Reitern und 1600 Fußsoldaten zur Hauptstadt, um zu verhindern, dass Herzog Ulrich die Stadttore geöffnet werden. Der Trupp kommt keinen Tag zu spät, wie der Schreiber des Truchsess betont: »Als Helfenstein in die Stadt kam, fand er im Schloss ein Bett, das für den Herzog gemacht war, der in derselben Nacht darin schlafen wollte.« Ulrichs Rückkehr wurde also schon vorbereitet.

Doch das Vorauskommando verhindert den Einzug des Herzogs: Als Ulrich am 9. März vor Stuttgart erscheint, bleiben ihm die Tore verschlossen. Sein schweres, mauerbrechendes Geschütz hat er unterwegs in Balingen zurückgelassen, wohl um schneller voranzukommen. Nun kann der frustrierte Herzog nichts weiter tun, als Stuttgart zu belagern und mit seinen leichten Kanonen die Vorstadt zu beschießen, was 80 Menschen das Leben kostet.

Georg Truchsess fühlt sich weiterhin nicht stark genug, Ulrichs Heer anzugreifen. Stattdessen schickt er fast jeden Tag Botschaften in die Stadt, um die Eingeschlossenen zum Durchhalten zu motivieren. Der Nachrichtentransport an den feindlichen Linien vorbei geschieht wie in einem Spionagethriller. Unter anderem schmuggeln Frauen die Briefe in ausgehöhlten Stecken nach Stuttgart hinein, berichtet Blickle: »Dafür wurden geradezu astronomische Summen bezahlt, so für einen nächtlichen Botengang 10 Gulden«, das sind zweieinhalb Monatsgehälter eines Landsknechts.

Das Heer des Truchsess füllt sich jetzt rasch, an einem Tag stoßen 4600 Mann Verstärkung hinzu. Und es kommt Hilfe von unerwarteter Seite: der Schweiz. Dort herrscht Entsetzen über die katastrophalen Verluste an Landsleuten in der Schlacht bei Pavia, und die eidgenössische Abgeordnetenversammlung beschließt, alle Schweizer in Ulrichs Heer zurück in die Heimat zu beordern – also den größten Teil seiner Armee. Abgesandte aus dem Alpenland überbringen den Schweizer Söldnern vor Stuttgart den offiziellen Befehl zur Rückkehr und drohen Verweigerern mit dem Entzug des Bürgerrechts. Zudem sprechen die Emissäre mit dem Truchsess, um sicheres Geleit für die Abziehenden auszuhandeln. Wer von all dem nichts erfährt, ist Herzog Ulrich.

Die Schweizer Soldaten beschließen, am 12. März geschlossen abzumarschieren. Damit Ulrich und seine ebenso ahnungslose Reiterei nicht beim Abzug stören, überlegen sich die Eidgenossen ein Ablenkungsmanöver. »Sie veranstalteten um Mitternacht einen heftigen Lärm«, schildert der Schreiber des Truchsess, »liefen mit Feuer zu den Stuttgarter Stadttoren, zündeten diese an und taten so, als ob sie diese stürmen wollten.« Die Verteidiger der Stadt setzen sich zur Wehr – und inmitten des nächtlichen Lärms und Chaos machen sich die Schweizer davon.

Am nächsten Morgen sieht sich Herzog Ulrich von allen guten Streitern verlassen, und es bleibt ihm nichts anderes übrig, als den Schweizern nachzufolgen – und sich dann abzusetzen. Am 17. März erreicht er mit nur zehn Begleitern seine Festung Hohentwiel. Es werden neun Jahre vergehen, bis ihm die Rückkehr nach Württemberg gelingt: 1534 wird Ulrich mithilfe des hessischen Landgrafen Philipp I., der wie er die Reformation unterstützt, endlich sein Herzogtum zurückerobern.

Dass Ulrich nach seinem gescheiterten Feldzug 1525 immer noch frei ist und eine Gefahr darstellt, stößt vielen im Schwäbischen Bund sauer auf. So lästert Leonhard von Eck, der Kanzler des Herzogs von Bayern, Ulrich sei wegen des »Unfleißes« des Truchsess nicht in Gefangenschaft, sondern entkommen. Man solle dem Truchsess besser nicht mehr viele Kommandos anvertrauen.

Um einem Karriereknick vorzubeugen, muss sich Georg Truchsess also weiter beweisen. Zunächst startet er einen kurzen Feldzug gegen die Orte, die sich dem Herzog Ulrich allzu willig ergeben haben. Mehrere belegt er mit Strafzahlungen. Und er befiehlt, die Mauern von Herrenberg niederzureißen, um die befestigte Stadt zu einem offenen Ort zu degradieren. Ungewollt wird er damit den Rebellen um Matern Feuerbacher helfen, die keine zwei Monate später Herrenberg stürmen, wie zu Beginn des Buchs beschrieben wurde – Teile der Stadttore sind da bereits abgebrochen.

Vorerst aber hat Georg Truchsess das Problem, nach dem

kleinen Straffeldzug seine große Armee weiter zu beschäftigen. Es gibt ein Ziel, gegen das er sich wenden kann: die aufständischen Bauern. »Aber noch immer fehlte es an einem handgreiflichen offiziellen Kriegsgrund«, erklärt der Forscher Blickle die Crux. »Die Bauern in Oberschwaben hatten keine Burg zerstört, kein Kloster niedergebrannt, niemand war zu Schaden gekommen.«

Im Schwäbischen Bund ist daher umstritten, ob die Armee gegen die Aufständischen ziehen soll, zumal sie ja offiziell nur wegen Herzog Ulrich auf die volle Stärke hochgerüstet wurde. Die Vertreter der Reichsstädte wollen erst einmal verhandeln. Aber die Falken setzen sich durch, zu denen insbesondere die Vertreter Bayerns und Österreichs gehören.

Auch im Heer selbst rumort es, als sich Mitte März herumspricht, gegen wen die Soldaten demnächst kämpfen sollen. Viele Landsknechte kommen vom Land, haben Väter, Brüder und Vettern unter den Aufständischen. »Sie lassen erkennen, dass sie nicht willig seien, gegen die Bauern, ihre Freunde, zu ziehen«, vermerkt Hans Lutz, der Herold des Truchsess, in seinem Tagebuch. Allen voran weigert sich das Kontingent, das aus Memmingen kommt – also aus der Stadt, in der gerade die Zwölf Artikel beschlossen werden.

Auf Meuterei steht zwar die Todesstrafe, aber was tun, wenn ein Großteil des Heeres nicht gehorchen will? Georg Truchsess setzt in dieser kritischen Situation nicht auf Härte, sondern auf Überredungskunst. Er ruft bei Böblingen nahe Stuttgart das gesamte Heer zusammen. Wie es Tradition ist, bilden die Männer bei solch einer Vollversammlung einen Ring, und in diesen hinein reitet der Truchsess. Es folgt ein Trommelwirbel, dann Ruhe, und Georg Truchsess beginnt seine Rede, die sein Schreiber und sein Herold leicht voneinander abweichend in ihren Aufzeichnungen festgehalten haben.

»Liebe fromme Landsknechte und Kriegsleute, ich habe erfahren, dass Ihr nicht gegen die Bauern ziehen wollt«, ruft er demnach in den Ring. Und fährt in etwa so fort: »Etliche sagen, dass wir widerrechtlich die Bauern bekriegen.« Das sei nicht wahr. Vielmehr hätten die Bauern alle Vorschläge zur Güte abgelehnt. »Sie erniedrigen ihre Herren und Obrigkeiten, denen sie mit dem Leib und durch Eid den Gehorsam schuldig sind, und nehmen ihnen ihr Eigentum mit Gewalt. Das ist nicht nur wider das weltliche Recht, sondern wider die Gebote Gottes, das göttliche und natürliche Recht, auch wider das heilige Evangelium.«

Georg Truchsess kehrt damit die Argumentation der Aufständischen um: Wer die Leibeigenen befreit und damit das (Leib-)Eigentum der Herren entwendet, der frevelt gegen Gottes Willen. Als Nächstes schürt er Existenzängste. »Bedenkt, dass ihr Kriegsleute seid und die Fürsten und Herren euch bisher ernährt haben«, ermahnt er die Landsknechte, die ja alle Söldner sind und von den Herrschern bezahlt werden. »Wenn die Bauern ihren Willen erlangen« und »überall die Herren sind«, dann »müsst ihr den Bauern nach ihrem Gefallen dienen oder sterben.«

»Ich will mit diesen Worten jedoch niemanden zwingen oder überreden – ihr mögt tun, was euch ehrlich oder unehrlich erscheint«, betont er am Schluss. »Ich will mir auch keinen wünschen, der nicht gern bei mir und den anderen ehrlichen Herren und Kriegsleuten ist.« Rhetorisch geschickt begibt sich der Truchsess so auf Augenhöhe zu seinen Männern. Er überlässt jedem die freie Entscheidung – zumindest scheinbar, man darf den Gruppendruck nicht unterschätzen – und bindet jeden ein. Wer nun in der Gemeinschaft der »ehrlichen Kriegsleute« mitzieht, der kann sich später nicht herausreden, er sei gezwungen worden.

Wie viele Landsknechte trotz der Rede das Heer verlassen, ist ungewiss, aber es ist eine beträchtliche Zahl: Die Angaben schwanken zwischen 1200 und 4000. Unter anderem verabschieden sich der Memminger Hauptmann und seine Truppe. Auch die einfachen Augsburger Soldaten marschieren fast alle ab, doch deren Hauptmann eilt hinter ihnen her, und irgendwie gelingt es ihm, seine Leute zur Umkehr zu überreden.

Ende März zieht Georg Truchsess südostwärts nach Ulm, hin zum Aufstandsgebiet Oberschwaben. Sein Heer ist geschrumpft, aber er weiß, er kann auf seine Männer bauen. »Wer jetzt mit ihm zog«, schreibt Peter Blickle, »war von seinem Kriegsdienst überzeugt, brauchte den Sold, suchte die Beute oder litt schlechthin an Feldsucht. Die Lust am Töten, Brennen und Plündern ist für die Zeit vielfach bezeugt.«

Steckbrief Herzog Ulrich von Württemberg

- Geb. 8. Februar 1487 in Reichenweier (heute Riquewihr) im Elsass.
- Gest. 6. November 1550 in Tübingen.

Stand und Familie: 1498, mit nur elf Jahren, wird er Herzog von Württemberg. 1511 heiratet er Sabina von Bayern. Das Paar bekommt eine Tochter und einen Sohn – bis Sabina 1515 vor ihrem brutalen Mann zu ihrem Bruder flieht, dem Herzog Wilhelm von Bayern. Die Ehe ist damit faktisch am Ende.

Wirken: Ulrich schlägt 1514 den Aufstand »Armer Konrad« nieder. 1519 annektiert er widerrechtlich die Reichsstadt Reutlingen. Der Schwäbische Bund vertreibt ihn daraufhin, die Habsburger übernehmen sein Herzogtum. Im Bauernkrieg versucht Ulrich, sein Land zurückzugewinnen. Dazu schließt er 1525 Bündnisse mit den Aufständischen und tritt deren Bruderschaft bei, aber ohne Erfolg. 1534 gelingt Ulrich mithilfe des evangelischen Landgrafen Philipp von Hessen die Rückeroberung, und er führt im ganzen Herzogtum Württemberg die Reformation ein.

Besondere Merkmale: Ulrich gilt als unbeherrscht, zügellos und gewalttätig. 1515 ermordet er mit eigener Hand seinen Stallmeister, um ungehindert die Liebesaffäre mit dessen Ehefrau fortsetzen zu können.

4. Truchsess: Schlagen und vertragen (April 1525)

Die Bauarbeiten für die neue Großtankstelle bei Leipheim nahe Ulm haben gerade erst begonnen, da erleben die Arbeiter eine gruselige Überraschung. Gleich am ersten Arbeitstag im September 1994 stößt ein Baggerfahrer beim Graben auf zwei menschliche Skelette. Einer der beiden Schädel zeigt die Spuren brutaler Gewalt: eine Hiebverletzung am Hinterkopf und eine vorne am Stirnbein, die so tief geht, dass ein Knochenstück abgesprengt wurde.

Die herbeigerufene Kriminalpolizei wendet sich an das Gerichtsmedizinische Institut in Ulm. Die Forensiker stellen fest, dass die Tat zu lange her ist, um die Mörder zur Rechenschaft zu ziehen. Nun rücken Archäologen an, und sie entdecken insgesamt 26 Skelette, die dort in vier Gruben verscharrt wurden. Viele Knochen zeigen Schnittspuren, die von Klingen stammen, oder Brüche, die von stumpfen Schlägen herrühren. Zudem liegen in den Gräbern zwei Päckchen Münzen – eines hat ein Toter in einem kleinen Beutel am Hals getragen. Die Münzen wurden alle zwischen 1494 und 1523 geprägt; die Aufgefundenen kamen also 1523 oder wenige Jahre danach unter die Erde. Bald ist klar: Sie starben in der ersten Schlacht des Bauernkriegs – wobei der Begriff Schlacht eine Beschönigung dessen darstellt, was sich am 4. April 1525 bei Leipheim ereignet hat.

Sechs Tage vor dem Geschehnis, am 29. März 1525, erreichte der Truchsess Ulm, das heute an der Grenze von Baden-Württemberg zu Bayern liegt. Die Stadt an der Donau ist damals Tagungsort des Schwäbischen Bundes, und sie liegt am Rand von Oberschwaben, dem Kerngebiet des Aufstands. Dort agieren der Baltringer, Allgäuer und Bodenseer Haufen als führende Rebellenvereinigungen und Herausgeber der Zwölf Artikel.

Georg Truchsess verfügt zu dem Zeitpunkt über ein Heer von 1967 Reitern, 6276 Fußsoldaten und 18 Kanonen, wie Peter Blickle anhand von Rechnungsbüchern ermittelt hat. Zwar haben der Schwäbische Bund und die Bauern in ihren letzten Verhandlungen am 24. und 25. März einen einwöchigen Waffenstillstand vereinbart, aber der wurde binnen Tagen gebrochen – von wem zuerst, lässt sich nicht mehr klären. Die zeitgenössischen Berichte bleiben vage, jede Partei sieht naturgemäß die Schuld bei der anderen. Es kommt zu kleineren Gefechten mit Toten auf beiden Seiten. Am 26. März lassen Bauern des Baltringer Haufens das erste Gebäude in Flammen aufgehen: Schloss Schemmerberg, 26 Kilometer südwestlich von Ulm gelegen. Wenige Tage später zerstören die Aufständischen auch die nahe Burg Laupheim und plündern einige Klöster, um an Proviant und Waffen zu gelangen. Man kann hier wohl von einer selbsterfüllenden Prophezeiung sprechen: Der Anmarsch des Truchsess mit seinem Heer stachelte die Bauern erst zu der Gewalt auf, die das Heer unterdrücken soll.

Von Ulm aus zieht Georg Truchsess südwestwärts auf den Baltringer Haufen zu. Seine Leute liefern sich unterwegs weitere Scharmützel mit den Einheimischen. Mal erstechen Bauern 50 Landsknechte und verlieren dabei nur 20 Mann, mal lässt der Truchsess ein paar Dörfer plündern und abfackeln, »doch mit Ordnung«, wie sein Schreiber betont. Nach wenigen Tagen ist der Zug gegen die Baltringer vorzeitig vorbei: Am 2. April erhält der Truchsess vom Schwäbischen Bund die schriftliche Anweisung, auf der Stelle umzukehren und ostwärts nach Leipheim zu ziehen. Dort, unweit Ulm, hat sich ein weiterer Bauernhaufen gebildet. Georg Truchsess gehorcht, kehrt Baltringen den Rücken und begibt sich nach Leipheim.

Einige Kilometer von der Stadt entfernt lagern rund 4000 Bauern. Als diese am 4. April das nahende Heer des Truchsess bemerken, ziehen sie sich auf eine Anhöhe zurück, formieren sich in Schlachtordnung und schießen aus ihren fünf Kanonen. Der Schreiber des Truchsess bescheinigt den Bauern, dass sie »sich ganz meisterlich aufstellten«: zwischen einem Gehölz und einem Bach als Flankenschutz, vor ihnen ein Moos, hinter ihnen die Wagen als Rückendeckung. Trotzdem verlässt die Aufständischen der Mut im Angesicht des feindlichen Heeres, das ungefähr doppelt so groß ist wie das ihre. »Sobald die Bauern aber das Heer mit übermäßigem Staub herandrängen sahen, sind sie gewichen und auf das Städtlein Leipheim zu geflohen«, erzählt Ambrosius Geyer, Hauptmann eines Reitergeschwaders im Heer des Schwäbischen Bundes.

Georg Truchsess schneidet mit seinen Reitern den Fliehenden den Weg ab und sticht auf diese ein – sowie auf 1000 weitere Bauern, die gerade aus der Nachbarstadt Günzburg zur Verstärkung anrücken, aber nur noch zusätzliche Opfer sind. Die Reiter und Landsknechte des Truchsess drängen die panische Menge zur Donau ab und richten ein Blutbad an, während viele Bauern in ihrer Verzweiflung versuchen, sich über den Fluss zu retten. »Eine große Anzahl«, triumphiert der Schreiber des Truchsess, »fiel in das Wasser wie die Schweine, und es ertrank der größere Teil derselben.«

»Alles in allem haben wir an diesem Tag über tausend umgebracht«, schreibt Georg Truchsess am Abend dem Schwäbischen Bund. »Ich will's nicht großmachen, sondern andere davon reden lassen.« Die kommen teils auf deutlich höhere Zahlen: Ambrosius Geyer etwa beziffert die erstochenen und ertrunkenen Bauern auf mehr als 3000, der Schreiber des Truchsess auf 4000. Alle Angaben sind reine Schätzwerte, da in dieser wie in den folgenden Schlachten niemand die toten Bauern gezählt hat.

Unabhängig von der genauen Opferzahl ist jetzt klar: Eine Verhältnismäßigkeit der Mittel steht nicht auf der Agenda des

Truchsess. Obwohl die Bauern noch vor dem ersten Lanzenstich kampflos das Feld räumten, metzelten seine Soldaten so viele nieder wie möglich. Die »Schlacht bei Leipheim« war kein Zusammenstoß zweier Armeen, sondern eine blutige Menschenhatz, mithin keine Schlacht, sondern ein Schlachten.

Das öffnet vielen Landsknechten die Augen, die sich Ende März noch entschieden haben, in der Armee des Truchsess zu bleiben. Zahlreiche Soldaten packt jetzt das Gewissen, und in den kommenden Tagen werden 1500 heimlich desertieren, wie Ambrosius Geyer berichtet, »denn gegen ihre Brüder wollten sie nicht ziehen«. Ein Vergleich der Soldlisten vom 5. und 10. April bestätigt diese Zahl, weiß der Forscher Blickle. Georg Truchsess verliert damit noch einmal etwa jeden fünften Mann. Doch er bleibt unbeeindruckt und zieht mit seinem Heer weiter nach Leipheim, wohin sich ein Teil der Bauern flüchten konnte. Der Truchsess droht nun, die Stadt »zu beschießen, zu stürmen und alle zu erwürgen [töten], die darinnen sind«, erzählt sein Schreiber. »Aber die Leipheimer schickten einen alten Mann und etliche Frauen heraus und baten um Gnade. Also ward beschlossen, sie auf Gnade und Ungnade aufzunehmen« – das heißt, die Stadt muss bedingungslos kapitulieren. Die Nachbarstadt Günzburg ergibt sich ebenfalls.

Als Erstes verlangt Georg Truchsess die Auslieferung von Jakob Wehe, dem evangelischen Pfarrer Leipheims. Wehe hielt feurige Predigten für die Rebellion, führte als Hauptmann eine Einheit Leipheimer Bauern an – und will sich jetzt nicht einfach in die Hände des Siegers begeben. Er entschlüpft durch einen verborgenen Gang unter der Stadtmauer und verbirgt sich in einer kleinen Höhle oder einem Dickicht an der Donau. Doch ein bellender Hund oder ein Bauer verraten sein Versteck (die Überlieferung ist hier uneinheitlich). Die Landsknechte zerren Jakob Wehe hervor, führen ihn zum Truchsess, und der stellt den Pfarrer unter strenge Bewachung.

Zudem lässt Georg Truchsess die Bürger und Bauern von Leipheim und Günzburg in den Kirchen der beiden Städte einsperren. Dort verbringen sie angstvoll die Nacht, und am nächsten Morgen »nimmt man die sechs oder sieben Rädelsführer heraus«, berichtet der Schreiber des Truchsess. Diese Männer werden zusammen mit Jakob Wehe vom Kriegsrat des Schwäbischen Bundes zum Tode verurteilt und am Abend zur Richtstätte geführt: einem Acker vor Leipheim, über den sich heute ein Gewerbegebiet erstreckt.

Die Verurteilten sollen enthauptet werden, was damals als ehrenvollste Form der Hinrichtung gilt. Nur für Jakob Wehe ordnet der Schwäbische Bund eine ehrmindernde Todesart an: das Erhängen. Doch Georg Truchsess ignoriert den Befehl und führt den Pfarrer gemeinsam mit den anderen zum Richtblock. Zwischen ihm und Wehe entspinnt sich ein Dialog, den der Schreiber des Truchsess ausführlich überliefert. »Pfarrer«, spricht der Truchsess demnach zu dem Todgeweihten, »hättet Ihr Gottes Wort und den Frieden gepredigt, wie es Euch geziemt, dann wärt Ihr jetzt nicht in der Not, sondern sicher vor mir.« Jakob Wehe antwortet: »Gnädiger Herr, mir geschieht Unrecht. Ich habe nicht Aufruhr gepredigt, sondern Gottes Wort.« Worauf der Truchsess erwidert: »Ich habe viel anderes erfahren. Wärt Ihr ein evangelischer Mann, hättet Ihr nicht geholfen, andere zu berauben. Darum richtet Eure Sachen zu Gott.«

Ein Kaplan bietet Jakob Wehe an, ihm die Beichte abzunehmen, doch der lehnt höflich ab und wendet sich stattdessen an seine Mitverurteilten. In Anlehnung an die Worte Jesu am Kreuz sagt er: »Seid getröstet, denn wir werden heute noch miteinander im Paradies sein«, sowie: »Vater, vergib ihnen, denn sie wissen nicht, was sie tun.« Wehe betet, kniet vor dem Scharfrichter nieder, wiederholt die letzten Worte Jesu, »Vater, in deine Hände befehle ich meinen Geist«, und empfängt den Hieb, der seinen Kopf von den Schultern trennt.

Vielleicht hat Wehes Auftritt den Truchsess und seine Entourage bewegt, jedenfalls setzen sie zwei Hinrichtungen aus: Ein alter berittener Söldner, der zu den Bauern übergewechselt ist, wird begnadigt. Auch der Pfarrer von Günzburg darf seinen Kopf behalten. Er wird den Rest des Kriegszugs als Gefangener mitgeführt und am Ende gegen eine hohe Geldstrafe freigelassen.

Unterdessen haben sich die Landsknechte in Leipheim überlegt, wie sie in der unterworfenen Stadt zu Geld kommen, nachdem ihnen der Truchsess zu ihrem Leidwesen das Plündern untersagt hat. Die Soldaten wählen zunächst Vertreter, die das Brandschatzen übernehmen sollen – brandschatzen bedeutet damals, von den Bewohnern eines Ortes Geld dafür einzufordern, dass man ihren Ort nicht abfackelt. Doch der oberste Befehlshaber der Fußsoldaten, Graf Wilhelm von Fürstenberg, hat eine bessere Idee: Anstatt umständlich die Brandschatzungssumme abzuschätzen und auszuhandeln, könnte doch einfach jeder Landsknecht von den Bauern und Bürgern einen Monatslohn dafür verlangen, dass diese aus der Kirche freigelassen werden. »Das gefiel ihnen allen«, vermerkt der Schreiber des Truchsess über die Reaktion der Soldaten.

Die eingesperrten Bauern und Bürger sind zu dem Zeitpunkt fast wahnsinnig vor Angst und Verzweiflung, denn »sie meinten, sie müssten alle sterben«, so der Schreiber. Daher stimmen »die armen gefangenen Leute« dem erpresserischen Vorschlag der Landsknechte sofort zu.

Georg Truchsess, der sich gerade in der Nachbarstadt Günzburg aufhält, erfährt von dem Deal und sagt fassungslos: »Das vermögen die Bürger und Bauern nicht, denn es würde sich auf 35 000 Gulden belaufen.« (Ein einfacher Landsknecht verdient vier Gulden im Monat, höhere Ränge deutlich mehr.) Er eilt nach Leipheim und hofft, dass es sich um ein Missverständnis handelt. Aber die Soldaten wie die Gefangenen bestätigen ihm die Vereinbarung – und dass es in der Tat unmöglich sei, diese gewaltige Summe aufzubringen.

Was tun? Georg Truchsess bietet den Landsknechten gleichsam als Kompromiss an, dass sie doch die Stadt plündern dürfen. Aber die Soldaten beharren lieber auf ihrer enormen Geldforderung und erklären, keinen Schritt mehr zu marschieren, bis sie die 35 000 Gulden erhalten. Die Bürger und Bauern stellen ihnen Geiseln, und der Truchsess fürchtet nun, dass diese »auf der Fleischbank« geopfert werden, wenn niemand die Summe bezahlt. Offenbar sucht er aufrichtig nach einem fairen Weg aus dem Dilemma.

Rund eine Woche dauert der Streik der Landsknechte. Dann lösen Georg Truchsess und sein Oberst Graf Wilhelm von Fürstenberg den gordischen Knoten, indem sie mit ihrem Privatvermögen dafür bürgen, dass die Soldaten die 35 000 Gulden binnen eines Monats erhalten. Es ist ein riskanter Schritt, der den Feldherrn und seinen Oberst ruinieren kann. Aber es gelingt ihnen schließlich, den Schwäbischen Bund zu überreden, die Summe in der vereinbarten Frist zu begleichen.

Am 11. April 1525 zieht das Heer los gen Süden. Der Schreiber des Truchsess hat überliefert, wie die drei Waffengattungen Reiterei, Fußtruppen und Artillerie in dem Heereszug angeordnet und miteinander verzahnt sind. Vorneweg traben zwei Einheiten leichte Reiterei, Rennfahne und Schützenfahne genannt, die Aufklärung betreiben. Dort hält sich Georg Truchsess meist auf, und auch in der Schlacht ist er gern ganz vorne mit dabei.

Es folgen die leichten Feldgeschütze. Hinter diesen marschieren Fußsoldaten: der Verlorene Haufen, der so heißt, weil er als Erstes Kontakt zum Feind aufnimmt und daher die meisten Männer verliert. Der Haufen selbst unterteilt sich in Fähnlein, wobei ein Fähnlein in der Regel aus 100 bis 500 Landsknechten besteht. Dahinter ziehen drei Geschwader Reiter, jedes Geschwader umfasst im Schnitt 300 Mann. Diesen folgt die schwere Artillerie. Dann kommt die Hauptmacht der Fußsoldaten: der sogenannte Gewalthaufen, der eine gewaltige Größe hat und häufig Tausende Landsknechte umfasst.

Darauf folgen wieder zwei Geschwader Reiter. Dann der Tross, der nicht unterschätzt werden darf: Er kann halb so viele Menschen umfassen wie das gesamte Heer und ist ein wandernder Markt. Händler verkaufen dort den Soldaten Lebensmittel oder kaufen ihnen Beutestücke ab, Handwerker reparieren Waffen und flicken Kleidung, Gastwirte offerieren legalen Ausschank und illegales Glücksspiel. Hinzu kommen die Frauen und Kinder der Soldaten und wie selbstverständlich die Prostituierten – der Offizier, der die Oberaufsicht über den Tross hat, heißt nicht zufällig Hurenweibel.

Die Nachhut schließlich bildet wieder ein Reitergeschwader. Die Reiter im Bauernkrieg ähneln noch den klassischen Rittern des Mittelalters: Typischerweise – mit Ausnahme der leichten Rennfahnen – tragen sie eine eiserne Ganzkörper-Rüstung, die vom Visierhelm bis zu den Füßen reicht. Dank der enormen Fortschritte des Rüstungshandwerks im 15. Jahrhundert ist dieser Rundum-Plattenpanzer leichter und beweglicher, als oft kolportiert wird. Er besteht aus über 100 maßgefertigten Einzelteilen und wiegt gerade 25 Kilogramm. Den Trägern ist es damit möglich, direkt aufs Pferd zu springen und sogar einen Purzelbaum zu schlagen, wie experimentalarchäologische Tests gezeigt zu haben. (Die superschweren Ritterrüstungen mit bis zu 50 Kilogramm Gewicht, die bis heute gern zur Schau gestellt werden, waren für den Krieg völlig ungeeignet. Sie kamen ausschließlich bei mittelalterlichen Turnieren zum Einsatz, als die schwere Masse einen Vorteil beim Duell mit der Lanze brachte und es keine Gefahr bedeutete, wenn man sich nach einem Sturz vom Pferd kaum bewegen konnte.)

Ein organisierter Reiterangriff in Formation, dirigiert von Trompetensignalen, stellt damals einen ebenso beeindruckenden wie furchterregenden Anblick dar – und wird einige Schlachten im Bauernkrieg entscheiden. Trotzdem können Fußsoldaten solch einer Attacke standhalten, wenn sie geübt, diszipliniert und richtig aufgestellt sind.

Die klassische Aufstellung der Landsknechte ist der sogenannte Gevierthaufen: Die Soldaten formen ein Quadrat, wobei je nach Größe des Haufens 30 bis 100 Mann neben- und hintereinander stehen. Die Landsknechte in den ersten drei Reihen tragen Langspieße, damals die verbreitetste Waffe im Heer. Die Spieße sind drei bis fünf Meter lang, mit hölzernem Schaft und eiserner Spitze, und wiegen um die 3,5 Kilogramm. Greifen Reiter an, rammen die Landsknechte ihre Spieße schräg nach vorne gerichtet in den Boden, sodass sich ein tödlicher Wald von Dutzenden bis Hunderten Eisenspitzen den Pferden entgegenreckt.

Sind zwei feindliche Haufen im Nahkampf verkeilt, nutzen den vorderen Kämpfern ihre Langspieße dagegen wenig. Deshalb führen die Landsknechte zusätzlich gern Schwerter und Dolche mit sich. Die Männer der vierten Reihe tragen als Hauptwaffen Hellebarden und Zweihandschwerter. Mit der Hellebarde kann man Reiter vom Pferd reißen und eiserne Rüstungen durchschlagen. Die eineinhalb Meter langen Zweihandschwerter, auch Bihänder oder Bidenhänder genannt, schlagen Breschen in die feindliche Formation. In den hinteren Reihen des Gevierthaufens sind die Spieß-, Hellebarden- und Schwertträger gemischt.

Man darf sich den Haufen nicht als trägen Menschenblock vorstellen, obwohl er Tausende dicht an dicht stehende Kämpfer umfassen kann. Die Landsknechte üben nicht nur einzeln an ihren Waffen, sondern durchlaufen auch ein Taktiktraining, oft einen regelrechten Drill. So kann der Haufen auf Befehl schwenken, vorwärts, rückwärts und seitwärts agieren, zur Rundumverteidigung einen Kreis bilden, den sogenannten Igel, oder bei einem Angriff auf Geschützstellungen sich in die Breite ziehen, damit die feindlichen Kanonenkugeln eine weniger verheerende Wirkung erzielen.

Etwa jeder zehnte Landsknecht trägt eine Feuerwaffe: die Hakenbüchse, von der es unterschiedliche Ausführungen gibt. In der Regel handelt es sich um ein Eisenrohr, das mit Eisenbändern an einem hölzernen Schaft befestigt ist. Dieser primitive Vorderlader ist ein bis zwei Meter lang, wiegt 15 bis 30 Kilogramm und hat vorne, an der Unterseite des Metallrohrs, einen eisernen Haken. Dieser erlaubt es, die »Kanone to go« an einem Gestell, einem Mauerstück oder einem Ast einzuhaken, sodass der enorme Rückstoß abgefangen wird. Die Bedienung ist so schwierig, dass ein Hakenbüchsenschütze im Verlauf einer Schlacht selten mehr als zehn Schuss abfeuert. Kimme und Korn oder eine andere Zielhilfe gibt es nicht; die Treffgenauigkeit dieses urtümlichen Gewehrs ist ohnehin gering. Der Schuss kann auf kurze Distanz eine Rüstung durchschlagen, verliert aber auf mehr als 100 Meter Entfernung seine Wirksamkeit.

Eine Rüstung besitzen nur wenige Landsknechte, am ehesten noch einen leichten Brustpanzer aus Leder oder einen Eisenhut. Mehr passt nicht zum Lebensgefühl der Söldner: frei zu sein, mobil, nicht in Eisen geschlagen. Das unterstreicht auch die berühmte Landsknechtmode, die so farbenfroh und extravagant ist wie wahrscheinlich keine Soldatenkleidung jemals davor und danach – und die in bewusstem Kontrast steht zu den strengen Kleidervorschriften, die für Bürger und Bauern gelten. Sittsame Zeitgenossen sehen darin einen Skandal, doch 1503 bestätigte der Reichstag, dass Landsknechte sich nach eigenem Gutdünken kleiden dürfen.

Die Soldaten nutzen dieses Privileg derart aus, dass ihre üppigen Gewänder sie bisweilen sogar beim Kampf behindern. Typisch sind ein breitkrempiger, mit Federn und Wollbüschen geschmückter Hut; aufgepuffte Hemden und Hosen mit Längsschlitzen, die unterfüttert sind mit Seide oder dicken Unterstoffen in leuchtender Farbe; bunte Strümpfe; und ein Hosenlatz, der ausgepolstert ist mit einer sogenannten Schamkapsel, die ein besonders großes Geschlechtsteil suggeriert. Dieses frühe Gegenstück zum heutigen Push-up-Büstenhalter wird im 16. Jahrhundert mehr und mehr zur allgemeinen Mode, was insbesondere die Geistlichen entsetzt. »Unsere jungen Gesellen«, wettert etwa der Theologe Andreas Musculus 1555 in Frankfurt an der Oder, »machen den Latz vorn mit höllischen Flammen und Lappen unmenschlich groß«, »zum

Ärgernis und zur bösen Verlockung der armen unwissenden und unschuldigen Mädchen.«

Mit dem bunten Heereswurm zieht Georg Truchsess ab 11. April 1525 von Leipheim 65 Kilometer südwärts nach Wurzach, einem Städtchen, das zu seinem eigenen, ererbten Herrschaftsgebiet gehört. Hier trifft der Feldherr also auf seine persönlichen Untertanen – und muss zu seiner Erbitterung feststellen, dass sich fast alle gegen ihn stellen.

Schon einige Wochen zuvor hat der Truchsess von dem Aufstand bei sich zu Hause erfahren. Die Rebellen hatten sein Schlösschen Linden niedergebrannt, seine Geburtsstadt Waldsee zu einer Bürgschaft von 4000 Gulden genötigt, seine Diener im Schloss Waldsee gefangen genommen und angeblich sogar geplant, seine Frau und Kinder in ihre Gewalt zu bringen. Georg Truchsess verfasste daraufhin folgenden Brief an die Heimat: »Meinen verpflichteten, beeidigten und geschworenen Untertanen der Herrschaften Waldsee, Wolfegg und Zeil, so sie sich zu dieser Zeit als ungehorsam erweisen. Liebe und Getreue!«, beginnt er und erinnert daran, »wie ruhig, friedlich und glücklich ich und ihr in meiner Regierungszeit bei- und nebeneinander gesessen sind«, da er doch stets bereits sei, »welche Beschwerden ihr auch habt, diese gnädig anzuhören und abzustellen«. Er beschuldigt die Aufständischen, dass sie »gegen die göttlichen Gebote« handeln, und droht ihnen unverhüllt »mit tätlichen und sträflichen Maßnahmen gegen eure Leiber, Leben, Habe und Güter«. Wenn sich die Untertanen aber »in meine Gnade und Ungnade ergeben«, also kapitulieren, »so will ich euch abermals aus treuem, gutem Herzen und Gemüt« wieder »in meinen Schutz und Schirm nehmen«.

Dann ist Schluss mit den Höflichkeiten, und Georg Truchsess wird am Ende des Briefs noch einmal herrisch: »Ihr werdet mir meine Schlösser, Städte, Habe und Güter freigeben, mich hinfort nicht mehr beleidigen und mir den zugefügten Schaden ersetzen.« Sonst werde er diesen Satz des Evangeliums anwenden: »›Nach dem Maß, mit dem ihr messt, wird wider euch gemessen‹ – und das Maß ist voll, aufgehäuft und zusammengedrückt.« Peter Blickle kommentiert den Brief in seiner Truchsess-Biografie so: »Hier sprach ein stolzer, selbstbewusster, in der Tradition von Generationen stehender adliger Herr zu seinen Untertanen, die gehorsam zu sein hatten und allenfalls Bitten vortragen durften.« Doch die Zeiten haben sich geändert, nicht zuletzt dank der nahen Schweiz als Vorbild: »So gottgewollt, wie Georg von Waldburg es darstellte, war die Herrschaft des Adels schon lange nicht mehr.«

Und so zeigt der Brief des Truchsess nicht die gewünschte Wirkung, trotz aller ausgefeilten Rhetorik mit Zuckerbrot und Peitsche und dem Evangelium. Anstatt sich zu ergeben, bieten die Untertanen lediglich an, einen Ausschuss zu senden, der die Verhandlungen führt. Und es kommt noch demütigender für den Truchsess: Der Absender der Antwort und Anführer der Rebellen ist nicht irgendein Untertan, sondern der Pfarrer des waldburgischen Ortes Aichstetten, Florian Greisel, den der Truchsess selbst in das Amt gebracht hat. So viel Undank ist für einen gottgegebenen Herrn kaum zu ertragen.

Georg Truchsess reagiert gar nicht mehr auf das Verhandlungsangebot der Aufständischen, sondern eilt mit seinem Heer zur Stadt Wurzach, in deren Nähe Florian Greisel mit 4000 bis 8000 Mann in Stellung gegangen ist – die zeitgenössischen Zahlenangaben schwanken wieder einmal stark. Aber noch ist der Gesprächsfaden nicht ganz abgeschnitten. Zum Truchsess wird ein Leibeigener namens Hans Leutz geführt, der wegen seines hohen Alters nicht am Aufstand teilnimmt. Der Schreiber des Truchsess überliefert folgenden Dialog mit dem Bauern: »Zu ihm sprach der Truchsess: ›Was habe ich euch, meinen Leuten, in meinem Leben je ein Leid getan, dass ihr einen ehrlosen Pfaffen zu eurem Herrn machen und mich verjagen wollt?‹« Der alte Bauer fällt auf die Knie. »Gnädiger Herr«, sagt er laut dem Schreiber, »wir bitten Euer Gnaden, dass Sie mir nochmals so gnädig sind und vergönnen wollen, zu den armen Untertanen zu gehen. Ich bin der Hoffnung, dass sie sich in Euer Gnaden Strafe und Ungnade ergeben.« Diese Bitte gewährt der Truchsess und fordert, dass die Aufständischen »ihren Pfaffen, den Hauptmann, ausliefern«. Damit endet das Gespräch, das wohl nicht zufällig so ausführlich beschrieben ist. Der Forscher Blickle kommentiert: »Schöner kann man die Ideologie vom natürlichen Herrn und seinem Leibeigenen nicht inszenieren.«

Es folgen Verhandlungen, und beide Seiten nutzen die Waffenruhe, um sich auf den Kampf vorzubereiten. Schließlich lehnen es die Aufständischen ab, ihren Anführer und ihre Waffen abzuliefern. Georg Truchsess befiehlt daraufhin, das Trompetensignal zum Angriff zu geben. »Man schrie und blies den Frieden aus und ließ das Geschütz arbeiten«, notiert sein Schreiber lakonisch. Das Heer feuert mit 18 Kanonen dreimal in die Reihen der Aufständischen, dann bricht deren Widerstand, und die Bauern fliehen in das hinter ihnen liegende Moorgebiet. Anders als in der vorangegangenen Schlacht bei Leipheim untersagt der Truchsess seinen Soldaten, die Verfolgung aufzunehmen. »Die Reiter wären im Moorgebiet versunken«, erklärt sein Schreiber, »die Fußsoldaten würden einen Monatssold fordern.«

Hier kommt eine Eigenart des damaligen Soldsystems ins Spiel. Wenn Landsknechte siegreich in einer Schlacht gekämpft haben, erhalten sie als Prämie den sogenannten Schlachtensold: Sie bekommen sofort wieder einen vollen Monatslohn, und der Rechnungsmonat startet von vorn. Das hat Folgen für die Kriegführung. Georg Truchsess wird noch mehrfach seinen Landsknechten verbieten, an einem Kampf teilzunehmen, um die Mehrausgaben für den Schlachtensold zu sparen – was die Laune in der Truppe nicht steigert.

Möglicherweise schreckt der Truchsess bei Wurzach auch davor zurück, seine eigenen Untertanen abschlachten zu lassen. Ein toter Leibeigener ist – modern ausgedrückt – verlorenes Humankapital. Er bestellt kein Feld, zahlt keine Abgaben und leistet keine Fronarbeit mehr. Der Unterschied zu Leipheim jedenfalls ist frappierend: Dort starben Hunderte bis Tausende Bauern; bei Wurzach hingegen werden nur »um die 40 erschossen und erstochen«, notiert der Herold des Truchsess, Hans Lutz. Hinzu kommen noch einige, »deren Zahl ich nicht weiß«, die auf der Flucht in einem Wassergraben ertrinken. Die Stadt Wurzach ergibt sich dem Truchsess, und 400 Bauern, die hinter die Stadtmauern geflohen sind, werden gefangen genommen. Keiner wird hingerichtet – wieder in scharfem Kontrast zu Leipheim.

Seinen Kopf verloren hätte sicherlich Florian Greisel, doch der Aichstettener Pfarrer und Rebellenführer, von seinen Leuten Pfaff-Florian genannt, kann mit vielen Mitstreitern gen Westen entkommen. Er schließt sich dem Bodensee-Haufen an und emigriert später in die Schweiz, wo sich seine Spur verliert. Heute erinnert in Aichstetten der Pfaff-Florian-Weg nahe der Kirche an ihn.

Am 15. April, einen Tag nach der Schlacht bei Wurzach, zieht der Truchsess mit seinem Heer in die gleiche Richtung wie Pfaff-Florian und trifft im 13 Kilometer entfernten Gaisbeuren auf den Bodensee-Haufen, kurz Seehaufen genannt. Dieser umfasst etwa 10 000 Bewaffnete, die mit einer unbekannten Zahl an Geschützen eine gut gesicherte Stellung auf einer Anhöhe bezogen haben. Georg Truchsess bemerkt rasch, dass er es hier mit einem anderen Gegner zu tun hat als bisher. Als seine Soldaten mit ihren 18 Kanonen in die feindlichen Reihen hineinfeuern, ergreifen die Bauern nicht wie in Leipheim und Wurzach die Flucht. Im Gegenteil: Sie schießen aus vollen Rohren zurück. Das Feuergefecht verläuft intensiv, dauert den ganzen Tag an und endet unentschieden. Trotzdem halten sich die Verluste in Grenzen. Im Heer des Truchsess »wurden nicht mehr als zehn erschossen«, vermeldet sein Schreiber. Die Kanonen sind noch nicht so effektive Tötungsmaschinen wie in späteren Jahrhunderten, sie erzeugen oft mehr Schrecken als Schaden.

In der Nacht schickt der Truchsess heimlich einen Landsknecht los, der für seine wagemutige Mission zehn Gulden Belohnung aushandelt, also zweieinhalb Monatsgehälter. Der Soldat schleicht im Schutz der Finsternis nach Gaisbeuren, wo die Bauern lagern, und zündet ein Haus an. Bald brennt das ganze Dorf, und der Seehaufen zieht sich zurück in den elf Kilometer entfernten Ort Weingarten nahe Ravensburg.

Georg Truchsess folgt einen Tag später und trifft am Ostermontag, den 17. April, erneut auf die Bauern. Wieder beginnt ein Feuergefecht. »Die Bauern haben ihre Geschütze auf die Bündischen, desgleichen die Bündischen ihre Geschütze auf die Bauern gerichtet und abgehen lassen«, berichtet Ambrosius Geyer, Hauptmann im Schwäbischen Bund, der die eigenen Leute kurz »die Bündischen« nennt. »Das Schießen hat ungefähr zwei Stunden gedauert, jedoch ist beiderseits kein mannhafter Schaden durch das Geschütz entstanden.«

Doch etwas hat sich verändert. In den zwei Tagen zwischen den beiden Feuergefechten ist der Seehaufen kräftig gewachsen: von 10 000 auf etwa 12 000 Mann, nach Einschätzung Geyers sogar auf 14 000 bis 15 000 Kämpfer. Die sind den 8000 Mann des Truchsess nun zahlenmäßig deutlich überlegen. Und nicht nur das: Die Bodensee-Bauern sind bestens bewaffnet, sie verfügen über fast 4000 Hakenbüchsenschützen. Wie der Truchsess haben sie begonnen, diejenigen Landsknechte anzuwerben, die seit der Schlacht im norditalienischen Pavia am 24. Februar nach Deutschland zurückströmen. Die Zahl der professionellen Soldaten im Seehaufen beträgt inzwischen 5500, schätzt Ambrosius Geyer, das wäre mehr als jeder dritte Mann. Hier steht also nicht irgendein Bauernhaufen, hier steht eine kampfstarke Rebellenarmee.

Diese erwartet zudem noch weitere Verstärkung aus den Aufstandsgebieten ringsum. Tausende sind im Anmarsch, insgesamt umfassen die Rebellenheere um Weingarten wohl 20 000 bis 25 000 Mann. Das sind zweieinhalb bis dreimal so viele, wie das Heer des Truchsess zahlt. Die Schlinge um ihn zieht sich zu, und es kommt seinem Hauptmann Geyer so vor, »als hätte es an allen Orten Bauern geregnet«.

In dieser schier aussichtlosen Lage zeigt der Truchsess, dass mehr in ihm steckt als nur ein tapferer Krieger. Anstatt ehrenvoll zu kämpfen und sinnlos unterzugehen, wie es wohl viele andere Feldherren getan hätten, weicht er geschickt auf ein anderes Feld aus: die Diplomatie.

Schon am Vortag hat er wie üblich gefordert, dass die Aufständischen ihre Waffen und Fahnen abliefern. Was diese natürlich ablehnten. Nun gibt sich der Truchsess kompromissbereiter, und nach einigen Drohungen und diplomatischem Hin und Her kommen beide Seiten noch am 17. April zu einer Einigung: Die Bauern liefern als Unterwerfungsgeste einige ihrer Fahnen ab, die der Truchsess symbolisch zerfetzt, indem er »in jede einen Riss tat«, wie sein Herold berichtet. Aber ihre Waffen dürfen die Rebellen behalten. Ihnen wird Straffreiheit zugesichert, dafür verpflichten sie sich, auseinanderzugehen und auf ihre Felder zurückzukehren. Ihre Klagen gegen die Obrigkeit sollen vor paritätisch zusammengesetzte Gremien kommen: Die Bauern und Herrschaften bestimmen jeweils zwei bis drei Städte, die als unparteiische Schiedsrichter die Konflikte lösen sollen. Gelangen diese zu keinem gemeinsamen Entscheid, fällt Erzherzog Ferdinand von Österreich als Vertreter des Kaisers das Urteil. Alternativ, um Kosten zu sparen, können beide Seiten auch einfach je zwei »ehrbare Männer« entsenden, um ihre Streitigkeiten schlichten zu lassen.

Diese Übereinkunft geht als Vertrag von Weingarten in die Geschichte ein. Fünf Tage später, am 22. April 1525, wird er mit Siegeln in der Reichsstadt Ravensburg beurkundet. Als Vertragspartner firmieren auf der einen Seite der Truchsess und seine höchsten Offiziere für den Schwäbischen Bund, auf der anderen Seite ein Ausschuss von knapp 50 Bauern für den Bodenseer und Allgäuer Haufen.

Schnell wird Kritik im Schwäbischen Bund laut. »Fast alle sind unzufrieden«, notiert ein Landschreiber über die Stimmung unter den hohen Herren, weil der Truchsess den Vertrag »hinterrücks angenommen« habe. Ein Feldherr mit »Gemüt« und »Schicklichkeit« hätte sich mit den Rebellen nicht vertragen, sondern sie geschlagen. Einige Herren schimpfen auch über den Inhalt des Vertrags: Die Städte gelten als eher bauernfreundlich – ausgerechnet sie sollen künftig die Schiedsrichter sein? Warum wurden die Bauern nicht entwaffnet? Und was soll die Amnestie für alle? Zumindest die Rädelsführer hätte man doch köpfen können!

Georg Truchsess rechtfertigt sich unter anderem damit, dass die Bauern in der Übermacht waren und sich in hervorragender Stellung befanden, ein Sieg daher allenfalls unter großen Verlusten zu erreichen gewesen wäre – und eine Niederlage eine Katastrophe bedeutet hätte. Denn die Bauern besaßen mehrere Heere, der Schwäbische Bund nur dieses eine. Und so erhält der Truchsess auch Zuspruch, sogar von höchster Stelle: Sein Dienstherr, Erzherzog Ferdinand von Österreich, lobt den Vertragsabschluss und schreibt, dass er die Entscheidungen seines Feldherrn mit »nichts anderem als gnädigem Wohlgefallen« mitträgt.

Für die späteren Historiker ist das Rätselhafte daher nicht, warum der Truchsess den Vertrag abschloss – sondern weshalb sich die Aufständischen darauf einließen. Denn sie vergaben damit die Chance, die einzige feindliche Armee weit und breit zu beseitigen. »Das Glück hatte den Truchsess und mit ihm die Bundesmacht den Bauern in die Hand gegeben; aber Glück und Sieg waren ihnen etwas Neues, darum verstanden sie beides nicht zu benutzen«, klagt Wilhelm Zimmermann in seinem großen Werk von 1841/43 über den Bauernkrieg. 90 Jahre darauf schimpft der Forscher Günther Franz: »Um eines augenblicklichen Erfolgs willen gaben sie die Zukunft ihrer Bewegung preis.« Denn »durch den Vertrag erhielt der Truchsess freie Hand, die Bauern in anderen Gebieten niederzuwerfen«.

Für die Berliner Geschichtsprofessorin Claudia Ulbrich lautet die einzig plausible Erklärung, »dass die Bauern von sich aus nie die gewaltsame Auseinandersetzung gesucht hatten, sondern von Anfang an verhandeln wollten«. Der Vertrag enthielt in den Augen der Aufständischen ausreichende Garantien für eine friedliche Konfliktlösung, so Ulbrich: »Mit der Einigung auf ein bauernfreundliches Schiedsgericht schien die Durchsetzung der konkreten Ziele« – mehr Rechte, weniger Abgaben, geeignete Priester – »auf dem Verhandlungsweg erreichbar.«

Warum sollten die Aufständischen also ihr Leben aufs Spiel setzen, wenn sich das Blutvergießen vermeiden ließ? Heute können wir rückblickend urteilen in dem Wissen, wie sich die Ereignisse entfalteten. Die Bauern ahnten nicht, an welcher Weggabelung sie sich befanden – und dass die meisten Herrschaften den Vertrag von Weingarten nach Kriegsende einfach ignorieren. Nur drei werden ihn erfüllen: das Reichskloster Irsee, das Fürststift Kempten und Georg Truchsess selbst.

Damals aber, um Ostern 1525 herum, sind die Menschen hoffnungsvoll. Kein Geringerer als Martin Luther ist so begeistert von dem friedlichen Ausgleich zwischen Bauern und Obrigkeit, dass er den Vertrag von Weingarten prompt in Wittenberg in Druck gibt. »Diesen Vertrag«, frohlockt er in seinem Vorwort, »habe ich mit großen Freuden als eine besondere Gnade Gottes empfangen in dieser wüsten und gräulichen Zeit.«

Schon bald wird der große Reformator eine ganz andere Sprache wählen.

KAPITEL III: HERRSCHAFT DES VOLKS

1. Blutgericht am Adel (April 1525)

60 gegen 6000! Das ist der Stoff für eine Heldengeschichte, mag sich Graf Ludwig von Helfenstein gedacht haben. Oder der 31-Jährige verachtet die Bauern so abgrundtief, dass er mit seinen 60 Soldaten das 6000 Mann starke Bauernheer nicht einfach vorbeiziehen lassen will. Stattdessen beschießt Helfenstein den friedlich passierenden Haufen von seiner Burg aus, die auf einem Hügel oberhalb der Stadt Weinsberg liegt, gut 40 Kilometer nördlich von Stuttgart. Und dann greift er mit seinen Reitern auch noch die Nachhut an. »Was hinten nachzog, erstach er mit seinen Dienern allesamt«, berichtet ein Karmelitermönch aus dem nahen Heilbronn. »Das verdross die Bauern sehr.«

Keine gute Idee, wie man heute weiß. Helfenstein setzt am 14. April 1525 eine verhängnisvolle Kette von Ereignissen in Gang, die als Weinsberger Bluttat oder Blut-Ostern in die Geschichte eingeht – und unser Bild des Bauernkriegs bis heute überschattet.

Noch einen Monat zuvor wurde Helfenstein als Held gefeiert. Er war derjenige, der im Auftrag des Truchsess mit einem Vorauskommando Stuttgart besetzt hatte, sodass der abgesetzte Herzog Ulrich die Hauptstadt Württembergs nicht einnehmen konnte. Nachdem Ulrich abziehen musste, begab sich Helfenstein zurück zu seinem Dienstsitz Weinsberg. Dort residiert er als Obervogt, das heißt er regiert über die Region im Auftrag des Württemberger Landesherrn, des Habsburgers Ferdinand von Österreich. In dessen Gunst steht Helfenstein, seit er 1517 Ferdinands Tante geheiratet hat: Margareta von Edelsheim, eine uneheliche Tochter des 1519 verstorbenen Kaisers Maximilian.

Anfang April 1525 ritt Helfenstein wieder nach Stuttgart und bat dort die Landesregierung um Soldaten, damit er die Burg und Stadt Weinsberg gegen die Bauernhaufen verteidigen kann. Trotz seiner engen Beziehungen zur Herrscherfamilie erhielt er nur ein bescheidenes Kontingent: 16 adlige Ritter und 60 Reisige, also Soldaten zu Pferd. Mit denen eilte er zurück nach Weinsberg und erschlug unterwegs angeblich jeden Bauern, der das Pech hatte, ihm über den Weg zu laufen. Kaum in Weinsberg angekommen, schrieb Helfenstein am 12. April an die Regierung, dass er dringend Verstärkung benötige. Sonst könne er den 6000 Bauern nicht widerstehen, die aus dem Odenwald und dem Neckartal anrücken.

Einer der Anführer des Neckartal-Odenwälder Haufens ist Jäcklein Rohrbach, ein Leibeigener aus dem Dorf Böckingen am Neckar, das heute ein Stadtteil von Heilbronn ist und sieben Kilometer von Weinsberg entfernt liegt. Rohrbach wurde vermutlich kurz vor 1500 geboren, sein Vater war Erbpächter zweier Höfe und betrieb eine Wirtschaft, zählte damit zur Schicht der vermögenden Bauern. Der junge Rohrbach lernte lesen und schreiben, führte bei Versammlungen oft das große Wort und ließ sich nichts gefallen, auch nicht von den Obrigkeiten. »Er war von früher Jugend an als ein gescheiter Kopf wie als ein trotziger, gewaltsam verwegener Bursche bekannt«, beschreibt ihn Wilhelm Zimmermann im 19. Jahrhundert. »Ein leidenschaftlich heftiger, verwilderter Naturmensch, nahm er das Recht der Selbsthilfe, das Faustrecht, von Anfang an für sich in Anspruch.« Mehrfach stand Rohrbach wegen Tätlichkeiten und Streitigkeiten mit Amtsleuten vor Gericht und wurde mindestens zweimal eingesperrt.

1519 wählte ihn die Stadt Heilbronn als Reiter für den Kriegsdienst aus, als sie drei Berittene und 47 Fußsoldaten für den Feldzug des Schwäbischen Bundes gegen Herzog Ulrich abstellen musste. Was keine gute Idee war: Die Stadtoberen schafften den Unruhestifter so zwar für eine Weile fort, aber der lernte jetzt auch noch das Kriegshandwerk kennen. 1524 übernahm Rohrbach von seinem Vater den etwas kleineren der beiden Höfe – und weigerte sich prompt, die Abgaben zu bezahlen, die er der Stiftskirche schuldete. Der Streit ging vor Gericht, Ende März 1525 sollte ein Rechtstag die Angelegenheit klären. Rohrbach nutzte die Zeit bis dahin, um Unterstützer zu sammeln. Er beschied den Stiftsherren, sie sollten ihm »im Hintern lecken«, und drohte ihnen, er werde sie bald mit seinen Leuten aufsuchen. Der allseits ausbrechende Volksaufstand kam ihm da vielleicht gelegen.

Am 2. April bringt Rohrbach einige Hundert Bauern aus dem Neckartal und Bürger aus Heilbronn zusammen. Diese wählen ihn zum Hauptmann, auch wegen seiner militärischen Erfahrung. Tags darauf zieht die Schar los, sammelt in den umliegenden Orten weitere Mitstreiter ein und plündert am 12. April das Frauenkloster Lichtenstern, aus dem die Nonnen bereits geflohen sind.

An der Seite Jäcklein Rohrbachs marschiert vorneweg Margarete Renner, genannt die Schwarze Hofmännin, weil deren verstorbener Ehemann ein Hofmann war, das heißt ein Gutspächter. Sie stammt wie Rohrbach aus dem Dorf Böckingen und weigerte sich ebenfalls beharrlich, Abgaben zu leisten. »Sie ist viel des Jäckleins Ratgeberin gewesen«, vermerkt eine Akte von 1525 im Archiv der Stadt Heilbronn. Sie habe »die aufrührerischen Bauern«, so die Akte, »oftmals mit heller Stimme getröstet, sie sollten nur fröhlich und keck sein; sie habe sie gesegnet, dass ihnen weder Büchsen noch Waffen Tod oder Schaden bringen konnen«.

Der Historiker Zimmermann schildert die Rolle der Schwarzen Hofmännin so: »Sie gab Ratschläge und kannte die Ratschläge der Eingeweihten, der Hauptleute; sie handelte, enthusiasmierte, warnte, wirkte mit kühnster Entschlossenheit für die Sache der Ihren, wo kein Mann mehr handelte und sprach.« An Kämpfen nimmt die Schwarze Hofmännin nicht aktiv teil, aber sie hält feurige Reden vor den Aufständischen und trägt erheblich dazu bei, diese zu radikalisieren. »Den Adel hasste sie furchtbar. Was diesen Hass, diesen Durst nach Rache in der Brust dieser gewaltigen leidenschaftlichen Bäuerin veranlasste, ist unbekannt«, schreibt Zimmermann. Und sie hasst auch die Städter. Die Heilbronner Akte von 1525 vermerkt: »Sie hat gesagt: Es darf in Heilbronn kein Stein auf dem anderen bleiben, [die Stadt] muss auch zu einem Dorf werden.«

Die Neckartaler Schar von Rohrbach und der Schwarzen Hofmännin vereinigt sich unterwegs mit einem Bauernhaufen aus dem Odenwald zum Neckartal-Odenwälder Haufen, der wie erwähnt um die 6000 Mann stark ist. Das Rebellenheer zieht am Karfreitag, den 14. April, an Weinsberg vorbei in die sechs Kilometer entfernte Stadt Neckarsulm, die mit den Aufständischen sympathisiert und ihnen die Tore öffnet. Dort beratschlagen die Bauernführer, wie sie auf die Attacken reagieren sollen, die sie unterwegs aus Weinsberg erlitten haben. Darf man diesen Gegner im Rücken ignorieren? Die Mehrheit beschließt, umzukehren und das feindliche Adelsnest auszuheben.

Über den weiteren Verlauf der Ereignisse sind wir gut informiert, da die Stuttgarter Regierung im Sommer desselben Jahres 21 Augenzeugen befragen lässt: vor allem die Knechte der Ritter und der Ortsansässigen, dazu drei Geistliche, den Schulmeister und dessen Frau. Anhand der Verhörprotokolle sowie weiterer Augenzeugenberichte hat der Weinsberger Dekan Erich Weismann 1959 das Geschehen minutiös rekonstruiert. Seine allgemein anerkannte Darstellung bildet die Grundlage dieses Kapitels bis zum Spießgericht vor der Stadt. Bei der Frage, was bei diesem geschah, folgt das Buch dann der neueren Interpretation von renommierten Bauernkriegsforschern wie Hans-Martin Maurer, Peter Blickle und Claudia Ulbrich.

Am Ostersonntag, den 16. April 1525, zieht das Bauernheer in aller Frühe los. Graf Helfenstein befindet sich zu dem Zeitpunkt mit dem größten Teil seiner Truppe in der 1500-Einwohner-Stadt Weinsberg, um die Bürger auf den möglichen Abwehrkampf einzuschwören. Seine Frau und den dreijährigen Sohn hat er mit nur acht Soldaten in der nahen Burg zurückgelassen. Davon erhalten die Bauern Nachricht durch Informanten in Weinsberg.

Die Stadt selbst ist stark befestigt: durch eine hohe Mauer mit Zinnen darauf, mindestens vier Wehrtürme sowie zwei mächtige Stadttore mit Fallgatter, über denen eigene Tortürme thronen. Die Burg auf dem Hügel dagegen hat eine Schwachstelle: Ihre Nordseite wurde 1504 bei einem Erbfolgekrieg von Kanonen zusammengeschossen, und dieser Mauerabschnitt ist 21 Jahre später immer noch nicht repariert, sondern nur notdürftig durch Erdbefestigungen geflickt.

Die Bauern senden zwei Emissäre voran, die zum unteren der beiden Stadttore gehen. Sie fordern, dass Weinsberg sich ergibt – oder wenigstens die Frauen und Kinder hinauslässt, damit diesen in den Kämpfen nichts passiert. Die Antwort gibt Helfensteins rechte Hand, der Ritter Dietrich von Weiler: Er schießt mit der Hakenbüchse auf einen der Gesandten, ohne ihn zu treffen, und schmäht die Bauern als »Rossmücken« (Pferdebremsen). Keine gute Idee angesichts der Kräfteverhältnisse.

Um 7 Uhr gibt Graf Helfenstein seine letzten Anordnungen in der Stadt, versucht die bewaffneten Bürger und Soldaten auf der Stadtmauer zu motivieren, und er sendet eine kleine Verstärkung zur Burg: fünf berittene Soldaten sowie einige Bürger, die den acht bereits stationierten Soldaten zu Hilfe kommen. Dann geht Helfenstein mit Dietrich von Weiler zum Morgengottesdienst.

Um 8 Uhr, während noch die Messe läuft, greift ein Bauerntrupp die Burg an. Einige schlagen mit Äxten das Burgtor ein, andere versuchen gleichzeitig, die schlecht gesicherten Erdbefestigungen zu überwinden. Dabei werden zwei Bauern erschossen. Dann gelingt es den Angreifern, in den Burghof einzudringen. Sie erschlagen jeden, der sich ihnen in den Weg stellt, unter anderem die beiden Diener des Grafen und den Burgkaplan.

Gegen 9 Uhr haben die Bauern die Burg erobert. Einer dringt in die Stube der Gräfin ein und versichert ihr: »Frau, es soll Euch nichts geschehen.« Die Sieger nehmen sie und ihren Sohn gefangen, führen die überlebenden Verteidiger ab, plündern die Burg gründlich und stecken sie in Brand. Nur eine Stunde später steht sie lichterloh in Flammen – und wird bis heute eine Ruine bleiben.

Derweil hat der Großteil der Bauern den Angriff auf die Stadt begonnen, und zwar auf beide Tore zugleich, die sich an entgegengesetzten Enden Weinsbergs befinden. Die Stadtmauer und die Türme sind stark mit Bürgern und Soldaten besetzt. Auch die Mägde und die Mädchen und Jungen der Stadt helfen bei der Verteidigung mit: Sie tragen Pflastersteine als Wurfgeschosse auf die Mauerkrone hinauf.

Zum unteren Stadttor karren die Angreifer Leitern, um damit die Mauern zu überwinden, sowie Hakenbüchsen, um Deckungsfeuer zu geben. Entgegen den modernen Klischeevorstellungen sind die Bauern auch hier keineswegs primitiv bewaffnet, sondern im Gegenteil »den Verteidigern an Feuerkraft weit überlegen«, wie Erich Weismann in seiner Rekonstruktion des Geschehens schreibt. Nur zwei Bauern sterben durch feindliche Kugeln. Die anderen »deckten den Gegner derart mit dem Feuer ihrer Hakenbüchsen zu, dass sich bald keiner mehr an den Zinnen oder Schießscharten zeigen konnte«, so Weismann. »Unter dem Schutz dieses mörderischen Feuers gelangten die Stürmer an das Stadttor und begannen, es mit Äxten aufzuhauen.«

Ein ähnliches Bild bietet sich am oberen Tor auf der anderen Seite der Stadt. Dort arbeiten die Angreifer allerdings nicht mit Äxten, sondern zunächst mit einer Ramme. »Gedeckt von ihren Hakenschützen liefen sie das Tor mit einem Baumstamm an, der so stark war, dass ›30 oder 40 Mann an ihm zu tragen gehabt hätten‹«, zitiert Weismann einen der Augenzeugen. Die Bauern rammen die schweren Torflügel aus den Angeln und beginnen dann, die dahinter liegende Tür mit Äxten einzuschlagen.

Inmitten des Chaos verbreitet sich in Weinsberg die Nachricht, dass die Burg gefallen ist: Noch brennt sie nicht, aber auf ihr wehen zwei Fahnen der Bauern. Schlagartig sinkt die Kampfmoral der Verteidiger, die Bürger wollen nicht mehr auf der Mauer bleiben und steigen eilig von ihr herab. Dietrich von Weiler gelingt es am oberen Tor, etliche wieder hinaufzuschicken, aber die Situation wird zunehmend hoffnungslos.

Graf Helfenstein dämmert, dass der Kampf verloren ist. Er genehmigt dem neben ihm stehenden Bürgermeister Prezel, den Frieden auszurufen. Prezel brüllt den Angreifern zu, dass er ihnen die Stadt übergibt, wenn sie alle am Leben lassen. Doch es ist zu spät, um Kapitulationsbedingungen zu stellen. Die Bauern antworten: Die Bürger dürfen am Leben bleiben, die Adligen und Soldaten nicht. Bürgermeister Prezel schreit: »Wollt ihr nicht den Grafen leben lassen?«, und es schallt zurück: »Nein! Auch wenn er von Gold wäre, so muss er dennoch sterben.« Helfenstein hat alles gehört, und er flieht entsetzt in die Stadt hinein. Weitere Axthiebe der Bauern krachen gegen das obere Tor, das schließlich nachgibt, und die Masse der Belagerer drängt in die Stadt. Helfenstein, seine rechte Hand Dietrich von Weiler sowie 16 weitere Adlige und berittene Soldaten flüchten kopflos in die Weinsberger Kirche und eilen im Kirchturm die Wendeltreppe hinauf. Vielleicht glauben sie, sich dort oben besser verteidigen zu können, doch jetzt sitzen sie endgültig in der Falle.

Einige Soldaten verharren im Kirchenschiff, und diese werden von den eindringenden Bauern sofort erschlagen und erstochen. Dietrich von Weiler, der noch am Morgen auf die Emissäre feuerte, versucht derweil, vom Turm aus mit denjenigen Bauern zu verhandeln, die sich im Kirchhof drängen. »Er begehrte Gnade, wollte ihnen viel Geld geben«, berichtet ein Zeitgenosse, der Pfarrer Johannes Herolt. Und er beschreibt die unmissverständliche Antwort: »Einer schoss hinauf, traf ihn«, und zwar tödlich in den Hals, trotz der schlechten Zielgenauigkeit der Hakenbüchsen. »Danach stiegen sie auf den Turm und warfen ihn zum Fenster hinaus«, sodass der Leichnam Dietrich von Weilers auf dem Dach der Seitenkapelle aufschlägt.

Unter den Bauern, die den Kirchturm hinaufsteigen, befindet sich Jäcklein Rohrbach. Er und seine Mitstreiter nehmen den Grafen und etwa 15 Überlebende fest. Sie führen die Gefangenen über den Kirchhof, durch ein Spalier Aufständischer die Stadt hinunter – die Bürger verstecken sich derweil in den Häusern – und durch das untere Tor hinaus auf ein freies Feld. Dort formen die Bauern einen Kreis, wie es auch bei den Landsknechten Tradition ist, und halten Gericht über den Grafen und seine Männer.

Das allein ist ein ungeheurer Tabubruch: Seit Menschengedenken richten Adlige über Bauern, nicht umgekehrt. Die Welt steht plötzlich kopf. Die gemäßigten Führer des Neckartal-Odenwälder Haufens um den Juristen Wendel Hipler wissen nichts von dem Volkstribunal, Rohrbach hat ihnen wohl bewusst nicht Bescheid gegeben. So können er und seine radikalen Gesinnungsgenossen das Urteil fällen: Der Graf und seine Männer werden alle zum Tod durch die Spieße verurteilt.

Diese Strafe gilt als besonders entehrend und wird eigentlich an Landsknechten angewandt, die sich ihren Kameraden gegenüber schuldig gemacht haben. Vielleicht wählen die Bauern diese Exekutionsform, weil sich dadurch die Verantwortung auf viele Schultern verteilt. »Das Verfahren ist kompliziert und hoch ritualisiert«, weiß der Forscher Peter Blickle. »Erst wurde im Ring, also von allen Kriegsgenossen, entschieden, ob das Verfahren eröffnet wird, dann plädierten ein Ankläger und ein Fürsprecher des Angeklagten.« Ein Gerichtsgremium erarbeitet anschließend einen Vorschlag für das Urteil, das per Mehrheitsentscheidung im Ring gefällt wird. »Die Exekution erfolgte, begleitet von Trommeln und Pfeifen, durch den Lauf durch die Spieße«, erklärt Blickle. »Magisch aufgeladen war der Spießrutenlauf durch die Anordnung der Knechte. Sie standen sich in zwei Reihen gegenüber, die Gasse lief auf die aufgehende Sonne zu«, und die Landsknechte stachen auf den Delinquenten ein. Wenn dieser das Ende der Gasse erreichte, war er frei – was aber praktisch nie geschah: »Nach menschlichem Ermessen überlebte niemand ohne das Eingreifen Gottes.«

»Die Bauern haben die Adeligen in Weinsberg nicht einfach erschlagen, sondern in einem ritualisierten Verfahren getötet«, folgert Blickle. »Alle verfügbaren Zeugnisse bestätigen einen zumindest rudimentären oder verkürzten Prozess.« Bei dem Urteil, meint der Historiker Hans-Martin Maurer, machten die Bauern »das Kriegsrecht für sich geltend«. Denn wenn eine Stadt sich geweigert hatte zu kapitulieren und dann im Sturm erobert wurde, galt es kriegsrechtlich als legitim, sämtliche Verteidiger umzubringen.

Das klingt brutal und ist es auch, aber »diese furchtbare Regel diente mehr dazu, Leben zu retten, als zu nehmen«, erklärt der britische Militärhistoriker Richard Holmes. Denn die Todesdrohung soll die Verteidiger vor sinnloser Gegenwehr abschrecken. Ein Sturmangriff auf die Stadtmauern ist immer ein extrem riskantes und blutiges Unterfangen, und wenn bereits klar ist, dass die Angreifer gewinnen werden, »führt eine allerletzte Verteidigung nur zu unnötigen Opfern«.

Zwischen 10 und 11 Uhr an diesem 16. April 1525 zwingen die Bauern die gefangenen Adligen und einige Soldaten, durch die Gasse zu schreiten, die von den Spießträgern gebildet wird. Als Graf Helfenstein an der Reihe ist, geht auf ihn der Musikant Melchior Nonnenmacher zu. Dieser hat schon öfter für den Grafen gespielt, ist mit ihm zu Tisch gesessen und hat sein

Vertrauen genossen. Doch Nonnenmacher will weder helfen noch Trost spenden, sondern er verhöhnt den Grafen zusätzlich: Der Musikant schreitet dem Todgeweihten in der Gasse voran und spielt ihm mit der Pfeife zum letzten Tanz auf.

An diesem Tag sterben insgesamt 16 Adlige, wie eine amtliche Liste ergibt, die im selben Jahr von der Regierung in Stuttgart erstellt wird. Sechs kamen wohl bei den Kämpfen ums Leben, sodass wahrscheinlich zehn Adlige durch die Spieße getrieben wurden. Häufig wird erzählt, dass Helfensteins Frau bei der Hinrichtung zusehen musste und um das Leben ihres Mannes gefleht hat. Aber das ist durch keinen Augenzeugen belegt und wohl nur eine spätere Ausschmückung, wie Erich Weismann in seiner Rekonstruktion überzeugend darlegt. Die Gräfin und ihr dreijähriger Sohn wurden von den siegreichen Aufständischen in einem Wagen nach Heilbronn in Sicherheit gebracht.

Die Schwarze Hofmännin, radikaler als die Männer, schändet womöglich noch die Leiche Helfensteins, die mit Stichwunden übersät auf dem freien Feld liegt. Später brüstet sie sich jedenfalls mit der Tat, wie die Heilbronner Akte von 1525 vermerkt: »Sie hat sich vor etlichen Frauen damit gerühmt, sie habe den Grafen, den Leichnam, herumgewendet, mit ihrem Messer in ihn geschnitten; sein Schmer [Bauchfett] sei herausgequollen, mit dem habe sie ihre Schuhe geschmiert.«

Ähnliches erwähnt Ambrosius Geyer, Hauptmann des Truchsess, in seinem Tagebuch: Die Bauern hätten den Toten »ihre Leiber aufgeschnitten, Menschenschmalz herausgenommen, ihre Schuhe und Scheiden an den Degen damit geschmiert«. Allerdings war er persönlich nicht anwesend, gibt also nur wieder, was er vom Hörensagen weiß – »Lagergeschwätz, das wenig Vertrauen verdient«, wie Weismann urteilt. Auch die Schwarze Hofmännin habe möglicherweise später geflunkert, denn kein Augenzeuge berichtet in den Verhörprotokollen von der Leichenschändung. Die ist hingegen andernorts gut belegt: Die Schweizer Fußsoldaten waren nicht nur dafür berüchtigt, prinzipiell keine Gefangenen zu machen, sondern auch, ihre getöteten Feinde scheußlich zu verstümmeln. Nach einer Schlacht 1515 etwa schnitten sie einem gefallenen Hauptmann tatsächlich das Fett aus dem Bauch und schmierten damit ihre Stiefel und Spieße ein. Diese eidgenössische Tat bildete vermutlich den Keim für das Gerücht um die Weinsberger Leichenschändung – oder sie war das Vorbild für die reale Schändung, falls diese doch stattfand.

Und so wie die Schweizer erfolgreich Terror unter ihren Feinden verbreiteten, entfaltet auch die Bluttat vom 16. April ihre psychologische Wirkung auf Sympathisanten und Gegner der Rebellen. Während am 17. April, also fast gleichzeitig, 150 Kilometer weiter südlich der Vertrag von Weingarten den Aufstand in Oberschwaben beendet, bildet Weinsberg ein revolutionäres Fanal für Württemberg. Die Nachricht von dem unerhörten Ereignis verbreitet sich wie ein Lauffeuer, ringsum bilden sich neue Rebellennester. Die radikalen Aufständischen strotzen vor Selbstbewusstsein, während sich im Adel lähmendes Entsetzen verbreitet.

Niemand wagt mehr den Konflikt mit dem Neckartal-Odenwälder Haufen, der sich selbst »Heller Lichter Haufen« nennt und die Herrschaft in der Region übernimmt. Ritter machen den Aufständischen ihre Aufwartung, Grafen erweisen sich als Wendehälse und erfüllen plötzlich alle Forderungen. »Die Grafen von Hohenlohe beeilten sich jetzt, dem hellen Haufen zwei Notschlangen [Kanonen], einen halben Zentner Pulver und ein sehr höfliches Schreiben zu schicken«, erzählt der Historiker Zimmermann. »Die Grafen Ludwig und Friedrich von Löwenstein mussten dem Haufen nachziehen, in einem Bauernhabit und mit weißen Stecken in den Händen.« Man sah die hohen Herren »mitten unter den Bauern sitzen, also erschrocken, als ob sie tot wären«.

Auch die Städte öffnen den Aufständischen plötzlich ihre Tore wie von allein. »Selbst eine Reichsstadt wie Heilbronn leistete keinen Widerstand mehr«, schildert der Forscher Günther Franz. »Der Bürgermeister saß weinend am Tor, um die Bürger, die zu den Bauern liefen, zurückzuhalten. Bereits am Osterdienstag« – zwei Tage nach der Bluttat von Weinsberg – »konnten die Bauernhauptleute in die Stadt einreiten. Am folgenden Tag verbrüderte sich die Stadt, ein Mitglied des Schwäbischen Bundes, mit den Bauern und stellte einen Trupp Bürger zum Bauernheer.«

Die Klöster der Region werden geschätzt, das heißt, sie müssen Geld zahlen. Trotzdem kommt es zu Plünderungen und vereinzelten Übergriffen, vor allem gegen die vielfach verhassten Geistlichen und Ordensleute, aber auch gegen die Beginen (religiöse Frauen, die in Gemeinschaft leben und sich ähnlich wie Nonnen kleiden). »So zogen die Heilbronner Beginen weltliche Kleidung an, da die Bauern ihnen, solange sie Kirchentrachten trugen, häufiger ›in Busen und andere Orte griffen‹«, erzählt der Historiker Klaus Hermann.

Ansonsten liest man so gut wie nichts von sexuellen Übergriffen und auffallend wenig von anderweitigen Attacken. Die Gewalt der Aufständischen richtet sich fast ausschließlich gegen Sachen, nicht gegen Menschen. Die Bluttat von Weinsberg bleibt im gesamten Bauernkrieg ein singuläres Ereignis, »die einzige von einem Bauernheer verübte Gruppentötung«, wie die Professorin Claudia Ulbrich betont. »Von Gräueltaten gegenüber Personen«, sekundiert ihr Kollege Peter Blickle, »kann nicht die Rede sein.«

Umgekehrt massakrierten die Truppen des Adels nur wenige Tage zuvor, am 4. und 14. April, Hunderte bis Tausende Bauern bei Leipheim und Wurzach. Warum ist von diesen Todesopfern viel weniger die Rede als von den 16 toten Adligen? Die Geschichtsschreibung war und ist nicht fair, und kaum jemand bringt deren Fixierung auf die Höhergestellten besser auf den Punkt als Bertolt Brecht 1935 in seinen »Fragen eines lesenden Arbeiters«:

Der junge Alexander eroberte Indien.
Er allein?
Cäsar schlug die Gallier.
Hatte er nicht wenigstens einen Koch bei sich?
Philipp von Spanien weinte, als seine Flotte
Untergegangen war. Weinte sonst niemand?

Weinsberg überschattet auch deswegen über die Maßen das Bild vom Bauernkrieg, weil der wohl wirkmächtigste Publizist der Zeit aufs Heftigste darauf reagiert: Martin Luther schreibt im Mai 1525 das Pamphlet »Wider die mörderischen und räuberischen Rotten der Bauern«, dessen Titel bereits den diffamierenden Ton setzt, den nachfolgende Chronisten übernehmen. In seiner Schrift beschimpft Luther die Aufständischen als »treulose, meineidige, ungehorsame, aufrührerische Mörder, Räuber, Gotteslästerer«, die gegen das Gebot Gottes »Jedermann sei der Obrigkeit untertan« grässlich sündigen.

Der große Reformator macht hier nicht halt, sondern er fordert hasserfüllt dazu auf, die aufständischen Bauern umzubringen: »Darum soll jeder, der kann, zerschmeißen, würgen und stechen, heimlich oder öffentlich, und bedenken, dass nichts giftiger, schädlicher, teuflischer sein kann als ein aufrührerischer Mensch, gleich als wenn man einen tollen Hund totschlagen muss; schlägst du nicht, so schlägt er dich und das ganze Land mit dir.« Und als ob das noch nicht genug ist, betont Luther: »Es gilt auch hier nicht Geduld oder Barmherzigkeit; es ist hier die Zeit des Schwerts und Zorns und nicht die Zeit der Gnaden.«

Nur wenige Tage zuvor hat der Reformator noch den Vertrag von Weingarten überschwanglich gelobt und ein gewisses Verständnis für beide Seite gezeigt. Warum er jetzt den brutalen Schwenk gegen die Bauern vollzieht, darüber spekulieren Historiker bis heute. Die gängige Erklärung lautet, dass die Bluttat von Weinsberg die Wende bei Luther ausgelöst hat. Allerdings geschah Weinsberg schon einen Tag vor Weingarten – wieso reagierte er dann in umgekehrter Reihenfolge auf die Ereignisse? Möglicherweise entwickelte Luther den Hass auf die Aufständischen erst, als er Anfang Mai versuchte, mit Predigten die Unruhen einzudämmen – und das Volk ihn ablehnte und sogar verhöhnt haben soll. Oder bestand seine Hauptmotivation darin, sich auf die richtige Seite zu schlagen, als die Heere des Adels sich ringsum in Bewegung setzten? Dann hätte der Kommunist Friedrich Engels recht, der 1850 in seiner Schrift über den Bauernkrieg »die feige Fürstendienerei Luthers« anprangert.

Noch aber herrscht im April 1525 das Volk – gewaltfreier, disziplinierter und effizienter, als es ihm Luther und Generationen an Geschichtsschreibern zugestehen wollen. Der Gastwirt Matern Feuerbacher wird dabei eine historisch einmalige Karriere machen und in eine Position aufsteigen, die der Historiker Maurer treffend so beschreibt: »Er kann für sich den Ruhm in Anspruch nehmen, der erste aus Wahlen hervorgegangene Regent Württembergs gewesen zu sein – freilich nur für wenige Wochen.«

Steckbrief Margarete Renner (»Schwarze Hofmännin«)

- Geb. um 1475 in Böckingen, heute ein Stadtteil von Heilbronn.
- Gest. unbekannt; das oft genannte Todesjahr 1535 ist unbelegt.

Stand und Familie: Leibeigene der Herren von Hirschhorn. Verheiratet mit dem Hofmann (Gutspächter) Peter Abrecht. Seit 1523 verwitwet, zwei Söhne.

Wirken: Sie ist die einzige weibliche Rebellin, die im Bauernkrieg mit einem Heer zieht und namentlich bekannt ist. Als Beraterin Jäcklein Rohrbachs führt sie mit diesem den Neckartaler Haufen an. Sie motiviert die Bauern durch radikale Reden und angeblichen Schutzzauber. Nach der Bluttat von Weinsberg prahlt sie damit, wie sie die Leiche Graf Helfensteins schändete. Am Ende des Bauernkriegs kommt sie in Heilbronn in Haft, aber schon bald wieder frei, weil sich ihr Leibherr Jörg von Hirschhorn für sie einsetzt.

Besondere Merkmale: Sie hat eine helle Stimme und einen »unverhüteten Mund«, also ein loses Mundwerk. Über ihr Äußeres verraten die Quellen nichts. In Heilbronn-Böckingen steht seit 1986 ihr zu Ehren die zweieinhalb Meter hohe Schwarze-Hofmännin-Skulptur (im Bild eine Detailansicht).

2. Feuerbacher: Anführer wider Willen (April 1525)

Matern Feuerbacher sitzt mit seiner Frau, den Kindern und einer weinenden Besucherin in seinem Wirtshaus, als der Lärm in die Stube dringt: Die Kirchenglocken läuten Sturm! Die Familie hört, wie die Stadt in Aufruhr gerät, und Feuerbachers Tochter blickt ängstlich nach draußen. Plötzlich schreit sie: »O weh, Vater, flieh! Sie laufen hierher.«

Feuerbacher sträubt sich, entgegnet: »Das muss Gottes Mutter erbarmen, dass ich in meinem eigenen Haus nicht sicher bin.« Doch auch seine Frau redet auf ihn ein, bittet ihn, sich zu verbergen. Wenigstens dieses eine Mal soll er ihr folgen! Der Widerstrebende gehorcht, eilt die Treppe hinauf und versteckt sich in der oberen Kammer, die seine Frau hinter ihm absperrt. Dann kehrt sie zurück in die Wirtsstube, in der nicht nur die Besucherin weint, sondern jetzt auch die Kinder. Kurz darauf kommt von draußen Geschrei: »Wir jagen ihn durch die Spieße!«, und vier bewaffnete Männer stürmen durch die Tür herein.

Es ist Ostersonntag, der 16. April 1525. Erst vor ein paar Stunden hat sich die Bluttat von Weinsberg ereignet. 17 Kilometer weiter südlich liegt Feuerbachers Städtchen Bottwar, wo man von dem allgemeinen Aufstand weiß, aber noch nichts von dem Blutgericht am Adel. Die weinende Besucherin ist die junge Ehefrau eines Bauern, der tags zuvor als Bote nach Weinsberg geschickt wurde und noch immer nicht zurückgekehrt ist. Ob ihm etwas zugestoßen ist? Feuerbacher tröstete die sorgenvolle Bäuerin gerade, als die Funken des Aufstands auch Bottwar entzündeten, sich die Aufrührer unter Glockengeläut am Kirchplatz sammelten und fünf davon zu seinem Wirtshaus rannten.

Einer postiert sich als Wache vor Feuerbachers Haus, die anderen vier drängen hinein. Der Erste stößt mit Fuß und Spieß die Tür zur Küche auf. Dahinter folgt ein Zimmermann, der mit der Axt die Speisekammer aufbricht. Auch die beiden weiteren Eindringlinge sind Bottwarer Handwerker: ein Bäcker und ein Fassbinder, der mit einer Büchse in der Hand zum Zimmer der Buben eilt.

Polternd suchen die vier Eindringlinge das ganze Haus nach Feuerbacher ab, schreien: »Du musst heraus, und sollt's dir ein Leiden im Herzen sein!« Und sie stoßen laute Drohungen aus: Feuerbacher müsse mit ihnen mitkommen, ansonsten sei er seines Lebens nicht mehr sicher; man werde ihm einen Pfahl vor die Tür schlagen, also den weltlichen Bann verhängen, und sein Haus anzünden. Doch die verschlossene Kammer, in der sich Feuerbacher versteckt, stoßen sie nicht auf. Schließlich kommen sie auf die naheliegende Idee, Frau Feuerbacher nach ihrem Mann zu fragen. Die antwortet kaltblütig, ihr Matern sei nicht da, aber sie könne einen Boten zu ihm schicken. Daraufhin verziehen sich die Aufrührer und fluchen: »Der Kotzbauch will nicht herab; wir wollen ihn preismachen [bloßstellen] vor aller Welt.«

Der Überfall ist so beschrieben in der Publikation »Der Bauernoberst Matern Feuerbacher«, die der Historiker und Pfarrer Gustav Bossert in den 1920er-Jahren in zwei Teilen veröffentlichte. Bossert liefert auf 57 Seiten eine detaillierte Chronologie von Feuerbachers Leben und Wirken. Auch dramatische Passagen und wörtliche Reden belegt er stets durch zeitgenössische Dokumente, insbesondere durch die Prozessakte von 1527. Diese trägt den Titel »Peinliche Gerichtsakten gegen Bauernhauptmann Matern Feuerbacher von Bottwar vor dem kaiserlichen Hofgericht zu Rottweil«, umfasst 144 Blätter, also 288 Seiten, und beinhaltet in sauberer Handschrift die

Aussagen von 75 Zeuginnen und Zeugen über Feuerbachers Rolle im Bauernkrieg. Die Akte liegt heute im Landesarchiv Baden-Württemberg in Stuttgart, ist komplett digitalisiert und online einsehbar. Sie stellt die mit Abstand wichtigste Primärquelle über Feuerbacher dar, Bosserts Biografie ist bis heute die beste Sekundärquelle. Die folgenden beiden Kapitel dieses Buchs fußen weitgehend auf seiner Darstellung. Wo Zitate aus anderen Quellen und jüngerer Forschung eingeflochten sind, ist dies vermerkt.

Zwischen März 1483 und März 1484 kam Matern Feuerbacher zur Welt, wie aus einem späteren Dokument hervorgeht. Er lernte lesen und schreiben und wuchs in Bottwar auf. Die Kleinstadt, die heute Großbottwar heißt, liegt 26 Kilometer nordöstlich von Stuttgart und wie erwähnt südlich von Weinsberg. Im Jahr 1522 zählt sie 172 Häuser, die von einer Stadtmauer mit drei Toren und einem Graben umgeben sind. Vor den Toren stehen 62 Häuser; sie bilden die sogenannte Vorstadt. Insgesamt leben in Stadt und Vorstadt geschätzt 1200 Menschen.

Matern Feuerbacher hat einen Bruder namens Bernhard, ansonsten ist über seine Familie frustrierend wenig bekannt. Wir wissen nicht einmal, wie seine Frau heißt – in den Stadtakten wird sie nur »die Maternin« genannt. Das Ehepaar hat Kinder, aber es ist nicht überliefert, wie viele. Dafür kennen wir Feuerbachers materielle Verhältnisse relativ gut. Er besitzt ein landwirtschaftliches Anwesen mit Haus, Äckern, Weinbergen und zwei Pferden, beschäftigt einen Knecht und eine Magd. Dieses »Gütlein«, wie Feuerbacher es nennt, wird in der Steuerliste des Jahres 1522 auf einen Wert von 250 Gulden taxiert. Damit zählt der Familienvater zu den Wohlhabenden seiner Stadt. Die ärmsten Bürger besitzen gar nichts oder nur ein Haus im Wert von 15 Gulden, der reichste kommt auf ein Vermögen von 400 Gulden. Zum Vergleich: Eine gefütterte Hose kostet damals 2 Gulden, eine Kuh 3 bis 4 Gulden, ein Pferd 5 bis 12 Gulden. Ein einfacher Landsknecht verdient

4 Gulden im Monat, der Truchsess als Oberster Feldhauptmann des Schwäbischen Bundes 1000 Gulden im Monat.

Zudem besitzt Feuerbacher das erwähnte Wirtshaus, das gut besucht ist. »Der Adel der Umgebung zählte zu seinen Gästen, auch mit den Geistlichen verkehrte er viel«, schreibt Biograf Bossert. Die Obrigkeiten »hielten große Stücke von ihm. Auch unter seinen Mitbürgern galt er etwas.« Bereits 1510 saß der Wirt wohl im Gericht oder Rat von Bottwar. »Von da an war er an der Leitung der öffentlichen Angelegenheiten beteiligt.« Feuerbacher vertrat seine Stadt sogar einmal im Landtag von Württemberg, aber es ist nicht überliefert, in welchem Jahr.

Als 1514 in Württemberg der Aufstand »Armer Konrad« ausbrach, befeuerten gut ein Dutzend Bürger in Bottwar die Revolte: Sie hielten auf dem Markt Reden und stellten Schildwachen auf, damit die Regierung niemanden in die Stadt schicken konnte. Matern Feuerbacher nahm daran nicht teil, im Gegenteil: Auf seinen Antrag hin wurde später im Jahr der Priester Peter Gschidlin verhaftet, der den Aufstand unterstützte. Bossert schließt daraus, dass Feuerbacher »sich energisch gegen die Rädelsführer gewandt hat«. Allerdings fügt der Biograf an, dass es gegen den Priester auch noch andere Vorwürfe gab: »sein ungeschicktes Verhalten gegen die frommen Schwestern von der Klause in der Beichte«, wie es Bossert etwas gestelzt formuliert.

Ob wegen sexueller Übergriffe oder Aufruhr – der verhaftete Priester wurde zum Bischof geschickt. Feuerbacher stellte gegen ihn Strafantrag, aber das scheint für den Beschuldigten folgenlos geblieben zu sein. Letztlich wird aus der Episode nur klar, dass Feuerbacher zu der Zeit eher aufseiten der Obrigkeit stand als aufseiten der Aufständischen. Dafür spricht zudem, dass er und seine Frau dem Bischof als fromme, ehrbare Leute beschrieben wurden.

Auch zu Beginn des Bauernkriegs deutet nichts darauf hin, dass der Wirt die Revolution in Württemberg anführen wird.

Anfang April 1525 besucht der Bauernführer Jäcklein Rohrbach Bottwar, um für den Aufstand zu werben, erntet aber den Widerspruch des Gerichts und Rats der Stadt. Einige Tage später, am 9. April, erscheint der Obervogt für Bottwar und die nahen Gemeinden, also der Vertreter der Habsburger Herren. Es handelt sich um ebenjenen Ritter Dietrich von Weiler, der eine Woche später in Weinsberg im Kirchturm erschossen wird. Ihm zur Seite steht der Untervogt Hans Heinrich Schertlin, der als Vogt von Bottwar in der Stadt selbst wohnt.

Dietrich von Weiler verkündet auf dem Bottwarer Kirchhof den versammelten Einwohnern, dass die Stadt 30 Wehrpflichtige stellen muss: für das sogenannte Landschaftsaufgebot, mit dem die Stuttgarter Regierung den Volksaufstand abwehren will. Die Bottwarer Bürger reagieren darauf alles andere als begeistert. Es kommt zu einem Tumult, und Dietrich von Weiler ruft, wer seinen Eid halten wolle, der solle zu ihm treten. Feuerbacher ist einer der Ersten, die nach vorne gehen, gefolgt vom Forstknecht Jörg Cannstatter. Weitere ziehen nach, und das 30-Mann-Aufgebot kommt doch noch zusammen. Zu dessen Anführer wird Feuerbacher bestimmt. Der etwa 41-Jährige ist damit erst einmal Bottwars Vorkämpfer gegen den Aufstand.

In der Stadt herrscht wieder Ruhe, die aber nicht lange anhält. Erste Funken der Rebellion glimmen fünf Tage später auf, am Karfreitag, den 14. April. Sechs bis acht Bottwarer Bürger, die sich heimlich dem Neckartal-Odenwälder Haufen angeschlossen haben, kehren in die Stadt zurück. Sie bringen eine schriftliche Nachricht des Rebellenheers, das an diesem Tag in vier Gehstunden Entfernung an Weinsberg vorbeizieht: Auf einem nur drei Finger breiten Zettel steht die Aufforderung, dass die Männer Bottwars sich zu dem Bauernhaufen begeben sollen; andernfalls komme der Haufen zu ihnen. Die Bottwarer Stadtoberen senden den Zettel pflichtschuldig an die Regierung in Stuttgart weiter. Die Boten des Rebellenheers verschwinden daraufhin.

Am Abend des folgenden Tages, des Karsamstags, schickt Vogt Schertlin von Feuerbachers Wirtshaus aus einen Bauern los. Dieser soll sich in Weinsberg nach der aktuellen Lage erkundigen und am nächsten Morgen zurückkehren. Doch der Bauer bleibt fort – Weinsberg wird ja ab Sonntagfrüh von dem Rebellenheer belagert. Die Frau des Bauern wird krank vor Sorge zu Feuerbacher gehen, wie eingangs des Kapitels geschildert, und die Stadtoberen bleiben ahnungslos.

An diesem schicksalhaften Ostersonntag, dem 16. April, kommen morgens in Bottwar die 30 Männer des Wehrpflichtigen-Aufgebots zusammen. Sie sollen auf Befehl der Stuttgarter Regierung zu einem 13 Kilometer entfernten Sammelpunkt marschieren, aber viele weigern sich jetzt. Die Funken des Aufstands beginnen in Bottwar Feuer zu schlagen. Feuerbacher erklärt sich zwar bereit loszuziehen, bittet aber um vorübergehende Freistellung, da gerade so viele Gäste in seinem Wirtshaus seien – was an dem Feiertag durchaus glaubhaft ist. Vogt Schertlin antwortet schicksalsergeben, wenn denn niemand ziehen wolle, solle auch Feuerbacher zunächst daheim bleiben.

Am Abend läuten dann die Kirchenglocken Sturm, der Aufstand geht los. Zahlreiche Bürger eilen mit Rüstung und Waffen zum Kirchplatz, auch Frauen und Mädchen strömen herbei, um das Spektakel zu sehen. Der Vogt versucht, die Versammelten zur Ruhe zu ermahnen, sie sollen wenigstens diesen einen Tag noch zu Hause bleiben. Sie bekämen auch zwei Eimer Wein von ihm. Neben ihm steht Bottwars Bürgermeister Konrad Hardi, ein Verwandter Feuerbachers. Er versucht es noch unverblümter mit Bestechung, bietet den Anwesenden zehn Gulden Belohnung. Doch die lassen sich nicht mehr beruhigen. Einer holt sich die Trommel, ein anderer die rot-gelb-weiß-schwarze Fahne des Wehrpflichtigen-Aufgebots, um sie für die Rebellion zu verwenden.

Feuerbacher ist in seinem Wirtshaus geblieben. Fünf Aufständische rennen dorthin, um ihn zum Mitmachen zu zwingen, ziehen aber erfolglos wieder ab, wie zu Beginn des Kapitels geschildert. Und so marschieren die rebellischen Bürger ohne den Wirt aus der Stadt heraus, etwa 200 an der Zahl, auf Pfeifen spielend, die Trommel schlagend und die Fahne schwenkend. Ihr Ziel ist der drei Kilometer entfernte Berg Wunnenstein, der von Weinbergen umsäumt ist. Mit einer Höhe von 394 Metern über dem Meeresspiegel überragt er die umliegenden Orte um rund 150 Meter und bildet eine weithin sichtbare Landmarke. Auf seiner Kuppe thront damals die Michaelskapelle, eine uralte Wallfahrtskirche, an deren Stelle heute ein 22 Meter hoher Aussichtsturm steht. Dort oben schlagen die 200 Bottwarer Rebellen ihr Nachtquartier auf. Ihre Lagerfeuer bilden gleichsam Leuchtzeichen der Revolution, die von zahlreichen Ortschaften aus zu sehen sind.

Um 10 Uhr nachts erscheinen in der Stadt Bottwar zwei Boten des Neckartal-Odenwälder Haufens. Sie überbringen Vogt Schertlin die Nachricht, dass sein Obervogt Dietrich von Weiler und weitere Adlige in Weinsberg umgekommen sind. Schertlin antwortet, es sei gut, dass man es erfahre. Dann lässt er Bürgermeister Hardi und Matern Feuerbacher holen. Die Männer treffen sich bald darauf am Markt. Schertlin teilt den Anwesenden die bestürzende Nachricht von der Bluttat in Weinsberg mit, fügt aber an, dass er an der Richtigkeit zweifelt. Um Gewissheit zu erlangen, müsse man wohl die gut unterrichteten Adligen Ludwig Spät den Älteren und Ludwig Spät den Jüngeren fragen. Diese wohnen eine Gehstunde entfernt im Ort Höpfigheim. Feuerbacher bietet an, sich sogleich dorthin zu begeben. Um 11 Uhr nachts bricht er zusammen mit Bürgermeister Hardi und einem Stadtknecht auf. Vogt Schertlin begleitet die drei zum Stadttor, öffnet es und gibt den Männern seine Laterne mit auf den Weg.

Nach Mitternacht erreicht der kleine Trupp den Wohnsitz der beiden Ludwig Spät, die Cousins sind. Die drei Nachtwanderer erfahren von den Adligen, dass die Nachricht aus Weinsberg wahr ist. Anschließend werden sie von der Frau des Hauses zu einem Imbiss aus Brot und Wein eingeladen. Der

Bürgermeister und der Stadtknecht nehmen das Angebot an, und während sie essen und sich mit der Frau unterhalten, zieht sich Feuerbacher mit den beiden Cousins in eine gesonderte Stube zurück.

Den Wirt und die zwei Edelleute verbindet ein langes Vertrauensverhältnis – die Kluft zwischen niederem Adel und Volk ist im alltäglichen Umgang oft geringer, als man heute annehmen mag. Feuerbacher schildert den beiden Spät, wie die Aufrührer ihn drängen, mit ihnen zu ziehen; was sie ihm androhen für den Fall, dass er sich weigert; und wie »sie schreien, sie wollten einen Grafen aus mir machen«, wenn er nur mitkäme. Was soll er bloß tun? Der ältere, 68-jährige Spät weiß auch keinen Rat, klopft Feuerbacher nur auf die Schulter und scherzt: »O, der arme Graf!«

Feuerbacher geht zur Tür hinaus, kommt nach einer Weile zurück und sagt, er habe nachgedacht. Nach der Weinsberger Sache befürchte er, dass es auch hier gegen den Adel und die Geistlichkeit losgehen werde. Wenn er bei den Aufständischen wäre, könnte er bewirken, »dass es nicht so geschehen wird«. Unter einer Voraussetzung: »Sofern Ihr und Euer Vetter, so es wieder zum Umschlag käme, für mich eintreten würdet.« Die beiden Adligen versprechen dem Wirt, sich für ihn einzusetzen, falls die Lage sich wendet. Gut zwei Jahre später werden sie Wort halten, wenn der ältere Spät seine Zeugenaussage macht, durch die wir über dieses Gespräch so detailliert informiert sind.

Die beiden Spät versuchen in der Nacht noch, Bürgermeister Hardi zu überreden, ebenfalls zu den Rebellen zu gehen, um Schlimmeres zu verhüten. Doch der weigert sich. Feuerbacher verspricht, sein Bestes zu geben, denn er denke, die Aufrührer werden ihn zum Hauptmann wählen – an Selbstbewusstsein mangelt es dem Wirt anscheinend nicht. »Ihr müsst tun, was die Bauern wollen«, sagen die beiden Spät zum Abschied. »Ziehet zu, lieber Matern, und handelt, dass der fromme Adel nicht so schändlich erwürgt und ermordet wird.«

Zwischen 2 und 3 Uhr nachts sind Feuerbacher, Bürgermeister Hardi und der Stadtknecht wieder zurück in Bottwar. Sie wecken Vogt Schertlin, schließen mit ihm das Stadttor ab und geben dann in seinem Haus Bericht. Feuerbacher erzählt, wie die beiden Spät ihm zugeredet haben, zu den aufständischen Bürgern auf dem Berg Wunnenstein zu gehen. »Ich ziehe nicht, außer Ihr heißt und bittet mich, es zu tun«, schließt er an den Vogt gewandt. Der antwortet zustimmend, und er bittet Feuerbacher ausdrücklich: »Halt auf, wie du magst.«

Nur wenige Stunden später, am Ostermontag in aller Früh, bricht Feuerbacher mit Forstknecht Jörg Cannstatter als Begleiter auf. Vogt Schertlin wartet bereits am Tor und spricht ihnen noch einmal gut zu: »Lieber Matern und Jörg, tut das Beste.«

Zwischen 7 und 8 Uhr morgens steigen die beiden 41 und 42 Jahre alten Männer den Wunnenstein hinauf zu den Aufständischen, unter denen nun auch viele Bauern aus der Umgebung sind. Die Rebellen hören gerade den Morgengottesdienst, den der örtliche Pfarrer in der Michaelskapelle auf der Bergkuppe hält. Anschließend lassen sie die Trommel rühren und formen einen Ring, wie es bei demokratischen Entscheidungen üblich ist. Ein Bottwarer Bader ruft: »Wohlauf, wir wollen zu jenem Haufen ziehen!«, und meint den in Weinsberg. Daraufhin schreitet der Forstknecht Cannstatter in den Ring und wirft ein, man solle warten, es gebe noch ein Wort zu besprechen.

Nun tritt Feuerbacher auf. Er gibt gleich offen zu, dass der Vogt ihn geschickt hat: Die Männer sollen auseinandergehen, ihre Sache habe doch keinen Bestand. Wenn sie gehorchen, blieben sie straffrei. Die Versammelten schreien ihm entgegen: »Nit ein miet!«, was so viel bedeutet wie: »Nichts davon!« oder »Auf gar keinen Fall!« Die Obrigkeit solle zu ihnen kommen, um zu verhandeln, sonst zögen sie nach Weinsberg. Feuerbacher entgegnet, die Bottwarer sollten bloß fernbleiben von dem Weinsberger Haufen. Dieser dürfe nicht herkommen, er würde nur das Land auszehren und verderben. Besser sei es, die drückenden Probleme im Land selber abzustellen.

Seine Rede überzeugt die Versammelten. Bottwarer Bürger schlagen Feuerbacher zum Hauptmann vor, und er wird prompt gewählt. Zunächst ziert sich der Wirt, sagt, er sei für solche Sachen zu einfältig und rate allen heimzugehen. Schließlich nimmt er das Amt doch an. Danach wählt die Versammlung unter anderem den Hauptschreier (obersten Ausrufer), die Trabanten (Leibgarde des Hauptmanns) und die Weibel (Vorläufer der heutigen Feldwebel).

Feuerbacher bemüht sich vom ersten Tag an, in seiner neuen Position allen Seiten gerecht zu werden, den Aufständischen wie den Adligen. So überredet er einerseits die Bewohner der nahen Stadt Beilstein dazu, sich der Rebellion anzuschließen und noch am Ostermontag einen Trupp Bewaffneter auf den Wunnenstein zu senden. Andererseits sorgt er sofort für die adlige Witwe Barbara von Weiler. Diese hat tags zuvor ihren Schwiegervater und ihren Ehemann verloren: den bereits erwähnten Obervogt Dietrich von Weiler und dessen gleichnamigen Sohn, die beide in Weinsberg getötet wurden.

Die junge Witwe ist nicht nur voller Trauer, sondern auch voller Furcht davor, dass die Bauern jetzt ihren im Wortsinn herrenlosen Wohnsitz angreifen: die Burg Lichtenberg, die in Sichtweite zum Wunnenstein liegt. Barbara von Weiler schickt dem neuen Hauptmann vier Briefe, die »ein steinernes Herz erweichen müssen«, wie Feuerbacher anmerkt. Er beauftragt Bürgermeister Hardi, der auf den Wunnenstein nachgekommen ist, persönlich zu der Frau zu reiten, um sie zu beruhigen. Und er stellt einen Schutzbrief für Barbara von Weiler aus. In der Folge bleibt Burg Lichtenberg von Plünderung und Brandstiftung verschont und ist heute noch bestens erhalten.

Am Abend kommt der Ritter Wolf Ruch den Wunnenstein herauf, zu Fuß, in armseliger, gar nicht rittergemäßer Kleidung und mit einem Schweinsspieß in der Hand. Als Feuerbacher den Adligen in seiner Bauernverkleidung sieht, muss er lachen, erfüllt aber gleich dessen Anliegen: Bauern haben der Frau des Ritters ihre Schmuckstücke abgenommen, und Feuerbacher verfügt, dass die Wertsachen zurückgegeben werden müssen. Das führt zu Protest. Einige Aufständische fordern, dass die Beute besser in die Gemeinschaftskasse kommen soll. Aber Feuerbacher bleibt bei seinem Urteil. Plündern sei unevangelisch und ungöttlich, zudem sei er nur Hauptmann geworden, um die Weinsberger abzuwehren: »Wir wollen unser Land selbst behalten.«

Zur Mittagszeit des folgenden Tages, Dienstag, den 18. April, kommen Abgesandte der Obrigkeit des Landes. Sie beginnen Verhandlungen, und Feuerbacher nennt zwei Beschwernisse, die abgestellt werden müssen: Erstens seien die Leute über die Maßen mit Abgaben belastet, sodass sie es kaum mehr ertragen. Zweitens solle im ganzen Land das Gotteswort schlicht und lauter verkündet werden, kein »Dimperle, Damperle« (dummes Zeug) mehr, bei dem der eine von der Kanzel das Weiße predigt, der andere das Blaue, der dritte das Schwarze. Es sind bekannte Forderungen, die sich auch in den Zwölf Artikeln und zahlreichen Beschwerdeschriften der Bauern wiederfinden. Feuerbacher sagt abschließend zu den Emissären: »Wir liegen da, denn wir wollen Recht und Gerechtigkeit haben, und dass das Evangelium und die Wahrheit an den Tag kommen.« Hier hört man nicht mehr einen obrigkeitstreuen Wirt sprechen, sondern den Hauptmann eines Rebellenhaufens.

Die Abgesandten schlagen vor, dass die Aufständischen heimkehren, straflos bleiben und ihre Anliegen auf einem Landtag vorbringen. Der werde eigens einberufen, um die Beschwernisse einvernehmlich abzustellen. Man sei doch ein Ding, wie die fünf Finger einer Hand, betonen die Emissäre (analog zu dem modernen Spruch »Wir sitzen alle in einem Boot«, den meist diejenigen vorbringen, die sich rudern lassen, wie der 2014 verstorbene Kabarettist Helmut Ruge treffend bemerkt hat).

Daraufhin bespricht sich Feuerbacher mit seinen Männern. Die lehnen es ab heimzugehen, denn dann wäre alles umsonst gewesen. Feuerbacher, der ja selbst einmal Landtagsabgeordneter war und die Mühlen der Politik kennengelernt hat, antwortet den Abgesandten, es habe sich ausgelandtagt. Man hätte vorher auch viel gelandtagt und wenig gehalten. Entweder gebe es sofort hier auf freiem Feld einen Landtag oder gar keinen. Die Abgesandten erwidern, dass sie dazu Rücksprache mit der Regierung in Stuttgart halten müssen. Man einigt sich darauf, die Verhandlungen in ein bis eineinhalb Tagen fortzusetzen. Wo die Aufständischen dann anzutreffen seien? Feuerbacher antwortet ausweichend: Er könne nichts dazu sagen und sei abhängig von den Wünschen des Haufens.

Am Abend verlassen die Rebellen großteils den Wunnenstein, ziehen gen Westen und übernachten im neun Kilometer entfernten Ort Gemmrigheim am Neckar. Dort wollen einige Bauern das Pfarrhaus verwüsten, aber Feuerbacher unterbindet das. Stattdessen wird den Priestern eine Geldabgabe auferlegt. Die verhinderten Plünderer sind damit nicht zufrieden. Sie stechen mit ihren Spießen zum Fenster des Pfarrhauses hinein, fluchen über ihren Hauptmann und schimpfen ihn einen Bösewicht, der den Pfaffen ihr Haus erhalten wolle.

Feuerbacher achtet trotzdem weiter auf Ordnung und Disziplin und schreibt fleißig Schutzbriefe für die umliegenden Adligen. Am Abend treffen er und 20 bis 30 führende Männer seines Haufens die Abgesandten, die inzwischen mit der Stuttgarter Regierung gesprochen haben. Die Emissäre bieten an, in fünf bis acht Tagen einen Landtag abzuhalten, bis dahin dürften die Aufständischen zusammenbleiben. Das Angebot klingt konziliant, trotzdem lehnt es Feuerbacher nach kurzer Rücksprache mit derben Worten ab. Er und sein Haufen hätten die Weinsberger ferngehalten und damit dem Land so viel Gutes getan, dass die Abgesandten auf den Knien zu ihnen kommen sollten – und zwar dort: Feuerbacher zeigt auf »eine beschissene Gass«, so eine Zeugenaussage, also auf eine mit

Kot verschmutzte Gasse. »Ihr Herren«, schließt er vor seinen Mitstreitern, »das ist mein Rat: Zieht zu uns, oder wir wollen euch selbst holen. Kommt ihr, so seht ihr uns, kommt ihr nicht, so müsst ihr uns dennoch sehen.«

Derart auf dicke Hose machen passt eigentlich nicht zum Naturell des Hauptmanns, der innerlich zerrissen erscheint. Die Verhandlungen ziehen sich noch bis in die Nacht hin, dann bricht Feuerbacher sie ergebnislos ab – und fügt heimlich mit gedämpfter Stimme an, man möge ihm seine Worte nicht übel nehmen, er müsse eben sagen, was ihm aufgetragen werde. Offenbar kehrte er vor seinen Leuten den starken Mann heraus, um den vielen Vorwürfen zu begegnen, er sei zu weich und ein Adelsfreund.

Zudem muss Feuerbacher Rücksicht auf die Stimmung im Haufen nehmen. Es läuft wohl gerade zu gut für die Aufständischen, als dass sie sich auf halbgare Kompromisse einlassen wollen. Nicht nur hat Weinsberg bewiesen, dass Bauern den Adel besiegen können, auch die Rekrutierung von Mitstreitern läuft mit beeindruckendem Erfolg. Schon vor dem Abzug vom Wunnenstein sandten die Rebellen paarweise Reiter los, die alle Dörfer der Region aufsuchten, um die Bewohner zum Anschluss aufzufordern. Mit Erfolg: Der Wunnensteiner Haufen schwillt von den anfänglichen 200 Mann binnen drei Tagen auf mehr als das Zehnfache an – an diesem Mittwoch, den 19. April, zählt er bereits 2000 bis 3000 Mann.

Tags darauf zieht das Rebellenheer den Neckar entlang stromabwärts. Die Zukunft liegt offen wie nie vor den Aufständischen, alles scheint möglich zu sein. Wie sich die Bauern und Bürger in dieser Aufbruchphase fühlen, beschreibt der Bauernkriegsforscher Hans-Martin Maurer so: »Bei den Beteiligten muss in diesem Stadium eine eigenartige Stimmung geherrscht haben, eine Mischung aus Trotz, Erwartung, Hoffnung, Begeisterung, Übermut – und auf der anderen Seite aus nervöser Spannung, Sorge und Bedenken, wie dieses Wagnis wohl ausgehen würde. Zunächst überwog jedoch das freudige

Gefühl einer befreienden Aktion, das nicht selten in volksfesthafte Ausgelassenheit umschlug.«

Steckbrief Matern Feuerbacher

- Geb. 1483 oder 1484 (ein Dokument vom 22. März 1539 beziffert sein Alter auf 55 Jahre).
- Gest. irgendwann zwischen 1539 und 1567.

Stand und Familie: Bürger der Stadt Bottwar (heute Großbottwar) mit eigenem Hof und Wirtshaus. Verheiratet, mit Kindern. Name und Alter der Ehefrau sind ebenso unbekannt wie Namen, Alter und Zahl der Kinder. Ein Bruder namens Bernhard, der als Prokurator (Anwalt) arbeitet, ist sein Verteidiger im Prozess von 1527. Der Bürgermeister von Bottwar, Konrad Hardi, zählt zu seinen Verwandten.

Wirken: Feuerbacher führt als gewählter Hauptmann im April und Mai 1525 das Württemberger Rebellenheer an, das auf dem Höhepunkt 12 000 Mann umfasst. Es bemächtigt sich bedeutender Teile des Herzogtums inklusive der Hauptstadt Stuttgart. Feuerbacher unterbindet Plünderungen, bemüht sich um Gerechtigkeit für alle Seiten und leistet effektiv die Regierungsarbeit. Der Historiker Hans-Martin Maurer nennt ihn daher den »ersten aus Wahlen hervorgegangenen Regenten Württembergs«.

Merkmale: Seine äußere Erscheinung kennen wir nicht. Feuerbacher ist ausgleichend, mitfühlend und konservativ. Ein Motto von ihm lautet: »Wer reich ist, der muss reich bleiben, und wer arm ist, der muss arm bleiben.« Bei seinen Mitbürgern genießt er hohes Ansehen, bei den radikalen Rebellen nicht. Heute ist die Realschule in Großbottwar nach ihm benannt.

3. Feuerbacher: Ein Wirt regiert Württemberg (April/Mai 1525)

Schon nach drei Tagen im Amt wird Feuerbacher das erste Mal gefeuert. Am Morgen des 20. April 1525 stoppt sein Wunnensteiner Haufen den eben begonnenen Zug am Neckar entlang, versammelt sich auf offenem Feld, wählt Matern Feuerbacher ab und kürt einen neuen Hauptmann. Denn der Bottwarer Wirt war vielen im Heer zu weich, erklärt später ein Zeuge.

Doch die Aufständischen merken verblüffend schnell, was sie an ihrem alten Hauptmann hatten. Als das Rebellenheer am selben Morgen in der Stadt Lauffen am Neckar ankommt, schreitet es erneut zur Wahl – und setzt Feuerbacher wieder ein. Der zwischenzeitliche Wenige-Stunden-Hauptmann, dessen Name nicht überliefert ist, gibt ihm daraufhin »die Ehre in die Hand«, so eine weitere Zeugenaussage. Es wird nicht das einzige Mal bleiben, dass der oberste Anführer kurzerhand abgewählt wird. In dem Heer herrscht radikale Demokratie.

Die Stadt Lauffen leistet keinen Widerstand. Der Wunnensteiner Haufen besetzt sie und füllt den Proviant auf. Feuerbacher ordnet an, dass seine Männer die Nahrungsmittel zuerst bei den Priestern und Klöstern holen, dann bei der Herrschaft. Die Bürger bleiben unbehelligt.

Der Zustrom zu dem Rebellenhaufen hält weiter an. Der Amtmann (oberste Beamte) des nahen Ortes Mundelsheim beklagt in einem Brief an Feuerbacher gar, dass sein ganzes Dorf nun verödet sei. Man habe dem Haufen 50 Mann zugesandt, aber noch mehr Ortsbewohner seien diesem ungefragt zugelaufen. Der Hauptmann möge doch bitte einen Teil wieder heimschicken.

Auch berühmt-berüchtigter Neuzugang stellt sich ein: Jäcklein Rohrbach, der vier Tage zuvor die Bluttat von Weinsberg organisierte, schließt sich mit etwa 200 Mann dem Wunnensteiner Haufen an. Vermutlich verließ Rohrbach den Neckartal-Odenwälder Haufen wegen Spannungen mit den gemäßigten Rebellenführern, die er nicht informiert hatte, als die gefangenen Adligen durch die Spieße gejagt wurden. Wie Feuerbacher auf den Neuankömmling reagiert, der die radikalen Kräfte in seinem Haufen stärkt, ist nicht bekannt. Zunächst ändert sich nicht viel: Der Bottwarer Wirt bleibt oberster Hauptmann, Rohrbach mit seiner relativ kleinen Schar ordnet sich ihm als einfacher Hauptmann unter.

Tags darauf, am Freitag, den 21. April, zieht das Rebellenheer südwärts den Neckar entlang. Alle Ortschaften entlang der Route schließen sich widerstandslos an. Am 22. April vereinigt sich der Wunnensteiner Haufen mit einem weiteren großen Rebellenheer: dem Zabergäuhaufen, der sich weiter nordwestlich geformt hat und angeführt wird von Hans Wunderer. Dieser ist bis zum Bauernkrieg ein begehrter Baumeister: Wunderers Meisterzeichen prangt heute noch an vielen Kirchen der Region; am Gotteshaus in Pfaffenhofen im Landkreis Heilbronn findet sich sogar eine Inschrift mit seinem Namen.

Die andere Seite von Hans Wunderer ist sein offenbar jähzorniges bis gewalttätiges Temperament. Im Jahr zuvor kam er gleich zweimal vor Gericht: das erste Mal im April 1524, weil er »die Diener der Obrigkeit geschmäht« und »Gott gelästert« hatte. Wunderer versprach Besserung und musste eine Bürgschaft von 200 Gulden hinterlegen. Doch bald darauf schlug er einen Krämer tot und flüchtete. Im Juli 1524 entschied das Gericht: Der Täter »wird nach Entschädigung der Verwandtschaft des Getöteten und nach Verhängung einer Strafe wieder ins Land gelassen«, so das nachsichtige Urteil,

»und er verspricht, sich künftig friedfertig zu verhalten, nachts keine Zeche zu besuchen und gegen niemand gewalttätig zu werden«.

Das Versprechen hielt keine acht Monate. In der Osternacht des 16. April 1525 stürmten Wunderer und sein Zabergäuhaufen das befestige Schloss des Deutschen Ordens auf dem Stocksberg. Die Rebellen erbeuteten unter anderem 21 Büchsen und drei Kanonen. Dann brannten sie die Burg so gründlich nieder, dass die mächtige Anlage erst 49 Jahre später wieder aufgebaut sein wird. Drei Tage danach plünderten Teile des Haufens das Nonnenkloster Rechentshofen und brannten es teilweise nieder. Die Äbtissin forderte in einem Brief an Wunderer, dass seine Männer endlich die »armen Weibsbilder« in Ruhe lassen.

Es ist daher nicht überraschend, dass es Feuerbacher nach der Vereinigung mit Wunderers Zabergäuhaufen nicht mehr gelingt, Plünderungen ganz zu unterbinden. Der sonst so sanftmütige Hauptmann reagiert zunehmend harsch. Als ein Bauer beim Diebstahl erwischt wird, fährt Feuerbacher den Ertappten an, er müsse gleich durch die Spieße hindurch. Solche Gesellen wie er zeigten sich nur dann als rechte Kriegsleute, wenn es darum gehe zu plündern. Aber, so schließt Feuerbacher seine Tirade, »wer reich ist, der muss reich bleiben, und wer arm ist, der muss arm bleiben«. Sie seien um des Evangeliums, der Ehrbarkeit und der Gerechtigkeit willen da – und nicht, um sich zu bereichern. Das gelte auch für ihn selbst: Wenn er nur einen Pfennig oder Heller unrechten Gutes habe, so wolle er nimmer in Gottes Reich kommen.

Diese hehre Moral dürfte vielen Mitstreitern zu weit gehen. Den obersten Hauptmann abzusetzen scheiterte aber bereits einmal. Und so bietet sich durch den Zusammenschluss mit dem Zabergäuhaufen eine elegante Lösung an: Der konservative, friedfertige Feuerbacher und der radikalere, gewaltaffine Wunderer bilden fortan eine gleichberechtigte Doppelspitze.

Beide sind beruflich erfolgreiche Bürger – schon daraus ist

ersichtlich, dass der gängige Terminus »Bauernkrieg« für die Ereignisse 1524/25 nicht ganz zutreffend sein kann. Der Begriff stammt auch nicht von den Rebellen selbst, sondern von klösterlichen Chronisten sowie geistlichen und adligen Herren. Er ist also im Grunde eine Fremdbezeichnung und dient unter anderem dazu, den Volksaufstand zu diskreditieren. Für den Forscher Peter Blickle stellt sich daher die Frage, »ob die Bezeichnung Bauernkrieg nicht einen Sachverhalt verschleiert und entstellt, der mit *Bürgerkrieg* besser wiedergegeben wäre«.

Den ersten Rebellen aus Bottwar muss es vorgekommen sein, als rollten sie wie eine Lawine über das Land, die alles mitreißt: Am 16. April waren sie 200 Mann, am 19. April 2000 bis 3000 Mann, und nun, am 22. April, umfasst ihr vereinter Haufen 8000 Mann. Dieser gibt sich einen neuen Namen: der Helle Christliche Haufen, bisweilen auch der Christliche Helle Haufen, der Helle Haufen oder der Württembergische Haufen genannt – mit der Bezeichnung nimmt man es nicht so genau.

Das Rebellenheer biegt vom Fluss Neckar ab, zieht den Nebenfluss Enz entlang und übernachtet in der Stadt Bietigheim. Diese liegt nur 20 Kilometer von der Hauptstadt Stuttgart entfernt.

Die dortige Landesregierung, die im Auftrag der Habsburger das Herzogtum Württemberg verwaltet, hat sich bereits fünf Tage zuvor abgesetzt. Die hohen Herren flohen vor den Aufständischen in das 30 Kilometer entfernte Tübingen, trotz flehentlicher Bitten der Stuttgarter Bürgerschaft, dass sie doch bleiben mögen. Auch der Vogt und Bürgermeister sowie Teile des Gerichts und Rats von Stuttgart ließen ihre Stadt im Stich und suchten das Heil in der Flucht. Die zurückgebliebenen Stuttgarter wählten einen neuen Bürgermeister und einen 27-kopfigen Ausschuss, um die Stadt durch die aufgewühlte Zeit zu navigieren. Zwei Ausschussmitglieder werden eine prominente Rolle spielen: Matthias Angerer, der von Beruf Gerber ist und deshalb Theus Gerber genannt wird, sowie der

Maler Jörg Ratgeb. Dessen Werke sind bis heute zu sehen: in Kirchen und in der Staatsgalerie Stuttgart, einem der bedeutendsten Kunstmuseen Deutschlands.

Gerber und Ratgeb gehören auch zu einer siebenköpfigen Delegation, die sich im Auftrag der Stadt zum Lager des Hellen Christlichen Haufens in Bietigheim begibt. Die Stuttgarter Gesandten beginnen die Verhandlungen, indem sie nach dem Grund des Aufstands fragen. Matern Feuerbacher antwortet zusammengefasst: »Wir wollen das Land vor fremden Nationen schützen« – das heißt vor Nicht-Württembergern – und »eine christliche Reformation durchführen. Aber unserer Kaiserlichen Majestät, der alleine der rechtmäßige Herr ist, wollen wir nicht zuwiderhandeln.«

Wenn die Worte Feuerbachers richtig überliefert sind, erkennt der Helle Christliche Haufen nur noch den Kaiser als gleichsam gottgegebenen Herrscher an. Damit vollziehen die Württemberger Aufständischen den Schritt von der Rebellion hin zur Revolution: Sie begehren nicht nur gegen überhöhte Belastungen auf, sondern wollen das Gesellschaftssystem ändern, nicht nur die Symptome lindern, sondern die Ursache kurieren.

Die Anführer des Haufens entwerfen sogar eine demokratische Verfassung mit Gewaltenteilung, die für das Herzogtum Württemberg künftig gelten soll, wie aus einem undatierten Schriftstück hervorgeht. Demnach soll der Herzog als Landesoberhaupt mit einem zwölfköpfigen Gremium regieren, das zu gleichen Teilen aus Bauern, Bürgern und Adligen besteht. Der Herzog selbst hat in diesem Gremium zwei Stimmen, aber er muss die Mehrheitsbeschlüsse umsetzen. Neben diese Exekutive tritt – wie im heutigen Deutschland – das Parlament als Legislative: Der Württemberger Landtag hat die Gesetzgebungskompetenz, seine Mitglieder werden von den Bauern und Bürgern gewählt. »Der Herzog wäre«, folgert Blickle, »eine Art Präsident einer bäuerlich-bürgerlich geprägten Gesellschaft geworden.«

Ob Feuerbacher mit den Stuttgarter Gesandten über solch tiefgreifende Fragen spricht, ist nicht bekannt. Überliefert ist, dass er und seine Mitstreiter fordern, die Hauptstadt solle sich mit dem Hellen Christlichen Haufen verbünden. Man wolle die Stuttgarter wie Brüder aufnehmen, aber wenn sie sich weigern, werde man ihnen die Weingärten aushauen und die Felder beschädigen. Mit dieser Drohung im Gepäck kehren die Gesandten nach Stuttgart zurück, und die Stadtoberen wenden sich hilfesuchend an die geflüchtete Landesregierung in Tübingen. Die weiß auch keinen Rat.

Derweil führen Feuerbacher und Wunderer ihren Hellen Christlichen Haufen einen Tagesmarsch westwärts zur Stadt Vaihingen an der Enz, wo weitere Verstärkung hinzukommt. Aus der 35 Kilometer entfernten Stadt Backnang etwa trifft ein Wehrpflichtigen-Aufgebot ein, das eigentlich der Landesregierung in Tübingen zu Hilfe kommen sollte. Doch die Rebellen überzeugten die Backnanger Stadtoberen durch Drohungen, besser ihnen die Truppe zur Verfügung zu stellen als der Gegenseite – was Bände darüber spricht, wie die aktuellen Machtverhältnisse im Land sind.

Der Vogt von Backnang, eigentlich der Vertreter der Herrschenden, führt persönlich das Wehrpflichtigen-Aufgebot an. Feuerbacher empfängt ihn auf seinem Pferd: »Vogt von Backnang, wieso so langsam?«, ruft er dem Ankommenden zu. Dieser entschuldigt sich und fragt, was er nun tun solle, damit sein Hof nicht verbrannt wird, wie man ihm angedroht habe. Feuerbacher tröstet den Mann: Er werde das verhindern, der Vogt solle ruhig heimreiten. Die gewünschten Schutzbriefe gibt er ihm mit. Allerdings dauert es ein paar Tage, bis diese ausgestellt sind, da die Schreiber des Hellen Christlichen Haufens so viel zu tun haben.

Unter Feuerbacher arbeitet inzwischen eine komplette Kanzlei, die mit dem Hauptmann durchs Land zieht, den Schriftverkehr führt und die Abrechnungen erstellt. Die Unterlagen werden sorgfältig in Truhen aufbewahrt, fallen später dem

Truchsess in die Hände und sind bis heute erhalten. Für die Forschung sind diese Schriftstücke ein Schatz, da hier die Aufständischen selbst das Geschehen dokumentieren. In fast allen anderen Quellen schreiben die Sieger die Geschichte: in den erhaltenen Tagebüchern, den offiziellen Chroniken und den Gerichtsprotokollen, bei denen die verhörten Zeugen natürlich dazu neigen, das zu sagen, was die Machthaber hören wollen. Die Akten der Kanzlei des Hellen Christlichen Haufens bilden hier ein wichtiges Korrektiv. Unter anderem widerlegen sie die lange vorherrschende Darstellung, es habe sich bei den Bauernhaufen um primitive, ungeordnete Massen gehandelt, um »mörderische und räuberische Rotten«, wie Luther 1525 wirkungsvoll insinuiert. Das genaue Gegenteil ist der Fall: Zwei Verzeichnisse über Einnahmen und Ausgaben etwa belegen, »wie korrekt, fast pedantisch es zuging«, so der Historiker Hans-Martin Maurer. Die Abrechnungen wurden bis auf den letzten Kreuzer – 60 Kreuzer sind ein Gulden – »buchhalterisch genau aufgeschlüsselt und zur Deckung gebracht«.

Feuerbacher bemüht sich weiterhin mit allen Kräften, Recht und Ordnung im Land aufrechtzuerhalten. Plünderungen bleiben verboten. Das notwendige Geld für das Rebellenheer sollen stattdessen der Adel und vor allem die Geistlichkeit bereitstellen, und zwar nach einem geordneten Verfahren: Sogenannte Pfaffenschätzer gehen zu den Klöstern und Pfarrern und legen je nach Wirtschaftskraft fest, wie viel diese abtreten müssen. Die Summen sind beträchtlich. Sie werden Hilf- und Schutzgeld genannt – schon damals verwendet man Euphemismen für Erpresstes.

Um die Verpflegung zu sichern, gibt Feuerbacher den Befehl, die Lebensmittelspeicher instand zu halten, nichts ohne seine Genehmigung von dort zu entnehmen, alle Lieferungen zu bezahlen und genau darüber Rechnung zu führen. Zudem lässt er Drei-Mann-Gruppen aussenden, die überall die Vorräte inventarisieren sollen. Auch persönlich achtet er weiterhin streng darauf, korrekt zu handeln und seine Macht keinesfalls finanziell auszunutzen. Im Gegenteil: Am 24. April schreibt er in seine Heimatstadt Bottwar, dass sein daheim gebliebenes Pferd verkauft werden soll – sodass er nur noch das eine besitzt, auf dem er gerade reitet. Von den zehn bis zwölf Gulden Erlös soll ein Bauer angeheuert werden, der während Feuerbachers Abwesenheit seine Äcker und Weinberge bestellt.

Am Morgen des nächsten Tages kommt wieder eine Gesandtschaft aus Stuttgart und erklärt: Die Bürgerschaft wolle ja der Aufforderung nachkommen, sich dem Hellen Christlichen Haufen anzuschließen. Aber sie müsse erst eine Versammlung abhalten, wolle auch der Württemberger Regierung treu bleiben, lieber keine Truppenkontingente stellen, habe nur ungenügende Lebensmittelvorräte ... All diese Ausreden sind vergebens, die Aufständischen lassen sich auf keine Verhandlungen mehr ein. Angeblich hat ihnen der Gesandte Jörg Ratgeb verraten, dass die Stuttgarter nur bedingt abwehrbereit sind und die Stadtoberen auf Zeit spielen wollen – so lautet jedenfalls nach dem Bauernkrieg einer der Anklagepunkte gegen den Künstler. Das Rebellenheer marschiert geradewegs auf Stuttgart zu und kommt noch am selben Tag an: am Abend des 25. April.

Eine Konzession haben Feuerbacher und seine Leute den Stuttgarter Gesandten gemacht: Es soll keine Einquartierungen in den Häusern geben. Nur die Hauptleute, also die obersten Anführer, werden die Hauptstadt betreten. Alle anderen kampieren auf freiem Feld. Im Gegenzug karren die Stadtbewohner Brot, Fleisch und Wein zum Lager des Haufens.

Doch der Himmel durchkreuzt dieses Arrangement. Plötzlich bricht ein Gewitter aus, mit heftigem Hagel und Regenschauern, und die völlig durchnässten Aufständischen laufen in Massen auf die Stadt zu, um unter festen Dächern Unterschlupf zu finden. Aus Stuttgart kommen ihnen Jörg Ratgeb und ein weiterer Gesandter entgegen. Die beiden erinnern die Rebellenführer an die Vereinbarung, aber diese antworten mit dem Sprichwort »Not bricht Eisen«, das dem heutigen »Not kennt kein Gebot« entspricht. Den Gesandten bleibt nichts anderes übrig, als umzukehren, verfolgt vom Hohngelächter der vorwärtsdrängenden Menge.

Erste Aufständische gelangen durch eine kleine, offen stehende Tür neben dem sogenannten Siechentor in die Stadt. Einzelne Bürger eilen den Eindringlingen mit Waffen entgegen, darunter der Weintransporteur Hans Zinck, der die Tür wieder zuschlagen will. Doch ein hoher Stuttgarter packt ihn am Arm und schreit: »Geh hin in Teufels Namen! Willst du ein Unglück anrichten?« Worauf Zinck ruft, ob denn keiner dem Wolf einen Spieß in den Leib stoße.

Sein kämpferischer Appell verhallt ohne Resonanz. Kurz darauf haben andere das große Siechentor geöffnet, und die Aufständischen ziehen friedlich in die Hauptstadt ein. Aufsehen unter den Bürgern erregen Jäcklein Rohrbach und seine Männer, die in Weinsberg die Adligen durch die Spieße gejagt haben: Einer trägt den grünen Hut des getöteten Grafen Helfenstein und reitet auf dessen Pferd, ein anderer schwenkt das Banner des Grafen.

Die Tausenden Aufständischen verteilen sich in der Stadt, die geschätzt nur um die 7000 Einwohner hat. Und so müssen schon mal 20 Mann in einem einzigen Haus Quartier nehmen. Offenbar verhalten sich die Rebellen diszipliniert, von Übergriffen gegenüber der Bevölkerung ist nichts bekannt. Einzig im Vorratskeller eines Klosters werden ein paar Weinfässer mit Spießen aufgestochen. Selbst diesen Mini-Vandalismus unterbinden die Profosen (Polizeikräfte) des Hellen Christlichen Haufens bald und vertreiben die betrunkenen Plünderer.

Feuerbacher, Wunderer und die anderen Hauptleute treffen sich im Rathaus mit den verbliebenen Mitgliedern des Rats, Gerichts und Ausschusses der Stadt. Dort zeigen sich die Rebellenführer konziliant und fordern lediglich, dass Stuttgart ein Fähnlein stellt, also eine Truppeneinheit von wenigen Hundert Mann. Zunächst will die Bürgerschaft nur 60 Mann aufbieten, erhöht dann aber auf 300. Zum Hauptmann der

Truppe wählt sie Theus Gerber, der als früherer Leibgardist des abgesetzten Herzogs Ulrich über militärische Erfahrung verfügt. Der Handwerker hat bereits als Gesandter der Stadt mit den Rebellen verhandelt. Doch jetzt sträubt er sich und nennt zwei Gründe, warum er das militärische Amt nicht annehmen will: Erstens habe er neun Kinder, die zu Bettlern würden, wenn ihm etwas zustößt. Daraufhin bieten ihm die Stadtoberen 20 Gulden Monatslohn und versprechen, für seine Frau und Kinder zu sorgen. Als Zweites wirft Gerber ein, er würde so oder so bloß Schwierigkeiten bekommen: Wenn es gut ausgeht, haben es die Stuttgarter getan, wenn es übel ausgeht, hat er es getan. Darauf erhält er zur Antwort, er solle nur redlich handeln, dann werde man sich für ihn einsetzen, falls die alte Regierung wieder die Herrschaft übernimmt.

Schließlich erklärt sich Gerber bereit – unter der Bedingung, dass ihm sogenannte Kriegsräte zur Seite gestellt werden, die vor Ort die Entscheidungen treffen, sodass er später nicht als alleiniger Sündenbock dienen kann. Die Bürgerschaft stimmt zu und wählt sechs Kriegsräte, darunter Jörg Ratgeb. Dieser zieht daraufhin mit dem Hellen Christlichen Haufen mit und beeindruckt die Rebellen so sehr, dass er rasch zum Kanzler aufsteigt, das heißt zum Leiter von Feuerbachers Kanzlei. Nach dem Bauernkrieg gerät Ratgeb dadurch ins Visier der Regierung: Der herausragende Künstler wird wegen Hochverrats angeklagt und 1526 grausam durch Vierteilen hingerichtet.

Für die Württemberger Regierung sind es traumatische Tage. Sie ist weitgehend machtlos, kontrolliert neben Tübingen nur noch wenige Städte. Fast das gesamte Herzogtum befindet sich in der Hand der Rebellenheere.

Feuerbacher regiert nun faktisch das Land, zusammen mit Wunderer, weiteren gewählten Hauptleuten sowie einem Ausschuss, dem zeitweise 30 Bürgermeister angehören. »Er stellt Schutzbriefe, Anweisungen und Mandate aus und nimmt damit die Funktion des Landesherrn wahr. Als solcher wird er auch von den meisten anerkannt«, resümiert die Historikerin Claudia Ulbrich. Seine Regierungszentrale ist die Kanzlei, in der zahlreiche Schreiber die Kommunikation mit anderen Bauernhaufen, Städten und auch Landesregierungen aufrechterhalten sowie Verordnungen zu Papier bringen.

In den erhaltenen Dokumenten der Kanzlei findet sich beispielsweise ein Aufruf an die Städte, der in vierfacher Ausfertigung vorliegt, also offensichtlich ein Rundschreiben darstellt. Es ist datiert auf den 27. April 1525, als Absender firmieren: »Matern Feuerbacher und Hans Wunderer, Oberste, samt allen anderen Hauptleuten des Christlichen Hellen Haufens, jetzt zu Stuttgart im Lager«. Auf die Anrede »Unser ganz freundlicher, williger Dienst, Liebe und Freunde« und einige religiöse Floskeln folgt die Aufforderung, dass sich »Stadt, Amt und ganze Gemeinde von Stunde an in und zu unserem christlichen Verständnis, Bruderschaft, Schutz und Schirm ergeben«, also sich dem Aufstand anschließen. »Wir wollen euch freundliche, christliche und brüderliche Liebe beweisen«, lockt das Schreiben – und droht unmittelbar darauf: »Wenn ihr euch aber widersetzt, werdet ihr uns Ursache geben, mit dem Hellen Christlichen Haufen und der Hilfe Gottes euch zu zwingen und mit solchem Ernst zu handeln, dass ihr und die ganze Gemeinde Schaden und Unheil leiden müsst. Davor haben wir euch hier mit guter, getreuer Mahnung gewarnt.«

»Und bist du nicht willig, so brauch ich Gewalt«, wie später Goethe im »Erlkönig« dichtet – so lässt sich die Argumentation zusammenfassen, die sich inzwischen bewährt hat, um Menschen und Städte zum Anschluss zu bewegen. Laut Zeugenaussagen tragen die Schreiben sogar ein eigenes Siegel, das einen Bauern zeigt, was auf manche großen Eindruck macht. Doch diesmal bleibt der gewohnte Erfolg aus: Die meisten angeschriebenen Orte versuchen, einen Aufschub zu erlangen, mit einer Vielzahl an Ausreden von der Feldarbeit bis zur Rücksprache mit den Herrschaften. Der Rebellenführer Jäcklein Rohrbach verlässt bald darauf den Hellen Christlichen

Haufen, begibt sich in das 37 Kilometer entfernte Maulbronn und versucht, dort Verstärkung zu organisieren – wohl in dem Wissen, dass kein Brief so effektiv ist wie die persönliche Aufforderung.

Insgesamt scheint sich unter den Rebellen eine gewisse Ratlosigkeit breitzumachen. Man hat die Landeshauptstadt eingenommen, aber was nun? Wunderer hofft auf eine Rückkehr des vertriebenen Herzogs Ulrich, Feuerbacher auf einen Ausgleich mit den aktuellen Habsburger Herrschern. Doch weder kommt der Herzog aus seinem Unterschlupf nahe der Schweiz, noch zeigt die jetzige Regierung ein Entgegenkommen. Mit Tausenden Männern im überfüllten Stuttgart zu verharren ist auch keine dauerhafte Lösung. Und so setzt sich der Helle Christliche Haufen nach zwei Tagen Aufenthalt in der Stadt am Abend des 27. April wieder in Bewegung.

Zunächst zieht Feuerbachers Heer einem anderen Bauernhaufen entgegen. Dieser kommt von der Stadt Gaildorf, die sich heute im Nordosten von Baden-Württemberg befindet, damals aber noch außerhalb des Herzogtums Württemberg liegt. Der Gaildorfer Haufen zählt also aus Feuerbachers Sicht zu den fremden Nationen, die in sein Land eindringen – und das mit Gewalt: Am Tag zuvor, dem 26. April, zündeten die Gaildorfer in Württemberg das Kloster Lorch an und erschlugen den Abt. Am 27. April plünderten sie das Kloster Adelberg, das 30 Kilometer östlich von Stuttgart liegt.

Die nahe Stadt Schorndorf ruft daraufhin die einzige Ordnungsmacht im Land zu Hilfe: Am 28. April schreiben sie an Feuerbacher, er möge mit dem Hellen Christlichen Haufen eilends herbeikommen. Der oberste Hauptmann lässt sich das nicht zweimal sagen, bringt auf dem Weg alle Orte auf seine Seite, marschiert am 29. April in Schorndorf ein und zieht noch am selben Tag weiter Richtung Süden. Den Gaildorfer Haufen weist Feuerbacher mit den Worten zurück, »sie, die Württemberger, können ihre Klöster und Kästen [Vorratsspeicher] selbst fegen«. Er vereinbart mit den Gaildorfern noch diplomatisch, sich im Notfall gegenseitig zu unterstützen, worauf diese den Rückzug aus Württemberg antreten. Einen Teil ihrer geraubten Kühe müssen sie sich abnehmen lassen: Feuerbachers Leute treiben das Vieh fort und führen es dem eigenen Haufen zu.

Die Gaildorfer indes verschwinden nicht still aus dem Land, sondern mit einem Knall: Am 29. April greifen 300 Mann ihres Haufens die alte Kaiserburg Hohenstaufen an, die im Osten Württembergs mit ihren mächtigen Türmen und Mauern auf einem freistehenden Bergkegel thront. Die angeblich 32 Verteidiger unter dem Ritter Reuß, auch Reiß genannt, feuern erst ihre Geschütze ab und fliehen dann im Nebel des Pulverdampfs. »Reiß nahm den Reißaus«, spottet der Volksmund danach. Die Gaildorfer plündern die Kaiserburg und zünden sie an – bis heute wird sie eine Ruine bleiben. »Die Eroberung der baufälligen, aber für stark gehaltenen Burg machte ungeheures Aufsehen«, erzählt Biograf Bossert. »Es schien, als müsse den Bauern alles gelingen.«

Dennoch ziehen düstere Wolken über den Aufständischen auf. Feuerbacher erreicht ein Alarmbrief, den Allgäuer Rebellen am 29. April abgeschickt haben mit der Frage, »ob ihr uns aus brüderlicher Liebe zu Hilfe kommt oder wir euch zu Hilfe kommen sollen«. Denn, so warnen die Allgäuer, »Herr Jörg Truchsess ist mit einer Macht empor und liegt zu Weingarten mit ungefähr 12 000 Mann zu Ross und zu Fuß. Doch wir haben kein Wissen, ob er über uns oder über euch herziehen will.« Die Information ist weitgehend zutreffend: Tatsächlich schloss der Truchsess eine Woche zuvor, am 22. April, den Vertrag zu Weingarten. Wenige Tage darauf erhielt er vom Schwäbischen Bund den Befehl, mit seinem 8000-Mann-Heer nordwärts in das Herzogtum Württemberg zu marschieren.

Was Feuerbacher auf den Alarmbrief antwortet, ist nicht überliefert. Aber aus seinem Schriftverkehr schließen Historiker, dass er und seine Leute von einer zunehmenden Unruhe ergriffen werden.

Der Helle Christliche Haufen verfügt inzwischen über 13 Kanonen, die von je zwei Pferden gezogen werden. Am 30. April marschiert das Rebellenheer zwischen Stuttgart und Ulm durch die Stadt Kirchheim unter Teck. Dort lassen die Anführer einen Delinquenten mit dem Schwert köpfen und bezahlen den Scharfrichter dafür, wie aus den Abrechnungen der Kanzlei hervorgeht. Mehr ist über diesen Vorgang nicht bekannt. Es ist die einzige nachweisbare Hinrichtung, für die Feuerbacher als Hauptmann eine Mitverantwortung trägt.

Der Zwischenstopp Kirchheim hat den ungewöhnlichen Namenszusatz »unter Teck« von der Burg Teck, die in Sichtweite auf dem Gipfel des Teckbergs thront, der einen beeindruckenden Rundblick über das Land gewährt. »Mit ihren herrlichen Türmen und Toren, Zinnen, Mauern und Gebäuden erhob sich in einem länglichen Viereck die Teck«, schwärmt Bauernkriegsforscher Wilhelm Zimmermann im 19. Jahrhundert, »auf dem breiten Gipfel des Teckberges, dessen ringsum grüner Mantel, aus Weinbergen, Wald und Heide gewoben, hinab wallte in das gerade eben in volle Blüte ausgebrochene, durch seine Schönheit berühmte Tal.«

Noch am 30. April erobern die Aufständischen auch diese Burg, die zwar ein überragendes Symbol der Region, aber offenbar schwach besetzt ist. Feuerbacher will das Bauwerk wie gewohnt schonen und ordnet an, nur die drei Kanonen der Teck herunterzuschaffen. Doch Co-Hauptmann Hans Wunderer und seine radikalen Anhänger haben anderes im Sinn, angeblich weil die ortsansässigen Bauern über die Frondienste für die Burg klagen. »Sie waren es satt, auf den steilen Berg, den schlechten, wohl eine Stunde langen Weg, wie Lasttiere auf eigenem Rücken oder mit ihrem armen Vieh die Lieferungen hinauf zu schleppen«, erzählt Zimmermann. Zwischen den beiden obersten Hauptmännern entspinnt sich ein heftiger Streit um die Teck, der damit endet, dass Wunderer am 3. Mai Tatsachen schafft: Ohne das Wissen Feuerbachers schickt er in aller Frühe eine Handvoll Männer los, die Burg anzuzünden, »und bald verkündeten Rauch- und Feuersäulen Feuerbacher und der Umgegend, wie sehr seine Befehle von seinem Mithauptmann geachtet wurden«, schließt Zimmermann.

Von der gewaltigen Anlage wird nur eine verkohlte Ruine übrig bleiben: Die Burg mit allen Gebäuden brennt an dem Tag lichterloh, und die Bergspitze verwandelt sich in eine überdimensionierte Fackel – ein unübersehbares Fanal und zugleich Höhepunkt des Aufstands in der Region.

In einem riesigen Raum übernimmt das Volk in diesen Tagen die Herrschaft. Das Aufstandsgebiet reicht bald von Südtirol im heutigen Italien über Österreich quer durch fast ganz Südwestdeutschland – vom heute bayerischen Schwaben über Württemberg bis nach Baden –, es erfasst links des Rheins Teile der Schweiz, des Elsass im heutigen Frankreich und von Rheinland-Pfalz, und es erstreckt sich in und um Mitteldeutschland von Südhessen über Franken und fast ganz Thüringen bis nach Sachsen und ins jetzige Sachsen-Anhalt.

Oder anders ausgedrückt: Vom Aufstand erfasst sind in etwa ganz Süddeutschland plus Thüringen, das Elsass, die Nordschweiz, Salzburg, Tirol und Südtirol – nur das Herzogtum Bayern ist nicht dabei, das ungefähr den heutigen Bezirken Ober- und Niederbayern entspricht. »Bayern lag gleich einer Insel im Meer des Aufruhrs, als ein Hort der Ruhe und damit Reaktion«, schildert Günther Franz die Situation. Den Grund sieht der führende Bauernkriegsforscher des 20. Jahrhunderts darin, dass Bayern als einziges süddeutsches Land eine starke Zentralmacht besaß. »Hier hatten die Herzöge den Adel unter ihre Botmäßigkeit gezwungen. Der Bauer war daher nicht der Willkür irgendeines kleinen Herren oder Prälaten ausgeliefert«, meint Franz. »Das straffe Regiment der Herzöge hatte auch das Eindringen des Luthertums fast völlig zu verhindern gewusst. Die Untertanen standen fest im alten Glauben.«

Jüngere Forscher nennen noch einen anderen Grund: die unterschiedliche Reaktion der Herrscher auf die Landflucht, die im Spätmittelalter Ausmaße annahm, wie es sie erst wieder im Zeitalter der Industrialisierung geben sollte – ganze Dörfer verwandelten sich damals in Geisterorte. Eine der Ursachen war die sogenannte spätmittelalterliche Agrarkrise, die gekennzeichnet war von stark fallenden Getreidepreisen, nachdem die Pest die Bevölkerung und damit die Nachfrage drastisch reduziert hatte. Der Preiseinbruch ruinierte den niederen Adel und die Bauern gleichermaßen, und die Adligen versuchten verzweifelt, ihre Bauern auf der Scholle zu halten.

Um dieses Ziel zu erreichen, verschärften die Herren im deutschen Südwesten vielfach die Leibeigenschaft: Sie ließen ihren Untertanen noch weniger Freiheit und drohten hohe Strafen für den Fall des Wegzugs an. In Bayern und Österreich gingen die Herrschaften den entgegengesetzten Weg: Sie verbesserten die Bedingungen für die Bauern, räumten ihnen mehr Besitzrechte ein und weichten die Leibeigenschaft so weit auf, dass diese nur noch rudimentär vorhanden war. Das führte dazu, dass die Bauern dort im Großen und Ganzen mit ihren Landesherren zufrieden waren. Kurz gesagt: Um die Untertanen zum Bleiben zu bewegen, wählte man im Südosten das Zuckerbrot und im Südwesten die Peitsche. Ersteres zeigte den gewünschten Erfolg, Letzteres nicht. »Jedenfalls erweist sich der deutsche Südwesten als der Raum mit den meisten spätmittelalterlichen Aufständen«, betont der Forscher Peter Blickle. Wilhelm Zimmermann kommentiert: »An den Ketten schärft sich die Liebe zur Freiheit.«

Dazu passt auch ein Vergleich mit dem Norden Deutschlands. Dort hatten die Bauern generell eine freiere Stellung als im Süden, was für Günther Franz die Erklärung dafür ist, dass die revolutionäre Bewegung nicht über Süd- und Mitteldeutschland hinauskommt.

Dafür erreicht sie in ihrem Kerngebiet ein umso stärkeres Momentum. Der größte Prestigeerfolg gelingt dem Neckartal-Odenwälder Haufen, der bereits Weinsberg und Heilbronn eingenommen hat: Am 7. Mai kapituliert das Erzbistum

Mainz und muss dem Rebellenheer 15 000 Gulden Kriegsentschädigung zahlen. Zudem schwört die Mainzer Gesandtschaft auf eine modifizierte Fassung der Zwölf Artikel – im Namen ihres Erzbischofs, der nicht irgendein Landesherr ist, sondern einer der sieben Kurfürsten, also der herausgehobenen Fürsten, die den deutschen Kaiser wählen. Und mehr noch: Unter den sieben Kurfürsten gilt der Mainzer Erzbischof als der ranghöchste; er ist der Reichserzkanzler und leitet die Kaiserwahl. »Das an Rang und Würde vornehmste Kurfürstentum des Heiligen Römischen Reiches Deutscher Nation wurde gezwungen, dem Bündnis der Bauern beizutreten«, resümiert Blickle. Der 7. Mai 1525 bilde damit einen Höhepunkt der Revolution.

Wendel Hipler, einer der Führer des Neckartal-Odenwälder Haufens, und seine engsten Mitstreiter denken noch weiter. Sie entwerfen eine neue Verfassung für das gesamte deutsche Reich, die unter anderem beinhaltet: eine einheitliche Währung, gleiche Maße und Gewichte, Zollfreiheit, Trennung von Kirche und Staat, allgemeine Gleichheit vor dem Gesetz, ein verbindlicher Rechtsweg mit festgelegten Berufungsinstanzen; über allen thront nur der Kaiser. »Wahrlich Ideen, großartig und originell, praktisch und gemeinnützig«, schwärmt Zimmermann 1843, als die deutsche Einheit immer noch Zukunftsvision ist. »Kaiser, Fürsten, Ritter und Städte hatten wohl diesen und jenen Punkt auf Reichstagen in Anregung gebracht, aber alle zusammen haben nicht dieses Umfassende, Treffliche ausgedacht und entworfen, was die Leiter der Bauern entwarfen und ausführen wollten.«

Um diese Reichsreform zu verabschieden und auf den Weg zu bringen, trifft sich am 9. Mai in Heilbronn ein Verfassungsrat der Aufständischen, angeführt von Wendel Hipler. Das Gremium sendet Einladungsschreiben an die größeren Bauernhaufen Süddeutschlands, »aufs schnellste Bevollmächtigte zu dem Kongress nach Heilbronn zu senden«. Das Ziel ist ein Bauernparlament, in dem alle Haufen vertreten sind.

Dazu wird es nicht kommen, zu bald wird der Truchsess anrücken. Aber noch sind die Aufständischen die Herren der Lande, ihre Heere intakt und zahlenmäßig weit überlegen – sofern sie sich zusammenschließen. Dies wird eine der entscheidenden Fragen sein für den weiteren Verlauf des Bauernkriegs.

Wie viele Menschen insgesamt in den Rebellenheeren von Südtirol bis Thüringen mitziehen, lässt sich nicht genau beziffern, zumal sich ständig Haufen vereinigen und wieder trennen. Die ganze Situation bleibt unübersichtlich, mit der Folge, dass die meisten Gesamtdarstellungen des Bauernkriegs sich in kleinräumigen und kleinteiligen Details verlieren.

Die DDR-Militärhistoriker Manfred Bensing und Siegfried Hoyer haben die größten Bauernhaufen und ihre ungefähre Stärke in Tabellenform zusammengestellt. Die Liste erfasst nicht alle Aufständischen, Salzburg und Tirol fehlen ganz, aber sie vermittelt bei aller Unvollständigkeit einen Eindruck, wie viele Rebellen 1525 bewaffnet unterwegs waren und ihr Leben riskierten:

Oberschwaben:

Allgäuer Haufen	9000	Männer
Seehaufen	12000	
Baltringer Haufen	10000	
Leipheimer Haufen	5000	
Unterallgäuer Haufen	7000	

Württemberg und Franken:

Württembergischer Haufen	12000
Taubertaler Haufen	4000
Neckartal-Odenwälder Haufen	8000
Bildhäuser Haufen	7000

Um Freiburg:

Schwarzwälder Haufen	6000
Breisgauer und Ortenauer Haufen	12 000
Haufen der oberen und der unteren Markgrafschaft	?

Elsass:

Unterelsässischer Haufen	18 000
Bäuerliche Entsatzheere in der Schlacht bei Zabern	9000

Thüringen und Umgebung:

Fuldaer Haufen	6000
Hersfelder Haufen	4000
Werrahaufen	8000
Vereinigte Mühlhauser und Thüringer Haufen	10 000
Frankenhäuser Haufen	8000
Vereinigte Salzaer und Wangenheimer Haufen	5500
Erfurter Haufen	10 000
Arnstädter Haufen	8000
Saalfelder Haufen	4000

Allein die hier aufgelisteten Bauernhaufen summieren sich auf eine Stärke von 182 500 Mann. Die Verfasser der Liste, Bensing und Hoyer, greifen also sicher nicht hoch, wenn sie die Gesamtzahl der Aufständischen im deutschen Bauernkrieg auf 200 000 schätzen.

Für das Gebiet des heutigen Bundeslandes Baden-Württemberg kommt der Bauernkriegsforscher Hans-Martin Maurer mittels einer detaillierten Aufstellung auf eine Zahl von 101 000 bis 115 000 Aufständischen. Darin erfasst sind weder die kleineren örtlichen Gruppen, die sich hier und da bilden, noch der Austausch der Männer – manche Haufen haben ein Rotationssystem eingerichtet, um abzuwechseln, wer mitzieht und wer die Felder bestellt. »Die errechnete Gesamtzahl von etwa 110 000 ist daher als Mindestsumme zu nehmen«, betont Maurer. Die Gesamtbevölkerung im Gebiet des heutigen Baden-Württembergs habe um 1525 höchstens 800 000 Menschen betragen, davon seien etwa 200 000 Männer im waffenfähigen Alter gewesen. »Wir kommen zu dem beeindruckenden Ergebnis«, folgert der Historiker, »dass sich die Mehrheit der waffenfähigen Bevölkerung, wahrscheinlich eine große Mehrheit von wenigstens 60 bis 70 Prozent, durch persönlichen Einsatz an der Rebellion beteiligt hat. Dazu kommt eine unbekannte Zahl von Sympathisanten.«

»Die flächenhafte Verbreitung und enorme Dichte der Teilnahme ist demnach ein Hauptcharakteristikum des Bauernkriegs in Südwestdeutschland«, resümiert Maurer. »Selbst die großen Revolutionen der neueren Zeit, die mit Gewalt die Verhältnisse änderten, können sich einer ähnlich breiten Beteiligung nicht rühmen.«

Es ist also kein Größenwahn, sondern spiegelt die realen Verhältnisse wider, wenn Matern Feuerbacher sich wie der Landesherr verhält. Der oberste Rebellenführer Württembergs unterzeichnet weiter fleißig Verordnungen, Schutzbriefe, Einberufungsbefehle, Steuerbescheide – und geht Anfang Mai mit seinem Co-Hauptmann Hans Wunderer noch einen Schritt weiter. Die beiden nennen sich in ihren Briefen nicht nur »Oberste« (im Sinne von oberste Hauptleute des Haufens), sondern firmieren so: »Matern Feuerbacher und Hans Wunderer samt allen Hauptleuten der Landschaft Württemberg«.

Der Begriff »Landschaft« bezeichnete bislang ausschließlich die Gesamtheit der Städte und Ämter (Verwaltungsgebiete), wie sie im Landtag vertreten sind. Nun beanspruchen also die Aufständischen den verfassungsrechtlich bedeutsamen Titel »Landschaft« für sich – und setzen sich damit an die Stelle der bisherigen Landesvertreter. Feuerbacher und Wunderer zeigen ab sofort nicht nur durch ihr Handeln, dass sie sich als Repräsentanten des Landes sehen, sondern geben das auch offen kund.

Damit ist die nach Tübingen geflohene Landesregierung natürlich nicht einverstanden. Zwischen ihr und den Aufständischen entspinnt sich ein kleines Brief-Duell um die richtige Anrede. Das erste Schreiben der Rebellen ist verloren, am 4. Mai antwortet Wilhelm Truchsess von Waldburg, ein Vetter von Georg Truchsess. Wilhelm ist der Statthalter des Herzogtums Württemberg, das heißt der Regierungschef im Auftrag der Habsburger Landesherren. Er eröffnet den Brief mit der nichtssagenden Anrede: »Meinen lieben besonderen N., den Versammelten etlicher Städte und Flecken des Fürstentums Württemberg« – N. steht für Namen, die man nicht weiß (nomen nescio) oder nicht nennen will (notetur nomen). Wilhelm Truchsess informiert die Aufständischen darüber, dass »mein freundlicher, lieber Vetter, Herr Jörg Truchsess Freiherr zu Waldburg« samt etlichen Kriegsräten bei ihm sei. Sprich: Georg Truchsess ist mit seinem Heer im Land. Der sei von nun an der Ansprechpartner, erklärt Wilhelm, da »diese Sachen aus meinen Händen und Gewalt gewachsen« sind.

Am 6. Mai schreiben ihm Feuerbacher und Wunderer zurück und geben sich dabei als Vertreter der »Landschaft Württemberg« zu erkennen – was Wilhelm Truchsess geflissentlich ignoriert. Er antwortet noch am selben Tag und spricht sie weiter betont anonym und nichtssagend an.

Auch Georg Truchsess beginnt seinen ersten Brief, den er am 4. Mai an den Hellen Christlichen Haufen sendet, mit der Anrede »an N., die Versammelten etlicher Städte und Flecken«. Er fordert die Aufständischen drohend dazu auf, sich »mit mir als Oberstem Feldhauptmann und Befehlshaber zu vertragen«, um »Sterben und Verderben zu verhüten«. Was sich daraus entspinnt, wird kein Duell der Worte mehr sein, sondern eines der Waffen.

Steckbrief Jörg Ratgeb

- Geb. um 1480 in Schwäbisch Gmünd.
- Gest. 1526 in Pforzheim durch Vierteilen.

Stand und Familie: Ratgeb ist ab 1503 freier Bürger, verliert aber 1509 wieder das Bürgerrecht, weil er entgegen den Standesregeln eine Leibeigene des Herzogs Ulrich heiratet. Das Paar bekommt Kinder, die wie die Mutter Leibeigene werden. Trotz flehentlicher Briefe an Herzog Ulrich darf Ratgeb seine Familie nicht freikaufen. Nach 1512 wird seine Frau nicht mehr erwähnt, vermutlich ist sie gestorben.

Wirken: Ratgeb ist ein Maler, der sich zwischen spätgotischem Realismus und expressivem Frühhumanismus bewegt. Als sein Meisterwerk gilt der Herrenberg-Altar, der heute in der Staatsgalerie Stuttgart ausgestellt ist (das Bild zeigt einen Ausschnitt mit Jesus und Fratzen ziehenden Soldaten). Im Karmeliterkloster Frankfurt erschafft Ratgeb das größte Wandgemälde nördlich der Alpen: Allein die bemalte Fläche im Kreuzgang ist 110 Meter lang,

4,5 Meter hoch und in Deutschland ohne Beispiel. Im Auftrag Stuttgarts verhandelt Ratgeb 1525 mit Rebellenhauptmann Matern Feuerbacher und begleitet ihn als Kriegsrat. Bald wird er sein Kanzler, das heißt der Leiter seiner Bauernkanzlei. Nach dem Scheitern des Aufstands flieht Ratgeb nach Pforzheim und wird dort 1526 verurteilt: »Wegen Hochverrats, Landesverrats und Landfriedensbruchs, welcher Verbrechen er sich während des Aufruhrs der Bauern im 1525er Jahr hat zuschulden kommen lassen«, lautet der Gerichtsspruch. »Morgen früh, zur achten Stunde, soll er auf den Marktplatz geschleift und all dort öffentlich gevierteilt werden.«

4. Feuerbacher vs. Truchsess: Das Duell (Mai 1525)

Ab dem 5. Mai 1525 bewegen sich die Heere von Matern Feuerbacher und Georg Truchsess aufeinander zu wie zwei moderne ICE-Züge der Deutschen Bahn: Der eine stottert vorwärts, der andere kommt wegen Antriebsstörung gar nicht vom Fleck.

Es ist der Truchsess, der wieder einmal festsitzt, diesmal unweit von Tübingen südlich Stuttgart. Erneut meutern seine Landsknechte, wohl wegen ausstehender Soldzahlungen des Schwäbischen Bundes. Selbst die Offiziere scheinen den Streik zu unterstützen, wie die Quellen andeuten. Antrieb und Motivation der Soldaten sind jedenfalls denkbar gestört.

Feuerbacher hingegen kommt zwar vorwärts, aber auch er hat mit seinen Männern seine liebe Not: Sie wollen ihren obersten Hauptmann wieder einmal absetzen. Am Morgen des 5. Mai stürmt eine Gruppe zu Feuerbachers Unterkunft, um ihn gefangen zu nehmen und durch die Spieße zu jagen.

Schauplatz des Geschehens ist der Ort Degerloch, der heute zu Stuttgart gehört. Dorthin hat sich Feuerbachers Heller Christlicher Haufen begeben, nachdem er fast das ganze Herzogtum Württemberg erobert hat: den Norden um Bottwar, das Zentrum um Stuttgart und den Osten um Kirchheim unter Teck. Eigentlich wollten die Rebellen auch noch den Süden um Tübingen einnehmen, aber die Nachricht, dass der Truchsess und sein Heer von dort anrücken, ließ sie die Pläne ändern: Sie wichen nach Norden aus und zogen Richtung Stuttgart, um die Landeshauptstadt zu decken. Am Donnerstag, den 4. Mai, erreichten die Aufständischen den Vorort Degerloch, wo Feuerbacher im örtlichen Pfarrhaus Quartier nahm.

Etwa zu diesem Zeitpunkt verbreitete sich das Gerücht, der oberste Hauptmann sei ein Verräter: Feuerbacher habe sich vom Schwäbischen Bund bestechen lassen und heimlich die Seiten gewechselt, zudem Briefe des vertriebenen Herzogs Ulrich von Württemberg unterschlagen, der ein Bündnis mit den Aufständischen schließen wolle. Ein Grund für den Verdacht ist der rege Schriftwechsel, den Feuerbacher mit allen Parteien führt, auch mit dem Gegner. Am 5. Mai kommt es zum Putsch. Doch der Sturm auf Feuerbachers Unterkunft in Degerloch läuft an diesem Morgen ins Leere. Der Gesuchte befindet sich nicht mehr dort, sondern sitzt bereits mit den anderen Anführern des Haufens zu Besprechungen im Wirtshaus zusammen. Die Putschisten umstellen das Wirtshaus und fordern, dass sich der oberste Hauptmann vor dem gesamten Heer verantwortet. Feuerbachers Co-Hauptmann Hans Wunderer spricht daraufhin mit den Aufrührern und sagt ihnen zu, in zwei Stunden solch eine Versammlung abzuhalten.

Zur verabredeten Zeit formen Tausende Kämpfer des Haufens einen gewaltigen Ring, und es folgt eine beeindruckende Szene, die der Feuerbacher-Biograf Gustav Bossert anhand von Augenzeugenberichten so rekonstruiert: Feuerbacher reitet in den Ring hinein und zieht auf seinem Pferd Kreise, sodass er allen Anwesenden nach und nach in die Augen blickt. »Liebe Gesellen! Lasst mich doch mich verantworten. Kann ich mich nicht verantworten, so jagt mich durch die Spieße«, ruft der Bottwarer Wirt. Er sei von einigen Bösewichtern verleumdet worden, denn er habe keine Briefe unterschlagen, auch nicht solche des Herzogs Ulrich, der sie ohnehin nichts angehe, da ihr Herr der Kaiser sei. Sie alle seien wegen des Gotteswortes hier – und um den Rechtlosen zum Recht zu verhelfen. Anstatt auf den Herzog zu setzen, solle man lieber versuchen, mit dem Schwäbischen Bund zu einer Einigung zu gelangen. »Das dünkt mich das Beste für euch und für mich.«

Abschließend bittet Feuerbacher darum, ihn seines Amtes zu entheben und durch einen anderen Hauptmann zu ersetzen. Wer ihn beschuldige, der solle hervortreten und erklären, warum er ihn erstechen wolle.

Es folgt betretenes Schweigen in der ganzen Runde. Schließlich tritt ein Mann in den Ring und ruft, man solle um Gottes willen nicht den Schurken folgen. Die Bauern wollten Feuerbacher doch gar nicht entlassen, da sich niemand mit seinem Amt beladen wolle. Ob es sich um ein abgekartetes Spiel zwischen Feuerbacher und dem Mann handelt? Wir wissen es nicht. Der Putschversuch ist damit jedenfalls abgewendet. Feuerbacher hat im entscheidenden Moment die Nerven bewahrt, im Ring seine Autorität bewiesen und die Versammlung rhetorisch überzeugt. Der Anführer der Putschisten wird in Ketten gelegt, der Bottwarer Wirt bleibt oberster Hauptmann.

Bis dahin haben sich an diesem Tag sowohl die Aufständischen als auch die Soldaten des Schwäbischen Bundes nur mit sich selbst beschäftigt. Dabei sind die beiden gegnerischen Heere gerade noch 30 Kilometer Luftlinie voneinander entfernt. Eine hohe Aktivität entwickeln immerhin die Schreiber in der Kanzlei des Hellen Christlichen Haufens: Sie setzen rund 40 Briefe auf, die den Adligen der Region befehlen, unverzüglich in Rüstung und Waffen mit ihren Untertanen nach Degerloch zu kommen; denn die Angeschriebenen hätten sich zur Bruderschaft mit den Aufständischen verpflichtet. Der Leiter der Kanzlei, Jörg Ratgeb, verschließt jedes Schreiben mit dem eigens angefertigten Siegel, das einen Bauern zeigt.

Auch eine Reihe von Städten wird brieflich dazu aufgefordert, Verstärkung zu schicken, zuvorderst das nahe gelegene Stuttgart. Die Anführer des Haufens drohen der dortigen Bürgerschaft, andernfalls erneut in der Landeshauptstadt einzumarschieren.

Der Hauptmann des bereits bestehenden 300-Mann-Kontingents aus Stuttgart, Theus Gerber, beginnt nun ein doppeltes Spiel: Als in der Hauptstadt weitere 800 Mann losgeschickt werden, reitet Gerber den Ausrückenden entgegen und rät ihnen zur Umkehr – vergeblich. Anschließend begibt er sich nach Stuttgart. Dort sucht er den Rat der Stadt auf und will sein Amt als Hauptmann niederlegen, das er ja nur widerstrebend angenommen hat. Um seinen Wunsch zu untermauern, verteufelt er sogar die Aufständischen und behauptet, bei diesen gebe es nur Rauben und Stehlen. Doch es ist alles vergeblich: Der Rat entlässt Gerber nicht, und der Handwerker muss fortan das gut 1000 Mann starke Kontingent aus Stuttgart anführen.

Nur eine Woche später ist diese Truppe um ein Drittel geschrumpft – ob wegen regulärer Entlassungen oder wegen Desertionen, wissen wir nicht. Der Fall Gerber zeigt die Kehrseite der Praxis, per Befehl und Drohung Truppen für die Rebellenheere anzufordern. Dadurch erhöht sich zwar sehr effektiv die Zahl der Kämpfer, aber nicht unbedingt die Kampfkraft. Im Gegenteil: Unwillige Anführer und ihre Einheiten neigen eher dazu, bei einer militärischen Konfrontation das Heil in der Flucht zu suchen und dadurch Panik in den eigenen Reihen zu verbreiten.

Auch viele der angeschriebenen Adligen zeigen sich unwillig, führen mehr oder weniger stichhaltige Ausreden an. Der Ritter Reinhard von Sachsenheim etwa entschuldigt sich mit der Behauptung, Frau und Kind seien erkrankt und er habe zudem seit sieben Jahren keinen Kriegsdienst mehr geleistet. Ein paar Adlige erscheinen immerhin. Und es kommt echte Verstärkung: Der berühmt-berüchtigte Jäcklein Rohrbach, der sich Ende April nach Maulbronn verabschiedet hat, um neue Leute zu rekrutieren, kehrt am 7. Mai mit respektablen 1400 Mann zum Hellen Christlichen Haufen zurück.

Der Haufen hat am Tag davor Degerloch verlassen und sich gut drei Gehstunden weit nach Sindelfingen bewegt, hin zum Heer des Truchsess, das immer noch streikend festsitzt. Offenbar suchen die Aufständischen jetzt die Konfrontation – die beiden Armeen sind nur noch 23 Kilometer Luftlinie voneinander entfernt.

Zugleich versenden die Rebellenführer weiter Briefe. Am 7. Mai lassen Feuerbacher und Wunderer ein Schreiben an Georg Truchsess aufsetzen. Sie hätten »ehrliche und redliche Ursachen« für den Zug durch das Land, zumal man sich ja mit den Herren vertragen möchte: »Wir wollten lieber in Ruhe und Frieden regiert werden als ein Verderbnis nach dem anderen.« Einen Angriff durch den Truchsess hätten sie nicht erwartet und glaubten, eine bessere Behandlung durch ihn verdient zu haben – mit dieser Bemerkung schließt der wolkig formulierte Brief. Vorschläge für eine Konfliktlösung oder Deeskalation der Lage enthält er nicht. Dem Forscher Wilhelm Zimmermann zufolge setzte Hans Wunderer dieses Schreiben durch: »Theus Gerber und Matern Feuerbacher hatten dagegen gekämpft; es wurde die Uneinigkeit im Rat und im Haufen mit jeder Stunde größer.«

Immer mehr schälen sich eine Kriegs- und eine Friedenspartei innerhalb des Hellen Christlichen Haufens heraus. Hans Wunderer wendet sich strikt gegen jede Verhandlung, aber Feuerbacher setzt sich zunächst durch: Nach langer Diskussion beschließt das Führungsgremium des Haufens, beim Truchsess nach sicherem Geleit für eine Delegation anzufragen; statt per Brief soll persönlich verhandelt werden. Doch noch bevor die Antwort des Truchsess den Haufen erreicht, gewinnt Wunderer wieder die Mehrheit für seinen Konfrontationskurs: Der Baumeister drängt erfolgreich darauf, zur Stadt Herrenberg zu ziehen, die nur noch 13 Kilometer vom Feldlager des Truchsess entfernt liegt.

Am 8. Mai kommt der Helle Christliche Haufen vor den Mauern der Stadt an. Dort trifft er wie vereinbart auf ein Rebellenheer aus dem nahen Schwarzwald, und die Truppen begrüßen sich laut jubelnd, wie Zimmermann schildert: »Da war ein Freudengeschrei, Getös und Gelärm.« Die beiden Haufen vereinigen sich und sind nach übereinstimmenden Schätzungen zusammen 12 000 Mann stark. Das Heer des Truchsess kommt auf 8000 Mann, die allerdings nach wie vor streiken.

In Herrenberg befindet sich seit zwei Tagen ein Fähnlein bayerischer Landsknechte, also ein Trupp von einigen Hundert Söldnern, die offenbar Streikbrecher sind und vom Truchsess vorausgeschickt wurden. Diese Garnison dürfte die Herrenberger dazu bewegt haben, auf der Seite des Truchsess zu bleiben. Dabei haben die Bürger mit dem Feldherrn keine guten Erfahrungen gemacht: Weil Herrenberg im März vor Herzog Ulrich von Württemberg kapitulierte, belegte der Truchsess die Stadt mit hohen Strafzahlungen – und befahl, die Stadtmauer niederzureißen, um Herrenberg dauerhaft zu demütigen. Keine zwei Monate ist das her. Jetzt steht die Mauer zwar noch, aber Teile der Stadttore sind bereits abgebrochen.

Das erleichtert es den 12 000 Rebellen, Herrenberg im Sturm zu erobern, wie zu Beginn dieses Buchs beschrieben. Obwohl sich Feuerbacher entschieden gegen einen Angriff ausgesprochen hat, beteiligt er sich aktiv an dem Kampf, der erst nach sechs Stunden beendet ist und 200 Aufständische das Leben kostet. Die siegreichen Rebellen verzichten trotzdem darauf, das Städtchen zu plündern. Und sie töten die bayerischen Landsknechte nicht, sondern sperren diese in einer Kirche ein.

Georg Truchsess sitzt derweil weiter ohnmächtig mit seinen meuternden Landsknechten fest. Als er am Abend erfährt, dass Herrenberg gefallen ist, lässt er wütend die Offiziere zu sich rufen. Den Versammelten liest er die Leviten mit einer Zornesrede, die sein Schreiber sowie die Truchsess-Biografen Walchner und Bodent in etwa so wiedergeben: »Es ist schimpflich und erbärmlich, zuschauen zu müssen, wie der Feind ein Städtchen unter unseren Augen im Sturm nimmt, trotz des tapferen Widerstands der Garnison und der Bürgerschaft. Diese Schande muss wieder getilgt werden! Es ist an der Zeit, dass ihr Hauptmänner nicht nur an euren eigenen Vorteil denkt, sondern an eure Ehre, euren Ruf, euren Eid und eure

Pflichten«, rüffelt Georg Truchsess seine Offiziere, über die getuschelt wird, dass sie die Fußsoldaten zu der Meuterei aufgestachelt haben. »Ich fordere euch daher auf, eure Kompanien sogleich zu beruhigen und marschbereit zu halten. Denn morgen früh will ich gegen den Feind ziehen und ihm Herrenberg wieder abnehmen.«

Tatsächlich beenden die Landsknechte ihren Streik; ob wegen der Rede oder aus einem anderen Grund, bleibt offen. Am nächsten Morgen, dem 9. Mai, setzt sich das Heer des Truchsess in Bewegung. Vor Herrenberg angekommen, muss der Feldherr erkennen, dass sich der Gegner bereits in Schlachtordnung aufgestellt hat, vor der Stadt und auf dem Berg dahinter. Das Rebellenheer nutzt dabei so geschickt die Geländevorteile und Deckungsmöglichkeiten, dass ein Angriff aussichtslos erscheint.

Georg Truchsess zieht sich daraufhin zu dem Dorf Haslach zurück, das auf einer Anhöhe liegt, die gut zwei Kilometer von Herrenberg entfernt ist und einen freien Blick auf die Stadt gewährt. Statt die Rebellen offen anzugreifen, wählt er jetzt den Terrorkrieg. »Um die Bauern zu schrecken, ließ er etliche Dörfer verbrennen«, teilt sein Schreiber unverblümt mit. »Und am Abend, als sich Tag und Nacht scheiden wollten, ließ er sein Geschütz zum Ave Maria nach altem Brauch abgehen.« Das heißt: Pünktlich zum abendlichen Kirchenglockenläuten mit Gebet feuern alle seine 18 Kanonen zweimal Richtung Herrenberg. Die Kugeln fliegen in hohem Bogen, damit sie die große Distanz überbrücken. Und tatsächlich »schossen etliche in das Lager [der Aufständischen], etliche in die Stadt und zum Teil darüber«, wie der Schreiber des Truchsess stolz vermerkt. Es war eine reine Demonstration, nennenswerten Schaden hat der Glockengeläut-Geschützdonner vom 9. Mai wohl kaum angerichtet.

Etwa zur gleichen Zeit erscheinen einige führende Männer des Rebellenheeres im Lager des Truchsess, darunter die beiden Stuttgarter Theus Gerber und Jörg Ratgeb. Ob sie als Gesandte kommen oder heimlich verhandeln wollen, darüber gehen die Forschermeinungen auseinander. Georg Truchsess hält die Gruppe hin und spricht erst am Morgen des übernächsten Tages mit ihr.

In der Nacht des 9. Mai kreuzt zudem der Feldschreiber des Hellen Christlichen Haufens auf. Er überbringt dem Truchsess einen Brief, während dieser zu Tisch sitzt und isst. In dem Schreiben bieten die Rebellen an, am nächsten Tag eine Schlacht zu liefern – offenbar spontan, denn der Bote ist aufgetaucht, ohne dass er sich zuvor freies Geleit zusichern ließ »wie es Kriegsrecht und Brauch ist«, so der Herold des Heeres, Hans Lutz. Georg Truchsess liest den Brief und foppt den Feldschreiber, »wie keck und verwegen dieser sei, ihm solch eine Botschaft zu bringen« ohne freies Geleit. Trotzdem befiehlt er, ihm »genug zu essen und zu trinken zu geben und wohl zu behandeln, wie es dann geschehen ist«, betont der Herold.

Am nächsten Morgen, dem 10. Mai, begibt sich der Feldschreiber zurück zum Hellen Christlichen Haufen, begleitet von einem Trompeter aus dem Heer des Truchsess. Am Lager der Rebellen angekommen, finden sie: niemanden. »Überall ist keiner mehr da gewesen«, schreibt der Herold. »In der Nacht um 2 Uhr sind sie abgezogen und haben gekochtes Fleisch, Wagen und Zelte hinter sich gelassen.« Das Angebot einer Schlacht war offenbar eine List: Die 12 000 Rebellen sind heimlich verschwunden, obwohl sie nur einen Kanonenschuss vom Truchsess entfernt lagerten. Zurück ließen sie nicht nur den Tross und einen Teil des Proviants, sondern auch die Kanzlei mit Truhen voller Briefverkehr sowie 40 bis 50 Schwerverwundete der eigenen Seite und die 200 gefangenen bayerischen Landsknechte.

Der nächtliche Abzug ist bis heute eines der großen Rätsel des an Rätseln reichen Bauernkriegs. Warum haben die Aufständischen Herrenberg plötzlich wieder verlassen, keine zwei Tage, nachdem sie die Stadt unter blutigen Verlusten erobert hatten? Und das, obwohl sie dort so vorteilhaft positioniert waren, dass der Truchsess sie nicht angreifen konnte? Weshalb war es ihnen plötzlich so wichtig, sich zurückzuziehen, dass sie einen Gutteil ihrer Habe, ihre wichtigen Dokumente und ihre schwer verletzten Kameraden dem Feind in die Hände fallen ließen? Und sie in keiner Weise verhinderten, dass ihre 200 Kriegsgefangenen erneut gegen sie kämpfen konnten?

Die erste Erklärung versucht der Schreiber des Truchsess. Demnach hätten die Kanonenschüsse zum abendlichen Ave-Maria-Geläut »die Bauern dermaßen entsetzt, dass sie in der Nacht flüchtend hinweg auf Sindelfingen und Böblingen zuzogen«. Das ist natürlich Unfug, denn dann hätten sich die Rebellen nicht kurz darauf zur Schlacht gestellt. Die Militärhistoriker Manfred Bensing und Siegfried Hoyer vermuten, dass sich der Helle Christliche Haufen »in eine noch günstigere, offenbar vorbereitete Stellung« zurückzog. Aber wenn dem so war: Warum stürmten dann die Rebellen verlustreich Herrenberg, anstatt sich direkt in die vorbereitete Stellung zu begeben?

Vielleicht wollten sie durch den Rückzug Zeit gewinnen, weil das Gerücht umging, dass der abgesetzte Herzog Ulrich von Württemberg mit einem Heer auf dem Weg sei, um seinen einstigen Landeskindern im Kampf gegen den Truchsess zu Hilfe zu eilen. Der Ex-Landesherr war bereits am 21. April dem Hegauer Haufen nahe der Grenze zur Schweiz beigetreten, weil er die Aufständischen dazu benutzen wollte, seine Ländereien zurückzuerobern. Auch zum Hellen Christlichen Haufen nahm Ulrich Kontakt auf. Er sandte mehrere Briefe, die am 5. Mai – unmittelbar nach dem Scheitern des Putsches gegen Feuerbacher – im Ring laut verlesen wurden. Der Schwäbische Bund habe ihn wider Gott, Ehre und Recht verjagt, schrieb Ulrich den Rebellen. Man solle ihn als einen Mitbru der annehmen. Er wolle bei allem helfen, was christlich und recht sei.

Feuerbacher zeigte sich ablehnend, der Herzog gehe sie

nichts an. Auch viele weitere Aufständische sind der Auffassung, dass es wenig Sinn macht, den aktuellen Landesherrn Ferdinand durch Herzog Ulrich zu ersetzen, weil man damit nur den einen Despoten gegen einen anderen austauscht. Andere Rebellen hingegen setzen große Hoffnungen in Ulrich. Bis zuletzt kommt es zu keiner Einigung, ob man den Herzog im Hellen Christlichen Haufen aufnehmen will oder nicht – und so wird Ulrich keinem helfen.

Von Herrenberg marschiert der Helle Christliche Haufen im Schutz der Dunkelheit dreieinhalb Gehstunden zurück gen Sindelfingen, das er erst zwei Tage zuvor verlassen hat. Zwischen dieser Stadt und dem etwas näheren Böblingen schlagen die Rebellen ihr Lager auf.

Am Donnerstag, den 11. Mai, halten sie wieder einmal eine Vollversammlung ab, und wieder einmal werden die altbekannten Vorwürfe gegen Feuerbacher laut: Er habe sich bereichert, stehe heimlich auf der Seite des Schwäbischen Bundes und habe Briefe Ulrichs unterschlagen. Was der oberste Hauptmann diesmal antwortet, wissen wir nicht, kennen aber das Ergebnis der Abstimmung: Feuerbacher wird abgesetzt.

Auch seine beiden Profosen, also Ordnungshüter, verlieren ihr Amt. Danach will Feuerbacher aus dem Ring reiten, doch der neu gewählte Profos setzt ihm nach, um ihn festzunehmen. Es kommt zu tumultartigen Szenen, einige Aufständische wollen nach dem Bottwarer Wirt stechen, andere schreien, er soll in Ketten gelegt werden. Schließlich wird Feuerbacher abgeführt und gemeinsam mit den zwei Ex-Profosen in dem nahen Kloster eingesperrt.

Dort klagt er laut späteren Zeugenaussagen gegenüber seinen beiden Mitgefangenen: »Man meint, ich hätte viel Geld und wolle große Pracht entfalten.« Dabei habe er sich nur fünf Gulden geborgt, betont Feuerbacher. »Meine Absicht war, das Land in einen Kreis zu bringen und eine Reform zu machen in unserem Land und nach Ferdinand zu schicken«, also sich mit dem Landesherrn zu verständigen, »dass man Frieden macht, dass wir nicht alle vier Wochen Krieg haben.« Es klingt wie die Rechtfertigung eines Mannes, der zu erkennen beginnt, dass seine großen Pläne vollkommen gescheitert sind.

Zum neuen obersten Hauptmann küren die Versammelten den Ritter Bernhard Schenk von Winterstetten, einen der Adligen, die der Aufforderung gefolgt sind, sich dem Hellen Christlichen Haufen anzuschließen. Die Wahl auf den Ritter fällt wohl in der Ahnung, dass sich eine Entscheidungsschlacht nicht mehr vermeiden lässt. Tatsächlich wird sich von Winterstetten als kompetenter Feldherr erweisen.

Georg Truchsess ist derweil kampflos in Herrenberg einmarschiert. Die Stadt wird bald rehabilitiert, der Abrissbefehl für die Stadtmauer wieder einkassiert, weil die Bewohner den Rebellen tapfer Gegenwehr geleistet haben. Die zurückgelassenen Kanzleitruhen mit dem Briefverkehr des Hellen Christlichen Haufens nimmt Georg Truchsess an sich und sorgt dafür, dass diese verwahrt werden. Die Schriftstücke liegen heute unter den Akten des Schwäbischen Bundes im Stadtarchiv Augsburg; 1935 wurden sie in wesentlichen Teilen publiziert. Dass wir heute auch die Sichtweise der Württemberger Rebellen kennen und so viel über sie wissen, viel mehr als über die Aufständischen anderer Regionen, verdanken wir also ausgerechnet ihrem größten Feind.

Was mit den schwer verletzten Rebellen geschieht, die in Herrenberg zurückgeblieben sind, ist nicht überliefert. Die 200 gefangenen Landsknechte befreit der Truchsess, und er befiehlt seinem Heer, dem Hellen Christlichen Haufen umgehend zu folgen. Zugleich schickt er 100 Reiter zur 40 Kilometer entfernten Stadt Urach, die auf halbem Weg Richtung Ulm liegt, dem Hauptsitz des Schwäbischen Bundes. Dieser hat endlich den ausstehenden Monatssold zusammengekratzt, dessentwegen die Landsknechte des Truchsess tagelang gestreikt haben, und das Geld in Urach deponiert.

Georg Truchsess zieht derweil den Aufständischen hinterher und schlägt gut zehn Kilometer von ihnen entfernt sein

Lager auf. Dort bleibt er mit seinem Heer erst einmal ruhig liegen und wartet darauf, dass die Reiter aus Urach mit dem ersehnten Sold kommen.

Am 10. und 11. Mai passiert daher nichts Dramatisches mehr. Und weil beide Seiten vorerst auch nicht wollen, dass etwas Dramatisches passiert, spielen sie auf Zeit und nehmen die Verhandlungen wieder auf. So empfängt Georg Truchsess am Morgen des 11. Mai endlich die Gruppe um die Stuttgarter Theus Gerber und Jörg Ratgeb, die eineinhalb Tage zuvor mit oder ohne Wissen der anderen Rebellenführer zu Gesprächen gekommen ist.

Theus Gerber, der widerwillige Hauptmann des Stuttgarter Kontingents, spielt weiter ein doppeltes Spiel. Nun bietet er dem Truchsess einen zwielichtigen Deal an: Wenn Stuttgart und weitere führende Städte in Gnaden angenommen werden, also eine Amnestie erhalten, werde man nichts Feindliches gegen ihn unternehmen. Doch Georg Truchsess besteht darauf, dass sich seine Gegenüber auf Gnade und Ungnade ergeben, also bedingungslos kapitulieren. Was bedeutet, dass die Anführer damit rechnen müssen, geköpft zu werden – womit diese natürlich nicht einverstanden sind. Mit seiner undiplomatischen Forderung treibt der Truchsess Theus Gerber »nun definitiv ins bäuerliche Lager«, folgert der Forscher Blickle.

Schließlich werden zwei Dokumente über den Verlauf der Verhandlungen aufgesetzt und unterzeichnet; eines ist für den Schwäbischen Bund, das andere für den Hellen Christlichen Haufen. Zum Abschied fragt Georg Truchsess die Rebellenführer, ob sie sich etwas Gutes bedacht hätten. Darauf antwortet Theus Gerber: »Gnädiger Herr, wir wollen einander bestehen«, also gemeinsam standhalten. Der Truchsess erwidert: »Wohlan, wir wollen einander bestehen.«

Zwischen 2 und 3 Uhr am Nachmittag des 11. Mai kehrt die Gruppe in das Lager des Hellen Christlichen Haufens zurück. Dort erfahren die Ausflügler, dass Feuerbacher abgesetzt wurde und es an dem Tag keine weitere Versammlung geben wird. Man habe aber den Boten des Truchsess für den nächsten Tag um 12 Uhr einbestellt, heißt es.

Irgendwann an diesem 11. Mai kommen die Soldzahlungen des Schwäbischen Bundes im Lager des Truchsess an. Am selben Tag wollen auch die Rebellenführer ihren Leuten einen finanziellen Motivationsschub geben. Sie lassen das gesamte noch vorhandene Vermögen des Hellen Christlichen Haufens an die Truppen verteilen: 10034 einfache Kämpfer plus einige Höhergestellte und Funktionsträger erhalten insgesamt 1042 Gulden, wie eine Auszahlungsliste der Aufständischen zeigt. Die Rebellenführer haben damit nicht nur den Tross und Schriftverkehr in Herrenberg zurückgelassen, sondern jetzt auch noch alles vorhandene Geld ausgezahlt – als gäbe es kein Morgen. Offenbar ist ihnen bewusst, dass der Tag der Entscheidung unmittelbar bevorsteht.

Umso unverständlicher ist, dass sie weiterhin schier endlos diskutieren, anstatt entschlossen zu handeln. Am Tag darauf, es ist Freitag, der 12. Mai, trifft sich der Rat des Hellen Christlichen Haufens in aller Frühe zu erneuten stundenlangen Besprechungen.

Der abgesetzte Matern Feuerbacher wird derweil aus der Haft entlassen und beurlaubt, bleibt aber bei dem Haufen. Innerhalb des Stuttgarter Kontingents, das laut der Auszahlungsliste noch 650 Mann umfasst, kommt es zu Unstimmigkeiten. Ein Fähnrich will mit seiner Einheit die Seiten wechseln, aber Theus Gerber als sein Vorgesetzter stoppt das Ansinnen: Die Bauern hätten die Solidarität der Stuttgarter verdient. Gerber setzt sich durch, seine 650 Mann bleiben.

Für 8 Uhr setzt der Rat der Rebellen eine erneute Vollversammlung an, um im Ring über die kommenden Verhandlungen mit dem Truchsess zu beratschlagen. Die Menge strömt zusammen – da zerreißt Geschützdonner die Luft, Kugeln schlagen ein, am Waldrand tauchen Reiter auf. Der Angriff des Feindes hat begonnen.

Während die Rebellen auf demokratischem Weg um einen

Beschluss rangen, schuf Georg Truchsess entschlossen Fakten. In aller Früh brach er mit seinem Heer auf, das gut 6000 Fußsoldaten, knapp 2000 Reiter und 18 Kanonen umfasst. Eine berittene Vorhut schickte er voraus, um die Lage zu erkunden und die Aufmerksamkeit des Gegners abzulenken.

Doch die Rebellen haben sich vorbereitet, trotz aller Diskussionen, und sie haben ihre Kampfstellungen schon ausgewählt. Der neue oberste Hauptmann erweist sich zudem als gute Wahl: »Mit großer Geistesgegenwart und Kriegskunde ordnet Ritter Bernhard Schenk die Schlacht«, lobt der Historiker Zimmermann. Die beiden Eckpfeiler der Schlachtaufstellung bilden die Städte Böblingen und Sindelfingen, die heute zusammengewachsen sind, damals aber noch zweieinhalb Kilometer voneinander entfernt liegen. Auf den Höhen dazwischen formiert sich das bürgerlich-bäuerliche Rebellenheer in drei großen Blöcken, die wie an einer Perlenschnur aufgereiht sind.

Ein Block steht bei Sindelfingen, das am weitesten von den anrückenden Truppen des Truchsess entfernt liegt. Die dortigen Kämpfer bilden die Reserve und sollen die Straße nach Stuttgart offen halten für den Fall eines Rückzugs. Darunter sind Theus Gerber und seine Stuttgarter Einheiten.

Der größte Block, Gewalthaufen genannt, bezieht seine Position auf dem 470 Meter hohen Goldberg, der heute dicht bebaut ist, damals frei zwischen den beiden Städten liegt. Die Kämpfer schützen sich durch eine Wagenburg, also aneinandergereihte Wagen, die als Deckung dienen. Zudem bringen sie ihre Kanonen in Stellung.

Der dritte Block ist der Verlorene Haufen, der seinen Namen wie erwähnt deswegen trägt, weil er üblicherweise den ersten und verlustreichsten Feindkontakt hat. Er begibt sich nach Böblingen – und stößt dort auf ein Reitergeschwader des Truchsess, das sogenannte Rennfähnlein.

Die Rebellen rücken trotzdem vor, wobei sie auch selbst ein Geschwader von 300 Reitern einsetzen. »Sie nahmen mit dem

Verlorenen Haufen eine Anhöhe hinter dem Schloss Böblingen, brachten einiges Geschütz dort hinauf und trieben unser Rennfähnlein, das dort hinaufgerückt war, wieder zurück«, gesteht der Truchsess die anfängliche Schlappe offen ein. Seine Sätze stammen aus zwei gleichlautenden Briefen, die er noch am Abend nach der Schlacht verfasst und an den Schwäbischen Bund sowie den Landesherrn Ferdinand schickt.

Die Aufständischen haben sich also trotz des feindlichen Überraschungsangriffs in eine gute Ausgangsposition gekämpft, zumal sich vor ihren Stellungen auch noch ein Sumpfgebiet erstreckt. »Zwischen ihnen und uns lag ein Moos, das uns daran hinderte, zu ihnen zu gelangen«, schreibt Georg Truchsess. »Darum mussten wir oberhalb Böblingen hinziehen.« Die gesamte Armee des Truchsess begibt sich nun »zu Ross und zu Fuß« auf »einen Berg hinter dem Städtchen Böblingen«, wie Ambrosius Geyer berichtet, der Hauptmann eines Reitergeschwaders im Heer des Truchsess. Der Berg liegt den Stellungen der Rebellen gegenüber, und beide Seiten beschießen sich jetzt mit ihren Kanonen »über zwei Stunden hinweg«, wie Geyer mitteilt. »Doch es ist beiderseits durch dieses Schießen kein sonderlich großer Schaden geschehen.«

In dieser Pattsituation gelingt Georg Truchsess ein Coup: Er bringt die Stadt Böblingen auf seine Seite – nicht mittels Waffengewalt, sondern durch Verhandlungen (aus seiner Sicht) beziehungsweise durch Verrat der Bürgerschaft (aus Sicht der Rebellen). Der Vogt von Böblingen hat sich zum Truchsess begeben und angeboten, ihm die Tore zu öffnen, wenn er die Stadt in Gnaden aufnimmt. Diesmal sagt Georg Truchsess konziliant zu, und er beordert sofort eine Abteilung von 70 Hakenbuchsen-Schützen nach Böblingen.

Doch die Soldaten erleben eine böse Überraschung. »Als diese zum Tor kommen und hinein begehren, haben die in der Stadt ihre Gesinnung wieder gewendet, und sie sagen ihnen, dass sie sich hinweg machen sollen«, erzählt der Schreiber des Truchsess. Für diesen Böblinger Sinneswandel, sozusagen den

Verrat am Verrat, spielt wohl eine entscheidende Rolle, dass die Rebellen gerade vorrücken und auf das Stadttor zudrängen. Da wollen die Bewohner lieber nicht auf der falschen Seite stehen.

»Die Schützen wandten sich, flohen über ein Wehr am Weiher«, der vor der Stadt lag. »Das sah der Truchsess, rannte den Landsknechten zu, schrie sie an, nicht zu fliehen, und zog mit ihnen persönlich wieder zu dem Tor«, schildert der Schreiber. Zudem beordert Georg Truchsess weitere Fußsoldaten herbei, um das Tor gegen die sich nähernden Rebellen abzusichern. Den Böblingern, die auf der Stadtmauer und über dem verschlossenen Tor stehen, ruft er drohend zu: »Ihr habt euch mir ergeben und mir zugesagt, das Versprechen zu halten; und wenn ihr nicht Wort haltet, will ich, sofern mir Gott den Sieg gibt, euch alle samt Frauen und Kindern erwürgen [umbringen], dazu die Stadt schleifen und keine Barmherzigkeit teilen.« So berichtet es der Schreiber, der befriedigt anfügt: »Als sie solches vernahmen, öffneten sie ihm das Tor und ließen die Landsknechte samt den Hakenbüchsen herein.«

Insgesamt 300 Büchsenschützen ziehen ein, marschieren in der Stadt den Schlossberg hinauf und postieren sich auf dem Schloss. Von dort feuern sie auf den gegnerischen Verlorenen Haufen herab, der ja die Anhöhe hinter dem Schloss erobert und besetzt hat.

Der unerwartete Beschuss von hinten vertreibt die Rebellen aus ihrer gesicherten Stellung. Die Männer des Verlorenen Haufens versuchen, andernorts Deckung zu finden – und werden dabei genau beobachtet von den Heckenschützen, die jetzt die eigenen Truppen dirigieren. »Die Landsknechte im Schloss [die 300 Büchsenschützen] haben den Reitern gewinkt, auf die Bauern drauf zu hauen, denn die Reiter haben die Bauern hinter dem Berglein nicht sehen können«, erklärt Hauptmann Ambrosius Geyer. Die beiden vordersten Reitergeschwader, das Renn- und Schützenfähnlein, sind daraufhin »in den Verlorenen Haufen gefallen, haben 300 der Bauern erstochen, ihnen auch acht Falkonettlein [kleine Kanonen] genommen und den Verlorenen Haufen in die Flucht gebracht«.

Noch geben sich die Aufständischen nicht geschlagen. Einheiten der anderen Rebellenhaufen in der Schlachtlinie eilen den Flüchtenden zu Hilfe, jagen den Reitern fünf der acht Kanonen wieder ab und stabilisieren offenbar den Verlorenen Haufen. Doch nun nähern sich von verschiedenen Seiten weitere Reitergeschwader des Feindes.

Zudem lässt der Truchsess vier Falkonette heranführen, die von erhöhter Position aus freie Schussbahn haben. »Sobald das Geschütz in den Verlorenen Haufen der Bauern abging und wohl traf, fingen die Bauern an, in der Mitte zu schwanken«, vermeldet der Schreiber des Truchsess. Die herankommenden Reiter nehmen die sich ausbreitende Panik in dem Haufen wahr, und als erfahrene Soldaten nutzen sie die Situation sofort für einen Zangenangriff: Das Renn- und das Schützenfähnlein attackieren von einer Seite, weitere Reitergeschwader von der anderen.

Jetzt bricht der Verlorene Haufen endgültig auseinander. Seine Reihen lösen sich auf, die Männer rennen davon, reißen auf ihrer Flucht die Kämpfer des zentralen Gewalthaufens mit sich, und die gesamte Formation zerfällt. Stundenlang wogte die Schlacht von Böblingen hin und her, nun, gegen 2 Uhr nachmittags, ist sie entschieden. Die Aufständischen fliehen in alle Himmelsrichtungen, das Gemetzel beginnt.

Die Reiter verfolgen die Geschlagenen mehr als zehn Kilometer weit und erstechen gnadenlos so viele, wie sie nur können. Der Truchsess selbst sieht eine Gruppe Fliehender auf den nächsten Wald zulaufen. Die Pferde können dorthin nicht folgen, aber der Feldherr erkennt, dass die Flüchtenden danach ein Schweinegehege und eine freie Fläche passieren müssen. »Mir nach«, ruft er laut seinem Schreiber, sprengt mit 40 Reitern zum Ausgang des Waldstücks und massakriert persönlich: »Am selben Schweinegehege erstach er viele Bauern.«

Die Hauptleute des Truchsess haben von dem Mord-Ausflug ihres Feldherrn nichts mitbekommen. Als sie sich auf dem Schlachtfeld versammeln, so der Schreiber, »waren sie in Sorge, ihm wäre etwas widerfahren, da sie ihn nicht sahen, und sie ließen die Trompete blasen«. Auf dieses Signal zum allgemeinen Sammeln hin kehrt der Truchsess brav zu seinen Leuten zurück, und das Gemetzel endet.

Wie viele Menschen dabei ihr Leben verloren, ist seither Gegenstand von Spekulation. Laut Ambrosius Geyer »sind 6000 Bauern auf der Walstatt tot verblieben«; laut dem Schreiber des Truchsess wurden »bis zu 8000 erstochen«. Moderne Forscher schätzen die Zahl der Gefallenen auf 2000 bis 9000, mit Tendenz zu 6000. Der Truchsess selbst verzichtet auf haltlose Zahlenangaben. In den Briefen, die er am Abend nach der Schlacht an Erzherzog Ferdinand und den Schwäbischen Bund sendet, schreibt er aufrichtig: »Es wurde eine namhafte Anzahl (wie viele, vermag ich noch nicht zu wissen) umgebracht. Und wenn unsere Fußsoldaten an sie hätten herangelangen können, dann wären nicht viele von ihnen davongekommen. So aber sind der Bauern viele vor den Reitern in die Wälder entlaufen.«

»Auf unserer Seite haben wir, Gott sei gelobt, nicht viele Verluste erlitten«, fährt der Truchsess fort. Sein Hauptmann Ambrosius Geyer wird in diesem Punkt konkreter: »Von den Bündischen«, also den Soldaten des Schwäbischen Bundes, »sind 15 bis 20 Reiter, desgleichen nicht mehr als 12 bis 15 Fußsoldaten tot verblieben.« Von diesen starb angeblich ein Gutteil durch das, was man heute »Friendly Fire« nennt, also durch Attacken der eigenen Leute: »Die bündischen Reiter haben diese Landsknechte zum Teil für Feinde und Bauern gehalten und selbst erstochen. So wie es an solchen Orten oft geschieht, dass Freunde erschlagen werden wie Feinde.«

Waren die Verluste des Schwäbischen Bundes wirklich so niedrig, trotz der stundenlangen Kämpfe? Vielleicht gibt Ambrosius Geyer hier die spätere Propaganda der Sieger wieder. Demnach waren die Aufständischen unfähige Soldaten, da es sich ja nur um ungehobelte Bauern handelte.

Das Fazit des Truchsess lautet in seinen Briefen: »Unser Sieg ist so vollständig, dass wir in dieser Gegend keinen Widerstand mehr zu gewärtigen haben.« Diese Aussage ist unbestritten: Nach der Schlacht – der heute im Deutschen Bauernkriegsmuseum in Böblingen eine sehenswerte Dauerausstellung gewidmet ist – bricht der Aufstand im Herzogtum Württemberg komplett zusammen. Die Überlebenden zerstreuen sich in alle Winde, flüchten in ihre Dörfer, Richtung Elsass und in die Schweiz. Tausende werden in der Folgezeit festgenommen und vor Gericht gestellt, aber nur wenige zum Tode verurteilt. Die meisten kommen mit milderen Strafen davon. Andere tauchen erfolgreich unter, sicherlich mit Unterstützung der Bevölkerung.

Die Städte des Herzogtums gewähren den Rebellen keinen Schutz, sondern beeilen sich, den Siegern zu huldigen, allen voran die Hauptstadt Stuttgart, die ja für den Hellen Christlichen Haufen 650 Mann abgestellt hat. 85 davon kamen in der Schlacht um, die übrigen führte Theus Gerber in der allgemeinen Flucht zurück nach Stuttgart. Er bittet noch in der Nacht den Rat der Stadt, sich für ihn einzusetzen, so wie es ihm zugesagt wurde, als er die Hauptmannschaft übernahm. Doch der Rat bricht sein Versprechen und hält sich feige bedeckt. Und die Landesregierung Württembergs befiehlt, Gerber »als einen der bösesten, leichtfertigsten Buben und obersten Prinzipal« zu ergreifen und in Stuttgart öffentlich zu hängen.

Der Gesuchte setzt sich nach Esslingen ab, das zwar nur zehn Kilometer südöstlich von Stuttgart liegt, aber eine freie Reichsstadt ist – und damit aus württembergischer Sicht zum Ausland gehört. Für so manchen Flüchtigen ist die deutsche Kleinstaaterei ein Segen, aber nicht für jeden: Jörg Ratgeb etwa gelangt zwar außer Landes, wird dann aber wie erwähnt im badischen Pforzheim gevierteilt. Gerber hat mehr Glück. Zwar wird sein Vermögen im Wert von 400 Gulden in Stuttgart konfisziert, aber er bleibt am Leben, und seine Frau und Kinder werden ihm nachgeschickt.

Auch die anderen Hauptleute der Rebellen können in Württemberg nicht auf Gnade hoffen. Die Landesregierung unter Georgs Vetter Wilhelm Truchsess verfügt, dass »Rädelsführer« und »Prinzipalbuben« immer am Leib zu strafen seien. »Das hieß in der Regel Hinrichtung, und sofern ihr überhaupt ein gerichtliches Verfahren vorausging, wurde das Schuldeingeständnis auf der Folter erpresst«, erklärt der Forscher Peter Blickle. Hingegen pochen die Ständevertreter im Württemberger Landtag darauf, dass alle Untertanen das verbriefte Recht auf ein ordentliches Gerichtsverfahren haben, wenn Strafen an Leib und Leben drohen. Nur Richter dürften entscheiden, ob ein Angeklagter peinlich befragt, das heißt gefoltert wird. »Die württembergische Landesregierung wollte davon nichts wissen und adressierte an Jörg [Georg] Truchsess einen chiffrierten Befehl, dem nicht zu entsprechen«, weiß Blickle.

Trotzdem gelingt es den meisten Rebellenführern zu entkommen. Ritter Bernhard Schenk von Winterstetten flieht zunächst nach Heilbronn und stirbt laut seinem Totenschild 1533. Feuerbachers radikaler Co-Hauptmann Hans Wunderer kann untertauchen, sein weiteres Schicksal ist ungewiss. Auch Feuerbacher selbst verschwindet von der Bildfläche – und wird gut eineinhalb Jahre später in Rottweil aktenkundig. Die Reichsstadt liegt 80 Kilometer südwestlich von Stuttgart, ist heute ein Teil von Baden-Württemberg, hat sich damals aber der Schweiz angeschlossen.

Die Württemberger Landesregierung hat damit keinen Zugriff auf Rottweil, doch sie übt diplomatischen Druck aus: Am 6. Januar 1527 schreiben Räte des Landesherrn Ferdinand, die Landesregierung habe Feuerbachers Verhaftung in der Stadt durchgesetzt, aber seine Auslieferung ebenso vergeblich verlangt wie die peinliche Befragung, also die Folter. Rottweil scheint zu mauern, und Stuttgart bittet nun den Schwäbischen Bund, ebenfalls darauf zu drängen, gegen den »Erzbuben und vordersten Aufrührigen« Feuerbacher das »strenge, schleunige und peinliche Recht ergehen« zu lassen.

Am 15. Mai 1527 eröffnet schließlich das Kaiserliche Hofgericht in Rottweil den geforderten Prozess. Die Württemberger Regierung, die zu diesem Zeitpunkt von Georg Truchsess selbst angeführt wird, bestellt dazu einen eigenen Anwalt als Kläger. So wird es erneut zu einem Fernduell zwischen dem Truchsess und Feuerbacher kommen, diesmal unter gänzlich anderen Umständen – und mit unerwartetem Ausgang, wie wir später sehen werden.

Wie er persönlich mit den führenden Rebellen umzugehen gedenkt, daran lässt Georg Truchsess von Anfang an keine Zweifel aufkommen. Nach der Schlacht und dem Gemetzel bei Böblingen am 12. Mai 1525 statuiert er noch in der Nacht ein flammendes Exempel. Das Opfer ist ein Mann, der am 16. April bei der Bluttat von Weinsberg eine besondere Rolle gespielt hat: der Musikant Melchior Nonnenmacher, der mit Graf Ludwig von Helfenstein öfter zu Tisch saß – und ihn dann verhöhnte und ihm Pfeife spielend vorausging, als dieser durch die Spieße gejagt wurde.

Nonnenmacher versteckt sich nach der Niederlage am 12. Mai mit vielen anderen Aufständischen in Sindelfingen, das den hinteren Eckpfeiler der Schlachtaufstellung bildete. Denunzianten verraten das dem Truchsess, und dieser sprengt sofort mit zahlreichen Reitern zu der Stadt. Vor dem Tor angelangt, lässt er die Bürgerschaft herauskommen und spricht zu ihr laut seinem Schreiber: »Ihr habt einen der Bösewichter unter und bei euch, der auch bei dem Mord zu Weinsberg gewesen ist.« Der solle ihm sofort ausgeliefert werden. Die Sindelfinger antworten, dass sie nichts davon wissen, worauf der Truchsess droht: »Wenn ihr denselben nicht binnen einer halben Stunde in meine Hände bringt, will ich das Städtchen anzünden, sodass ihr alle samt Frauen und Kindern verbrennt.« Als die anwesenden Frauen das hören, so fährt der Schreiber fort, »suchten sie ernsthafter als die Männer, und eine Frau fand ihn in einem Taubenschlag und brachte ihn dem Truchsess, der ihn wohl kannte, denn er war ein Zinkenbläser und guter Pfeifer« – der Zink ist ein historisches Blasinstrument, das einer Flöte ähnelt.

»An demselben Abend ließ der Truchsess ihn an einen Baum binden, mit einer langen eisernen Kette, sodass er zwei Schritte weit um den Baum herumlaufen konnte«, führt der Schreiber des Truchsess aus. Der Feldherr befiehlt, Holz herbeizubringen, im Kreis um den Apfelbaum herum auszulegen und anzuzünden. Georg Truchsess und eine Reihe Offiziere lassen es sich dabei nicht nehmen, »jeder einen großen Scheit an das Feuer zu tragen«, notiert der Herold Hans Lutz. Den Adligen ist offenbar daran gelegen, sich persönlich an der Marterung zu beteiligen – motiviert wohl auch dadurch, dass sie Kriegskameraden des getöteten Ludwig von Helfenstein waren, der ja noch im März beim Feldzug gegen Herzog Ulrich von Württemberg im Heer des Truchsess diente.

Der führende Bauernkriegsforscher des 19. Jahrhunderts, Wilhelm Zimmermann, hat die Szene mit etwas Fantasie so rekonstruiert: »Es war Nacht; die Sterne gingen herauf am Himmel; seitab, weithin übers Feld verstreut, lagen verlassene Wagen, Karren, Geschütze, Zelte, Waffen, Gerät aller Art, und dazwischen hinein lagen die Toten still, röchelten die Sterbenden und Verwundeten; im weiten Lager lärmte das Zechgelage der Sieger; um den gebundenen Pfeifer im Ring frohlockten die Edlen, und der Holzstoß schlug in Flammen auf, in dessen Feuerkreis der Unglückliche, den Herren zum Gelächter, schneller und schneller umlief, ›fein langsam gebraten‹; lange lebte er, schwitzend und brüllend vor Qualen; Bilder des Entsetzens, weiß wie Stein, standen die anderen Gefangenen; endlich schwieg er und sank zusammen.«

Laut dem Schreiber des Truchsess dauerte es eine Viertelstunde, bis »der ganze Leib« gebraten war, »und er war noch lebend bis zum letzten Abschied«. Es ist das erste Mal, dass Georg Truchsess eine ausgesucht sadistische Hinrichtungsmethode wählt. Diese bewegt sich allerdings noch im Rahmen der damals üblichen Grausamkeiten, mit denen schwerste Verbrechen bestraft werden: vom lebendig Begraben über das Rädern und Vierteilen bis zum klassischen Scheiterhaufen.

Den qualvollen Feuertod erleidet bald darauf auch Jäcklein Rohrbach, der die Bluttat von Weinsberg organisierte. Nach der Schlacht bei Böblingen versucht der Rebellenführer, Flüchtende unweit des Bergs Hohenasperg nördlich von Stuttgart zu sammeln, und er fällt dabei dem Vogt der dortigen Burg in die Hände. Dieser liefert Jäcklein Rohrbach am 19. Mai an den vorbeiziehenden Truchsess aus, der den Gefangenen ein oder zwei Tage später auf ähnliche Art zu Tode foltert wie Melchior Nonnenmacher. »Man hat ihn an einem Weidenbaum lebendig gebraten«, notiert der Herold Hans Lutz, ohne weiter ins Detail zu gehen. Wie ein weiterer Augenzeuge mitteilt, sahen aus den umliegenden Ortschaften Alt und Jung dem grausigen Schauspiel zu.

Eine gänzlich andere Wendung nimmt das Schicksal von Margarete Renner, der Schwarzen Hofmännin (siehe Steckbrief auf Seite 111). Die Beraterin Rohrbachs und radikale Antreiberin vor der Weinsberger Bluttat wird zwar von der Stadt Heilbronn verhaftet, doch ihr Leibherr Jörg von Hirschhorn hat offenbar ein Faible für seine aufsässige Untertanin. Er wendet sich am 26. August 1525 an den Rat der Stadt, wie das Urkundenbuch von Heilbronn festhält: »Die Freundschaft seiner Leibeigenen Margarete Renner habe ihm angezeigt, dass diese durch ihr loses Mundwerk in des Rats Gefängnis gekommen sei«, beginnt der Leibherr seine Petition. »Wie dem auch sei, so bitte er, sie mit seiner guten Bürgschaft aus dem Gefängnis zu entlassen in Anbetracht dessen, dass das weibliche Geschlecht mit seinem Handeln nichts ausrichtet als mit dem Mund.«

Das frauenverachtende Argument überzeugt anscheinend den Rat, und die Schwarze Hofmännin wird zu einem der seltenen Beispiele, dass die damalige Geschlechterdiskriminierung weiblichen Personen auch zum Vorteil gereichen kann: Während ihre männlichen Mitstreiter erbarmungslos verfolgt und teils grauenhaft hingerichtet werden, kommt die etwa 50-Jährige tatsächlich aus dem Gefängnis frei, kann ihr Leben wohl unbehelligt fortsetzen und verschwindet sanft aus der Geschichte.

Steckbrief Jäcklein Rohrbach

- Geb. vermutlich kurz vor 1500 bei Böckingen, heute ein Stadtteil von Heilbronn.
- Gest. 20. oder 21. Mai 1525 durch Verbrennen.

Stand und Familie: Leibeigener, spätestens 1524 verheiratet mit Genoveva, keine Kinder bekannt. Sein Vater ist ein wohlhabender Erbpächter zweier Höfe und betreibt eine Wirtschaft; er übergibt bis 1524 den kleineren der beiden Höfe an Jäcklein Rohrbach.

Wirken: Rohrbach sammelt Anfang April 1525 Hunderte Bauern und Bürger im Neckartal und wird deren Hauptmann. Seine Schar vereinigt sich mit einem weiteren Rebellenheer zum Neckartal-Odenwälder Haufen. Dieser erobert am 16. April 1525 die Stadt Weinsberg. Auf Betreiben Rohrbachs werden alle gefangenen Adligen – etwa zehn Männer, darunter Graf Ludwig von Helfenstein – zum Tode verurteilt und durch die Spieße gejagt. Nach der sogenannten Bluttat von Weinsberg schließt sich Rohrbach dem württembergischen Haufen unter Matern Feuerbacher an. Auf die Niederlage bei Böblingen am 12. Mai folgt seine Festnahme. Gut eine Woche später wird er auf Befehl des Truchsess langsam zu Tode gebraten (links eine Zeichnung zu einem zeitgenössischen Bericht).

Besondere Merkmale: Er ist intelligent und ein geschickter Briefeschreiber, aber auch streitlustig und gewalttätig. Sein eigener Vater bezeichnet ihn vor dem Bauernkrieg als »böslichen Mann«. In Böckingen/Heilbronn ist seit 1925 nach ihm die Jäkleinstraße benannt. Direkt daneben verläuft seit 1954 makabrerweise der Truchseßweg, gewidmet seinem Folterer.

KAPITEL IV: ADLIGER TERROR

1. Apokalypse unter dem Regenbogen (bis Mai 1525)

Der Prediger Thomas Müntzer steht auf dem Hausberg beim thüringischen Frankenhausen, um ihn herum drängen sich Tausende Aufständische. Alle tragen Waffen, viele schwenken Fahnen, auf die sie Regenbogen gemalt haben. Um sich herum haben die Versammelten eine Wagenburg errichtet, also einen Ring aus soliden Karren, die aneinander gekettet und mit einer Brustwehr verstärkt sind. Von dort blicken sie hinab ins Tal, wo die Heere dreier Fürsten von verschiedenen Seiten anmarschieren.

Die umzingelten Rebellen diskutieren, ob sie kämpfen oder sich ergeben sollen, als Müntzer seine Stimme erhebt. Ihre Sache sei die gerechte, predigt der etwa 36-Jährige, deshalb werde ihnen der Sieg zufallen. Gott habe der Obrigkeit die Gewalt genommen und den Untertanen gegeben. Sie führten nicht den eigenen, sondern Gottes Kampf. Just während Müntzer so spricht, erscheint »am Himmel um die Sonne ein Regenbogen«, berichtet der anwesende Rebell Hans Hut. Wahrscheinlich handelt es sich um einen Halo, einen leuchtenden Kreis um die Sonne, der in unseren Breiten an mehreren Tagen im Monat zu sehen ist, oft weißlich, bisweilen aber bunt wie ein Regenbogen.

Müntzer zeigt auf das Himmelsphänomen. »Ihr seht jetzt den Regenbogen«, ruft er laut Hans Hut, »das Zeichen, dass es Gott mit uns halten will.« Sie sollen nur mutig sein und mit dem Herzen kämpfen. Die Umstehenden mit ihren Regenbogenfahnen saugen die Worte wohl begierig auf, nur zu gern glauben sie an den Bund mit dem Himmel, und von Kapitulation ist keine Rede mehr. Die Menge beginnt, feierlich den Pfingstchoral zu singen:

> Komm zu uns, Schöpfer, Heiliger Geist,
> erleuchte deine arme Christenheit,
> erfüll unser Herz, das zu dir seufzt
> mit innerlichem Schmerz.

Da schlagen plötzlich Kanonenkugeln in die Wagenburg ein, und es bricht die Hölle los.

So in etwa beginnt am 15. Mai 1525 die Schlacht bei Frankenhausen, wie sie sich aus den Quellen rekonstruieren lässt. Es ist die zweite Entscheidungsschlacht des Bauernkriegs – nur drei Tage nach der ersten, der Schlacht bei Böblingen, die im vorangegangenen Kapitel beschrieben wurde. Und schon am Tag darauf, dem 16. Mai, beginnt im Elsass das blutigste Gemetzel des Bauernkriegs: bei Zabern, dem heutigen Saverne in Nordostfrankreich.

Es ist eine zufällige Koinzidenz, dass sich die drei großen Entscheidungsschlachten um Württemberg, Thüringen und das Elsass fast gleichzeitig ereignen. Sie stellen binnen einer Woche die Weichen für die Zukunft der Freiheitsbewegung in ganz Süd- und Mitteldeutschland.

Dieses Kapitel schildert die schicksalhaften Ereignisse um das thüringische Frankenhausen und das elsässische Zabern. Im nächsten Kapitel kehren wir zum Truchsess zurück und folgen ihm auf seinem weiteren Feldzug, der ihn nach Franken führt – und zu einem Rebellenheer, das den berühmten Götz von Berlichingen zu seinem Hauptmann erkoren hat. Die Wege des Truchsess und Thomas Müntzers kreuzen sich dabei nicht, auch wenn der prominente Revolutionstheologe bis in das äußerste Südwestdeutschland reist, um seine visionären Pläne voranzutreiben.

Zur Welt kommt Thomas Müntzer um 1489 in Stolberg in

Abb. 1: Die Fahne der Freiheit weht. Der Holzschnitt von 1522 wird heute oft als Symbol für den Aufstand verwendet. Tatsächlich stammt er aus einer antireformatorischen Flugschrift.

Abb. 2: Leibeigene Bauern verrichten Fronarbeit für ihren Herrn. Gemälde von 1929

Abb. 3: Das Wandgemälde in Memmingen erinnert an die Zwölf Artikel, das wegweisende Manifest der Aufständischen.

Abb. 4: Matern Feuerbacher wird oberster Hauptmann der Rebellen in Württemberg. Illustration aus dem 19. Jahrhundert

Abb. 5: Die Bluttat von Weinsberg. Gräfin von Helfenstein fleht hier um das Leben ihres Mannes, der links im Bild durch die Spieße gejagt wird, Kupferstich von 1630

Abb. 6: Ein Bauernhaufen marschiert in geordneter Formation. Die Männer tragen Langspieße, die damals verbreitetste Waffe in allen Heeren. Zeitgenössischer Holzschnitt

Abb. 7: Rebellen feuern mit Kanonen und Büchsen auf Reiter und Landsknechte des Adels. Die Bauern sind weitaus besser gerüstet, als es bis heute oft klischeehaft dargestellt wird. Illustration um 1900

Abb. 8: Blick auf das Panorama Museum, den Schlachtberg und Bad Frankenhausen. Hier wurden die thüringischen Rebellen um Thomas Müntzer am 15. Mai 1525 massakriert.

Abb. 9: Ein Ausschnitt aus dem Bauernkriegspanorama von Werner Tübke. Zu den mehr als 3000 Figuren auf dem 14 mal 123 Meter großen Monumentalgemälde zählen Thomas Müntzer (rechts in der Mitte, mit gesenkter Bundschuh-Fahne), sein Zeitgenosse Albrecht Dürer (unten rechts) und Martin Luther (daneben).

Abb. 10: Landsknechte in ihrer extravaganten Kleidung. Viele kommen aus dem Bauernstand und haben Verwandte unter den Aufständischen. Trotzdem kämpfen die meisten für die Adligen, die sie bezahlen.

der heutigen Gemeinde Südharz in Sachsen-Anhalt. Er studiert Theologie in Leipzig und Frankfurt an der Oder, wird 1513 zum Priester geweiht und arbeitet als Geistlicher an wechselnden Orten. Gegen Ende 1517 besucht er Wittenberg und schließt sich den Reformatoren um Martin Luther an, der in ebenjenem Jahr seine 95 Thesen veröffentlicht.

Als Zwickau 1520 einen neuen Prediger benötigt, soll Luther der sächsischen Stadt Thomas Müntzer empfohlen haben. Dieser nimmt die Stelle an und attackiert gleich bei seiner Antrittspredigt die Mönche, die er wortgewaltig als gefräßige Ungeheuer von »unersättlicher Habgier« schmäht. »Die Mönche haben Mäuler, denen kann man wohl ein Pfund Fleisch abschneiden, und sie behielten dennoch Mauls genug«, soll er gewettert haben. Die örtlichen Franziskaner lassen sich das nicht gefallen; der Streit spitzt sich zu, doch Müntzer gibt nicht nach, sondern legt sich mit noch mehr Geistlichen an. Seine Anhänger und Gegner nageln öffentlich Schmähgedichte an die städtischen Kirchen und an das Franziskanerkloster, und die Situation eskaliert derart, dass der Zwickauer Rat den Querulanten am 14. April 1521 vorzeitig entlässt. Die restlichen Jahresbezüge erhält er ausbezahlt, die Quittung dafür unterschreibt er stolz mit: »Tomasz Munczer qui pro veritate militat in mundo« (»Thomas Müntzer, der für die Wahrheit in der Welt kämpft«).

Der Geschasste reist umher, predigt unter anderem in Prag, wo er feierlich empfangen, aber auch bald wieder vertrieben wird. Als er praktisch pleite ist, gelingt ihm die finanzielle Rettung: Müntzer findet 1523 eine Festanstellung als Pfarrer in Allstedt, das damals zum Kurfürstentum Sachsen gehört, heute zum Bundesland Sachsen-Anhalt. Im selben Jahr heiratet er die ehemalige Nonne Ottilie von Gersen und wird zu Ostern 1524 Vater eines Sohnes.

Doch Müntzer bleibt ein aufrührerischer Geist, zu sehr quält ihn der Widerspruch zwischen dem göttlichen Ideal und der realen Ungerechtigkeit auf der Welt. Am 13. Juli 1524 darf er vor dem Landesherrn, Herzog Johann von Sachsen, dessen Sohn sowie einigen Hofbeamten eine Predigt halten. Selbst in diesem Kreis nimmt Müntzer kein Blatt vor den Mund: Er fordert die hohen Herren auf, sich an die Spitze der revolutionären Bewegung zu stellen, und merkt drohend an, dass man die gottlosen Regenten töten soll – ein Affront. Anschließend gibt er die Fürstenpredigt auch noch unerlaubt in Druck. Herzog Johann schäumt, und bald darauf muss Müntzer wieder einmal seinen Arbeitsplatz verlassen. Er zieht in die thüringische Reichsstadt Mühlhausen, also fort aus dem Herrschaftsbereich seines bisherigen Landesherrn.

Zu allem Überfluss hat sich Müntzer einen weiteren Feind geschaffen: Luther hielt sich bislang in der Öffentlichkeit aus der Kontroverse um den radikalen Prediger heraus, den er ja einst protegiert hatte. Nun wendet sich der Wittenberger Reformator vor aller Augen von seinem einstigen Anhänger ab. Er schreibt noch im Juli 1524 den »Brief an die Fürsten zu Sachsen wider den aufrührerischen Geist in Allstedt«, den er gleich in Druck gibt. Luther zählt Müntzer darin zu den »falschen Propheten und irrigen Geistern«, ja schlimmer, zu einem Geist, der des Teufels sei. Ihn und seine Anhänger dürfe man nicht im Land dulden, weil sie nicht nur Irrlehren verbreiteten, sondern zu Gewalt und Widerstand gegen die Obrigkeit aufriefen.

Dahinter steht eine grundlegende Meinungsverschiedenheit: Luther verfasste zwar 1520 die Denkschrift »Von der Freiheit eines Christenmenschen«, aber diese Freiheit bezieht er ausschließlich auf geistliche Dinge. Der weltlichen Obrigkeit sei unbedingt Gehorsam zu leisten, predigt er. Selbst wenn diese ihren Pflichten nicht nachkommt, dürfe man ihr nur ins Gewissen reden, aber keinen Widerstand leisten. »Dass die Obrigkeit böse und unrecht ist, entschuldigt weder Zusammenrottung noch Aufruhr«, schreibt Luther einmal. Kein Wunder, dass er hoch in der Gunst vieler Fürsten steht.

Für Müntzer hingegen ist die Obrigkeit alles andere als sakrosankt. Wenn sie gegen ihre Pflicht verstößt, wenn sie die Frommen nicht schützt und die Gottlosen nicht ausmerzt, dann haben die Untertanen nicht nur das Recht auf Widerstand, sondern sogar die Pflicht dazu. Das Ziel sei es, auf Erden ein egalitäres Reich Gottes zu errichten, befindet Müntzer, und der Anbruch der neuen Zeit ist in seiner apokalyptischen Vorstellung nicht mehr fern. Wenn sich Fürsten dieser gottgewollten Ordnung entgegenstellen, sind sie zu beseitigen. Allein dem Volk stehe dann das Recht auf herrschaftliche Gewalt zu.

Mit diesem Weltbild eckt Müntzer fast zwangsläufig bei jeder Obrigkeit an – auch in Mühlhausen, wo er am 15. August 1524 zunächst freudig empfangen wird. In der Reichsstadt, die mit ihren 7500 Einwohnern und 18 zugehörigen Dörfern zu den größten Städten Mitteldeutschlands zählt, wirkt bereits der Radikalreformer Heinrich Pfeiffer, ein ehemaliger Mönch. Er und Müntzer schließen sich zusammen und initiieren wohl die »Elf Mühlhäuser Artikel«, die am 20. September von einigen Stadtteilen und einer Zunft präsentiert werden: Unter anderem soll der Stadtrat ausgetauscht werden, und die Armen sollen in Zukunft die gleichen Rechte haben wie die Reichen. Nur vier Tage später formt sich in Mühlhausen der »Ewige Bund Gottes«, eine militante Organisation wider die Gottlosen, der zunächst 219 Personen beitreten.

Es kommt, wie es kommen muss: Noch einmal drei Tage später, am 27. September, schart der Stadtrat 200 Unterstützer aus der Stadt und den Dörfern um sich und nutzt die versammelte Macht, um Müntzer und Pfeiffer aus Mühlhausen auszuweisen. Die innerstädtische Revolution ist damit so schnell beendet, wie sie begonnen hat, und Müntzer geht wieder auf Reisen.

Zunächst begibt er sich nach Nürnberg, wo er Luthers Angriff mit der »Hochverursachten Schutzrede« kontert, einer so scharfzüngigen wie geistreichen Druckschrift. Den Wittenberger Reformator karikiert er als »Bruder Sanftleben«, »Vater Leisetritt«, »Doktor Lügner«, als »geistloses, sanftes Fleisch zu Wittenberg« – und in heutigen Worten als Radfahrer, der nach oben buckelt und nach unten tritt: »Die armen Mönche und Pfaffen und Kaufleute können sich nicht wehren, darum kannst du sie wohl schelten. Aber die gottlosen Regenten soll niemand richten«, spielt Müntzer treffend auf die Fürstennähe und Obrigkeitshörigkeit Luthers an.

»Der schmeichelnde Schelm zu Wittenberg« verschweige zudem, was der wahre »Ursprung aller Dieberei« ist, schimpft Müntzer – und erklärt diesen Ursprung so: »Die Grundsuppe [Brutstätte] des Wuchers, der Dieberei und Räuberei sind unsere Herren und Fürsten: Sie nehmen alle Kreaturen zum Eigentum. Die Fische im Wasser, die Vögel in der Luft, das Gewächs muss alles ihres sein.« Und dann, zürnt Müntzer, predigten diese Fürsten und Herren auch noch den Armen das Gebot Gottes »Du sollst nicht stehlen«. Sodass sie zwar selbst dem armen Bauern und Handwerker alles nehmen, »aber wenn dieser sich auch nur am Allergeringsten vergreift, so muss er hängen«. Selten hat jemand die Ungerechtigkeit der Eigentumsverteilung und Rechtsprechung so pointiert angeprangert wie der Prediger, der seinen Text mit dem Satz schließt: »Das Volk wird frei werden, und Gott will allein der Herr darüber sein.«

Der Rat von Nürnberg lässt die brisante Schrift sofort beschlagnahmen und den Drucker des Werks, Hieronymus Höltzel, kurzzeitig ins Gefängnis werfen. Müntzer verlässt im Herbst 1524 Nürnberg, und er hat schon ein neues Ziel.

Aus dem Südwesten nahe der Schweiz kommen erwartungsfrohe Nachrichten: Bauern haben sich im Sommer gegen ihre Herren erhoben und mit der Stadt Waldshut nahe dem Rhein ein Bündnis geschlossen; ein Rebellenzug bewegt sich durch das Land. Der rastlose Prediger begibt sich in das Aufstandsgebiet und lebt um den Jahreswechsel 1524/25 herum mehrere Wochen in Grießen, das 15 Kilometer von Waldshut entfernt liegt. Zudem besucht Müntzer die Schweizer Stadt Basel am

Rhein. Inwieweit er an der Rebellion im Südwesten mitwirkt, bleibt im Dunkeln.

Im Februar 1525 kehrt der Agitator über das hessische Fulda ins thüringische Mühlhausen zurück – und wird dort mit offenen Armen empfangen. Denn Müntzers Mitstreiter Pfeiffer konnte schon am 13. Dezember zurückkehren, nachdem seine bewaffneten Anhänger das Rathaus belagert hatten und der Rat ohnmächtig nachgab. Pfeiffer durfte wieder in der Kirche predigen, und die Unruhen griffen um sich. Sogar Müntzers Frau Ottilie von Gersen, die in Mühlhausen geblieben ist, beteiligte sich in der Abwesenheit ihres Mannes an den Ausschreitungen: Im zehn Kilometer entfernten Mülverstedt störten sie und einige weitere Frauen Anfang Januar den katholischen Gottesdienst durch »unlustige Handlungen«, die der christlichen Ordnung ganz zuwiderliefen, so eine Klage.

In Mühlhausen wird Müntzer von den Gemeindemitgliedern sogleich zum Pfarrer der Marienkirche befördert. In dieser Position setzt er sich an die Spitze der revolutionären Bewegung, hält mitreißende Predigten und erreicht gemeinsam mit Pfeiffer, dass die Bürgerschaft am 16. März den bisherigen Stadtrat absetzt, per namentlicher Abstimmung mit einer klaren Zweidrittelmehrheit. Tags darauf wählen die Bürger einen neuen Rat, den sie »Ewiger Rat« nennen. Müntzer und Pfeiffer gehören ihm nicht an, besuchen aber die Sitzungen und ziehen gemeinsam die Fäden. Unter anderem werden die Klöster in der Stadt aufgelöst und deren Besitz in den »gemeinen Nutzen« überführt.

Dann überschlagen sich die Nachrichten aus Süddeutschland. Vom Bodenseegebiet und dem Schwarzwald breitet sich der große Volksaufstand in diesen Tagen wie ein Flächenbrand nach Norden aus. Am 19. März 1525 gehen die Zwölf Artikel das erste Mal in Druck, und bald erheben sich die Bauern und Bürger nahezu im ganzen heutigen Baden-Württemberg, im Elsass und in Teilen des heutigen Rheinland-Pfalz.

Mitte April erreicht der Flächenbrand die mitteldeutsche

Region. Zuerst entzündet er sich um Fulda, als zum einen die Unruhen aus dem Bistum Würzburg übergreifen und zum anderen Kaufleute die Zwölf Artikel von der Frankfurter Messe in die osthessische Stadt mitbringen. Von Fulda greifen die Flammen der Rebellion am 18. oder 19. April auf das Werratal an der Grenze des heutigen Thüringens über – und breiten sich von dort immer weiter über das Land aus.

Selbst die Herrscher beginnen zu zweifeln, ob sich der Brand noch löschen lässt. »Vielleicht hat man den armen Leuten zu solchem Aufruhr Ursache gegeben«, schreibt am 14. April Kurfürst Friedrich der Weise fragend an seinen Bruder Herzog Johann, mit dem er gemeinsam das Kurfürstentum Sachsen regiert, zu dem auch ausgedehnte Gebiete in Thüringen zählen. »So werden die Armen in vielerlei Weise von uns, den weltlichen und geistlichen Obrigkeiten, beschwert. Gott wende seinen Zorn von uns. Will es Gott also haben, so wird es so ausgehen, dass der gemeine Mann regieren soll.« Und wenn nicht, »wird es bald anders«. Es ist eine selten nachdenkliche Stimme aus dem höchsten Adel, die leider bald verstummt, da der todkranke Friedrich der Weise schon drei Wochen später stirbt.

Müntzer hingegen reagiert euphorisiert, als sich der Aufstand immer mehr nähert. Er lässt vorsorglich aus mehr als 15 Metern Seide eine Fahne herstellen, die damals zu jedem Heer gehört. Seine Fahne soll den Ewigen Bund Gottes symbolisieren: Sie ist weiß und trägt einen Regenbogen sowie den beliebten Bibelspruch »Verbum domini manet in eternum« (Das Wort des Herrn bleibt in Ewigkeit). Der Regenbogen ist laut Altem Testament das Zeichen für den Bund, den Gott nach der Sintflut mit Noah, dessen Nachkommen und allen Lebewesen auf der Erde schloss.

Zudem schreibt Müntzer an zahlreiche Ortschaften, aufständische Gruppen und auch an einige Adlige, um für den gemeinsamen Kampf gegen die Herrschenden zu werben. Bekannt ist der Brief, den er Ende April nach Allstedt schickt, wo er im Vorjahr als Pfarrer gearbeitet hat. »Liebe Brüder, wie lange schlaft ihr?«, fragt er die Allstedter. »Fanget an und streitet den Streit des Herrn, es ist hohe Zeit!«, drängt er dann. »Das ganze Deutsch-, Französisch- und Welschland ist in Bewegung, der Meister will ein Spiel machen, die Bösewichter müssen dran.« In Fulda seien schon vier Kirchen verwüstet worden, im Schwarzwald und am Bodensee die Bauern aufgestanden. »Nun dran, dran, dran! Es ist Zeit! Die Bösewichter sind verzagt wie die Hunde«, feuert er an. »Dran, dran, dran! Lasset euch nicht erbarmen«, auch wenn die Gottlosen bitten, weinen, flehen wie die Kinder. »Dran, dran, solange das Feuer heiß ist! Lasset euer Schwert nicht kalt werden von Blut; schmiedet pinkepank auf den Ambossen Nimrods.« (Pinkepank ist das Geräusch niederfallender Hämmer, Nimrod ein biblischer Machthaber.) »Man kann euch nicht von Gott erzählen, solange sie über euch regieren. Dran, dran, solange ihr Tag habt.« Am Ende unterzeichnet er mit: »Mühlhausen im Jahr 1525. Thomas Müntzer, ein Knecht Gottes wider die Gottlosen«.

Der gesamte Brief liest sich, als wäre er im Fieberwahn geschrieben. Der Müntzer-Biograf und Philosoph Ernst Bloch bezeichnet 1921 das Schreiben »als leidvollstes, rasendstes Revolutionsmanifest aller Zeiten«.

Tatsächlich entwickelt sich Thüringen zu einem Zentrum des Aufstands. Wie viele sich daran beteiligen, lässt sich nicht beziffern, zumal sich immer wieder lokale Rebellenhaufen bilden, sich vereinigen oder trennen und wieder auflösen. Aber schon die unvollständige Auflistung auf Seite 143/144 nennt neun große Rebellenheere in und um Thüringen mit geschätzt 63 500 Kämpfern.

Die Aufständischen zwingen eine Stadt oder Grafschaft nach der anderen, sich der Rebellion anzuschließen und die Zwölf Artikel anzunehmen. Die Forderungen des Manifests sind in dieser Region allerdings zum Teil anachronistisch, insbesondere Artikel 3, der die Abschaffung der Leibeigenschaft verlangt: Diese existiert in Thüringen gar nicht mehr. Herzog Georg von Sachsen – ein weiterer Fürst in Sachsen und Thüringen, zu dem wir später kommen – trifft daher einen Punkt, wenn er seinen Untertanen gegenüber argumentiert, dass die süddeutschen Artikel »der thüringischen Landart ganz undienstlich sind und sich auf die Flecken und Dörfer in eurer Lage gar nicht reimen noch schicken werden«.

Andererseits leben auch in Thüringen zahlreiche Stadt- und Dorfbewohner in Armut, die Abgaben und Frondienste nahmen fortlaufend zu, und der wirtschaftliche Druck stieg weiter durch Missernten in den Jahren 1523 und 1524. Die Forderungen der Zwölf Artikel nach weniger Steuern und Fronarbeit fallen daher auf fruchtbaren Boden. Die frühe Menschenrechtserklärung bildet jetzt das überregionale Bindeglied für die Aufständischen, die vom äußersten Südwesten bis zur Mitte Deutschlands das Land durchstreifen.

Für die Mühlhäuser um Müntzer und Pfeiffer ergibt sich am 25. April 1525 die erste Gelegenheit, jenseits der Stadtgrenzen aktiv zu werden: In der Nachbarstadt Langensalza ist der Aufstand ausgebrochen. Müntzer bleibt zu Hause, sein Kompagnon Pfeiffer zieht mit 400 bis 600 Mann und der Regenbogenfahne los, um die Aufständischen zu unterstützen. Doch als Pfeiffers Schar vor Ort ankommt, hat sich die Lage schon wieder beruhigt, und die Stadttore bleiben verschlossen. Mithilfe von zwei Fässern Bier gelingt es dann den Langensalzaern, die Mühlhäuser Möchtegern-Kämpfer zur Heimkehr zu überreden.

Trotz dieses wenig ruhmvollen Ausflugs erhält Pfeiffers Truppe raschen Zulauf. In den letzten Apriltagen wächst sie zum vereinigten Mühlhauser und Thüringer Haufen an, der geschätzt 10000 Mann aus 370 Städten und Dörfern umfasst. Dieses Heer zieht in einer großen Schleife zu dem 30 Kilometer entfernten Eichsfeld und wieder zurück. Die Rebellen lassen sich eine Woche Zeit für die Tour, zerstören unterwegs Klöster, fackeln Schlösser ab und machen fröhlich Beute, ohne auf nennenswerten Widerstand zu stoßen. Allein Duderstadt und Heiligenstadt verwehren dem Haufen den Zutritt: Die Bürger dieser beiden Städte wollen ihre Klöster lieber selber plündern.

Am 6. Mai ist Pfeiffer wieder zurück, und es kommt zum Bruch mit Müntzer. Letzterer will mit dem vereinigten Haufen in das rund 50 Kilometer entfernte Frankenhausen ziehen, wo sich ein 6000 bis 7000 Mann starkes Rebellenheer geformt hat, das um Hilfe ersucht. Denn die Fürsten bereiten den Gegenschlag vor. Genau aus diesem Grund will Pfeiffer dagegen mit dem Heer in Mühlhausen bleiben: Er befürchtet, dass die Stadt sonst wehrlos ist, wenn die Fürsten angreifen.

Über den Grund für den Dissens spekulieren die Forscher seither. Insbesondere DDR-Historiker neigten dazu, Pfeiffer kleinbürgerliche Lokalborniertheit vorzuwerfen, während Müntzer den Blick für das Große und Ganze gehabt habe, um die plebejische Revolution zum universalen Sieg zu führen. Doch dieser Gegensatz ist nicht zu belegen. »Am ehesten überzeugt ein strategisches Motiv«, schreibt der Hamburger Geschichtsprofessor Hans-Jürgen Goertz in seiner Müntzer-Biografie von 2015. »Pfeiffer setzte auf Verteidigung, Müntzer auf Angriff.«

Der Rat von Mühlhausen stellt sich auf Pfeiffers Seite, und nach einigem Hin und Her erhält Müntzer zumindest ein kleines Kontingent. Am 10. Mai bricht er auf: mit gerade einmal 300 Mann und acht Karrenbüchsen, also Feldgeschützen, die auf Karren transportiert werden. Am 11. Mai kommt der Trupp in Frankenhausen an. Müntzer stellt sich sofort an die Spitze des Rebellenheeres – in geistlicher, nicht militärischer Hinsicht –, predigt vor den versammelten Kämpfern und schreibt Briefe an die Adligen ringsum. Einige haben sich bereits einschüchtern lassen, ihre Adelstitel abgelegt und sind als sogenannte Brüder in den Bund der Rebellen eingetreten. Andere widersetzen sich, insbesondere ein Graf aus der näheren Umgebung: Ernst von Mansfeld, der in der zehn Kilometer entfernten Burg Heldrungen residiert. Erst ein paar Tage zuvor ließ der 45-Jährige ein aufständisches Dorf in Brand stecken.

Ernst von Mansfeld und Müntzer kamen schon 1523 in Konflikt. Der katholische Graf verbot damals seinen Untertanen, die evangelischen Predigten Müntzers im nahen Allstedt zu hören, woraufhin er zum Ziel von dessen Beschimpfungen wurde. In seiner neuen Rolle als Frankenhausener Rebellenführer schreibt Müntzer nun am 12. Mai 1525 an seinen alten Feind. Zu Beginn des Briefs spricht er ihn noch mit »Bruder Ernst« an, dann wechselt der Ton. »Ich, Thomas Müntzer, ermahne dich«, fährt er fort, »dass du um den Namen des lebendigen Gottes willen von deinem tyrannischen Wüten ablässt.« Denn Mansfeld habe Christen gemartert und vertilgt. »Sag an, du elender, dürftiger Madensack, wer hat dich zum Fürsten des Volks gemacht?«, donnert Müntzer – und bietet gleich darauf Mansfeld sicheres Geleit an, wenn er sich vor dem Rebellenheer persönlich rechtfertigt und entschuldigt. Andernfalls »sollst du verfolgt und ausgerottet werden«, droht Müntzer. »Wir wollen deine Antwort noch heute Abend haben oder dich im Namen Gottes der Heerscharen heimsuchen.«

Der offene Brief an den »Madensack« Mansfeld ist natürlich alles andere als eine diplomatische Einladung zu Verhandlungen, vielmehr ein frühes Beispiel von revolutionärer Propaganda. Müntzer will wahrscheinlich seinen Feind einschüchtern und die eigenen Leute aufstacheln, ihren Kampfesmut wecken. Dem dient wohl auch ein Gerichtsverfahren vor dem versammelten Rebellenheer: Drei gefangene Gefolgsleute Mansfelds werden am 13. Mai in den Ring geführt und öffentlich verhört. Wie die Anklagepunkte lauten, bleibt unklar. Die Mehrheit stimmt für die Todesstrafe, die Müntzer feierlich verkündet. Die Hinrichtung mit dem Schwert wird sofort vollstreckt – und führt allen vor Augen, dass es keine Versöhnung mehr mit Mansfeld geben kann. Die Brücken sind abgerissen.

Zugleich wird die Situation der Rebellen immer prekärer.

Alle Versuche, bei den Städten und Adligen der Region nennenswerte Unterstützung zu mobilisieren, sind gescheitert. Die Frankenhausener stehen allein da – und ihre mächtigsten Feinde sammeln sich.

Die bedeutendsten Machthaber in Thüringen sind die Fürsten von Sachsen. Ihnen gehört der Großteil des Landes, allerdings ist das Herrscherhaus seit 40 Jahren in zwei rivalisierende Linien aufgespalten. Die sogenannte Ernestinische Linie hat ihren Hauptsitz in Wittenberg; ihr Oberhaupt ist Kurfürst Johann von Sachsen, der wie sein kürzlich verstorbener Bruder Friedrich der Weise Luther unterstützt. Die sogenannte Albertinische Linie hingegen residiert in Dresden und wird angeführt von Herzog Georg von Sachsen, der entschieden den katholischen Glauben verficht.

Auch weiter nördlich regiert mit Herzog Heinrich von Braunschweig ein frommer Katholik. Westlich von Thüringen wiederum herrscht Landgraf Philipp von Hessen, der den Rang eines Fürsten innehat, gerade 20 Jahre alt ist und als Vorkämpfer des Protestantismus in die Geschichte eingehen wird. Die Landesherren in und um Thüringen sind also gespalten in Anhänger und Gegner der neuen Konfession. Jede Seite fürchtet, dass die andere zu mächtig wird, und so halten sich die Herrscher bislang gegenseitig in Schach. Insbesondere die evangelischen Fürsten versuchen zunächst, Militäraktionen gegen die Aufständischen zu verhindern. Denn sie fürchten ein religiöses Rollback: dass die katholischen Landesherren einen Feldzug gegen die Rebellion als Vorwand benutzen, um gleich die ganze Reformation zurückzudrängen. Nun aber, angesichts der umfassenden Bedrohung ihrer Macht, legen die Fürsten ihre konfessionellen Differenzen beiseite und ziehen ihre Heere zusammen.

Hier zeigt sich ein entscheidender Vorteil des Adels gegenüber den Aufständischen: Während sich die Anführer der verschiedenen Rebellenheere in der Regel nicht kennen, gar nicht kennen können, verfügen die Herrschenden über ein weit gespanntes Netzwerk, schon allein dank übergreifender Institutionen wie dem Reichstag. Daher fällt es den Machthabern ungleich leichter, sich zusammenzuschließen und ihre Aktionen zu koordinieren.

Philipp von Hessen schlägt als Erster zu: Am 24. April 1525 verlässt er mit einem Heer seine Residenz Marburg und unterdrückt die Aufstände im hessischen Hersfeld sowie in Fulda. Am 9. Mai dringt er in Thüringen ein, erreicht am 11. Mai Eisenach und tags darauf Langensalza, wo er auf das Heer des katholischen Herzogs Heinrich von Braunschweig trifft. Die beiden Armeen vereinigen sich zu einer Stärke von etwa 3000 Fußsoldaten und 1400 Reitern, und sie ziehen zusammen weiter Richtung Nordosten. Am 14. Mai erreichen sie nach langem Tag- und Nachtmarsch gegen 8 Uhr morgens Frankenhausen. Vor der Stadt erblicken die übermüdeten Soldaten eine Wagenburg samt Kanonen. Sie greifen sofort an und werden von den Frankenhausener Rebellen mit Geschütz- und Hakenbüchsenfeuer empfangen. Daraufhin müssen die hessisch-braunschweigischen Truppen umkehren, und sie ziehen sich nach dieser Schlappe vier Kilometer zurück.

In Müntzers Lager steigert der Erfolg die Zuversicht. Die 6000 bis 8000 Rebellen verlassen die schützenden Mauern der Stadt und marschieren auf den nahen Hausberg. Dort errichten die Bauern und Bürger ihre Wagenburg mit etwa 15 Feldkanonen in strategisch günstiger Lage: Nach drei Seiten hin beherrschen sie das Tal, notfalls könnten sie sich nach Norden in die Wälder des Kyffhäusergebirges zurückziehen.

Die Fürsten indes unterbreiten den Aufständischen ein unmoralisches Angebot: »Wenn ihr den falschen Propheten Müntzer samt seinem Anhang lebendig ausliefert und ihr euch in unsere Gnade und Ungnade ergebt«, dann sollen die Rebellen »nach Gelegenheit der Sache unsere Gnade« erhalten, also je nach Schuld oder Unschuld. Das schwammige Angebot endet mit der ebenso schwammigen Formulierung: »Begehren eure eilende Antwort« – ohne Terminangabe. Die Fürsten halten sich damit offen, welche Frist sie den Aufständischen setzen.

Das Schreiben zeigt wohl die gewünschte Wirkung: Zwischen den gemäßigten und radikalen Rebellen brechen die Meinungsverschiedenheiten auf, und es kommt zu stundenlangen hitzigen Diskussionen. »Es stritt so vieles gegeneinander«, schreibt der Müntzer-Biograf Alfred Meusel anschaulich: »Die Anhänglichkeit an Thomas Müntzer und der Wunsch, auch um den Preis des schmutzigsten Verrats das eigene Leben zu retten; die Einsicht in die wahren Absichten der Fürsten und der verzweifelte Wille zum Selbstbetrug.« Am Morgen des 15. Mai 1525 diskutieren die Aufständischen sogar im Ring, also in der Vollversammlung, ob Müntzer ausgeliefert werden soll oder nicht.

Zur selben Zeit trifft die Verstärkung ein, auf die Philipp von Hessen und Heinrich von Braunschweig gewartet haben: Georg von Sachsen, Philipps Schwiegervater, kommt als Dritter im Bund mit 1000 Fußsoldaten und 600 Reitern. Das Fürstenheer umfasst damit etwa 4000 Landsknechte und 2000 Berittene (die Zahlen schwanken in den Quellen) – genug, um den Angriff zu wagen. Während die Aufständischen wohl im Vertrauen auf eine Waffenruhe weiterhin diskutieren und diskutieren, umzingeln die Fürstentruppen die Wagenburg. Zudem schaffen sie ihre Geschütze auf die Anhöhen östlich des Hausbergs.

Gegen 12 Uhr mittags sind die Vorbereitungen des Fürstenheeres abgeschlossen. Müntzer predigt gerade, um die Sonne erscheint ein regenbogenartiger Ring, die Aufständischen singen den Pfingstchoral – und die Apokalypse beginnt. Kanonenkugeln jagen in die Wagenburg, und die Söldner der Fürsten greifen von allen Seiten an. Die umzingelten Bauern und Bürger geraten in Panik und versuchen verzweifelt zu fliehen. »Sie sind alle den Berg hinab nach der Stadt und wo sie hinkonnten geflüchtet«, berichtet Landgraf Philipp von Hessen tags darauf in einem Brief. »Darauf sind wir mit den Unseren nachgeeilt, und wen wir antrafen, ist erstochen worden.« Die fürstlichen Truppen dringen mit den panisch Fliehenden nach Frankenhausen hinein, »und was sich darin an männlichen Personen befunden hat, ist alles erstochen worden, die Stadt geplündert worden«.

Einige Gruppen Aufständischer versuchten verzweifelt, sich zu wehren, und dort soll das Blut in Strömen geflossen sein – unter anderem in einem Hohlweg, einem tief ins Gelände eingeschnittenen Weg, der heute deswegen den offiziellen Straßennamen »Blutrinne« trägt. Der Hausberg, auf dem das Gemetzel stattfand, heißt seither Schlachtberg. Auf ihm thront jetzt ein markanter Rundbau mit dem Bauernkriegspanorama, einem 123 Meter breiten und 14 Meter hohen Monumentalgemälde. Es entstand in der DDR, soll die Aufständischen würdigen und ist das wohl spektakulärste Auftragswerk der jüngeren Kunstgeschichte (mehr dazu im Epilog dieses Buchs).

Es muss ein mitleidloses Morden gewesen sein, das sich am 15. Mai 1525 über Stunden hinzog. »An die 6000 sind tot verblieben und 600 gefangen worden«, schätzt Landgraf Philipp, und diese Zahlen gelten bis heute als glaubhaft. Der Großteil der Aufständischen und der männlichen Einwohner Frankenhausens fiel also dem grauenhaften Massaker zum Opfer. Aufseiten des Fürstenheeres kamen angeblich nur sechs Mann ums Leben, darunter ein Adliger. Wolf von Schönburg, der ein Kontingent befehligte, begründet diese extrem niedrige Verlustzahl damit, dass »die Bauern allhier gar keinen Widerstand getan« haben – vielleicht in der trügerischen Hoffnung, dann Gnade zu finden. Doch damit wurden sie für die Fürstentruppen zu nichts anderem als Schlachtvieh.

Gewissensbisse empfindet Landgraf Philipp nicht, im Gegenteil: »Wir hoffen, damit ein gutes Werk ausgeführt und vollbracht zu haben«, frohlockt der Fürst. Denn dieses möge die Bauern »dazu bewegen, dass ein jeglicher hinfort bei seiner Frau und den Kindern daheim bleibt, der sonst wohl aus Mutwillen zu den Haufen und aufrührerischen Versammlungen liefe«. Philipps Strategie lautet also Abschreckung durch Massenmord, oder kurz: Terror.

Ideelle Unterstützung erhält der evangelische Landgraf durch Martin Luther, der einige Tage zuvor die furchtbare Schrift »Wider die mörderischen und räuberischen Rotten der Bauern« veröffentlicht hat. Wie in Kapitel III.1 beschrieben, ermahnt der Reformator in dem Pamphlet ausdrücklich dazu, die Aufständischen ohne Barmherzigkeit umzubringen, »gleich als wenn man einen tollen Hund totschlagen muss«. Für das massenhafte Töten hat Philipp damit den höchsten evangelischen Segen – den er übrigens 15 Jahre später von Luther auch dafür erhält, neben seiner Ehefrau Christine von Sachsen zusätzlich die junge Margarethe von der Saale zu heiraten. Die Bigamie ist zwar strengstens verboten, aber Luther zeigt sich bei diesem Fürstenwunsch moralisch flexibel und pocht nur auf Geheimhaltung. Die gelingt natürlich nicht, sodass sich Philipps Doppelehe ab 1540 zu einem der großen Skandale der jungen Reformation auswächst.

Luthers Widerpart Müntzer zählt zu den wenigen Überlebenden der Schlacht. Er flieht in ein Haus nahe dem Stadttor von Frankenhausen, steigt in die Dachkammer empor, entkleidet sich und legt sich in ein Bett, als ob er krank wäre und Fieber hätte. Das berichtet jedenfalls Johann Rühl, ein Augenzeuge der Schlacht aufseiten der Fürsten, in einem Brief an Luther. In dasselbe Haus kommt dann der Adlige Otto von Eppe, um Quartier zu nehmen. Sein Landsknecht Schroffel von Waldeck geht auf den Dachboden, sieht den Mann im Bett liegen und fragt laut Rühl: »Was liegt alda [dort]? Wer bist du?« Ob er auch einer der Aufrührer sei? Darauf antwortet Müntzer: »Ei, ich bin ein kranker armer Mann.« Der Landsknecht späht auf dem Dachboden umher, findet Müntzers Tasche – »wie der Leute Art ist zu suchen«, merkt Rühl an – und entdeckt darin einen einschlägigen Brief. »Wie kommst du zu dem Brief? Du bist wohl der Pfaffe?«, fragt er

Müntzer. Dieser leugnet erst, aber es hilft nichts. Der Prediger wird festgenommen und zu Herzog Georg von Sachsen geführt.

»Da hat man ihn auf eine Bank gesetzt, hat sich der Herzog neben ihn gesetzt und mit ihm gesprochen«, erzählt Rühl. Georg von Sachsen fragt Müntzer, was ihn dazu bewog, die Gefolgsleute Mansfelds köpfen zu lassen. Der Gefangene hat offenbar seine Contenance wiedergefunden, denn er spricht laut Rühl den Herzog dreist mit »Lieber Bruder« an und antwortet, dass nicht er das getan habe, »sondern das göttliche Recht«. Auch Philipp von Hessen kommt hinzu, und der 20-jährige Landgraf bildet sich ein, dem erfahrenen Theologen eine Lektion in Sachen Bibelauslegung erteilen zu können. »Er hat sich mit Müntzer in einen heftigen Streit begeben«, schreibt Rühl. »Müntzer hat das Alte Testament benutzt, der Landgraf aber sich an das Neue gehalten. Er hat sein Neues Testament auch bei sich gehabt und daraus die Sprüche gegen Müntzer vorgelesen.«

Bald ist mit dem Streitgespräch Schluss, und die Fürsten setzen auf bewährte Methoden im Umgang mit ihrem Gefangenen. Die »Histori Thome Müntzers«, die Luthers Mitstreiter Philipp Melanchthon im Juni 1525 in Druck gibt, schildert das folgende Verhör so: »Es geschah auch, dass man ihm die Daumenschrauben enger anzog. Da schrie er. Herzog Georg sagte daraufhin: ›Thomas, das tut dir weh. Aber es hat den armen Leuten heute viel weher getan, die du in ein solches Elend gebracht hast, als man sie erstochen hat.‹« Ob die Szene tatsächlich so stattfand oder von Melanchthon erfunden wurde, ist fraglich – was sie aussagen soll, ist klar: Schuld an den Tausenden Toten haben nicht die Fürsten, sondern Müntzer.

Anschließend lassen die hohen Herren ihren Häftling auf einen Wagen binden und schenken ihn seinem ärgsten Feind: dem Grafen Ernst von Mansfeld. Der befiehlt, Müntzer zu seiner Burg Heldrungen zu karren, um ihn im Burgturm ausgiebig zu foltern. »Nach einigen Tagen war Thomas in Heldrungen übel gemartert in der Folter«, vermeldet die »Histori Thome Müntzers«. Sein angebliches Geständnis geben die Fürsten später in Druck, sauber getrennt nach Aussagen ohne Folter und mit Folter. Letztere sind überschrieben mit »peinlich bekannt« und enthalten vor allem die Namen von Mitstreitern.

Derweil gönnen sich die siegreichen Soldaten in Frankenhausen noch einen sadistischen Spaß: Sie lassen diejenigen Bürger frei, deren Ehefrauen darum bitten, unter der Bedingung, dass die Bittstellerinnen zwei gefangene Priester zu Tode prügeln. Die verzweifelten Frauen schlagen daraufhin auf dem Markt mit Knüppeln auf die Priester ein, und sie fahren eine halbe Stunde fort, als diese bereits tot sind, wie Johann Rühl schreibt. »Wer sich solchen Tuns nicht erbarmt, ist wahrlich kein Mensch.«

Zur gleichen Zeit beginnt das größte Blutbad des Bauernkriegs: knapp 400 Kilometer Luftlinie entfernt im Elsass, das sich westlich des Rheins entlangzieht und heute in Frankreich an der Grenze zu Deutschland liegt. Dort erhoben sich die Bauern Anfang April 1525 und formten sieben große Haufen, deren Vertreter sich am 11. Mai trafen, um das weitere Vorgehen zu koordinieren. An die Spitze setzte sich der Handwerker Erasmus Gerber, der die Zügel straff in der Hand hält.

So lässt er die Männer der elsässischen Städte und Dörfer in vier Gruppen einteilen: Die erste Gruppe soll acht Tage lang in den Rebellenhaufen dienen, während die anderen drei Gruppen ihrer normalen Arbeit nachgehen. Dann wird rotiert, und die zweite Gruppe leistet acht Tage den Heerdienst, dann die dritte, dann die vierte, sodass stets ein Viertel der Männer unter Waffen steht – und nach Ablauf eines Monats jeder gedient hat. Nur bei akuter Gefahr werden alle vier Gruppen gleichzeitig zu den Haufen gerufen. »In keinem anderen Bauernkriegsgebiet findet sich eine solche, auch den letzten Mann erfassende Organisation«, bilanzieren die Militärhistoriker Bensing und Hoyer.

Am 12. Mai besetzt Gerber mit seinem 18 000 Mann starken Unterelsässischen Haufen die bischöfliche Residenzstadt Zabern, die heute Saverne heißt. Drei Tage später, während die Schlacht bei Frankenhausen tobt, rückt Herzog Anton von Lothringen von Westen her an. Sein Heer umfasst 6000 Reiter und 5000 Fußsoldaten, die bunt zusammengewürfelt sind: Neben dem französisch-lothringischen Aufgebot marschieren Söldner aus Spanien, Italien, dem Balkan, den Niederlanden und Deutschland.

Unsere wichtigste Quelle für die folgenden Ereignisse ist der Sekretär des Herzogs, Nicolaus Vollcyr de Seronville. Er schildert detailliert und anschaulich seine Beobachtungen, wobei er natürlich die Partei seines katholischen Herrn ergreift. So beschreibt er den Kriegszug auch als einen Feldzug gegen »diese Bekenner der falschen und verabscheuungswürdigen Lehre Luthers« – was zeigt, dass die Sorgen der evangelischen Fürsten vor einem katholischen Rollback durchaus begründet sind.

Der Herzog lässt mit seinen mindestens zwölf Kanonen Zabern beschießen, wobei es ein Geschützmeister übertreibt: Eine große Kanone »zerbrach sogleich und zersprang beim ersten Schuss in Stücke, weil ihre Pulverladung zu reichlich gewesen ist«, berichtet Seronville. »Übrigens erwiderten die Feinde das Feuer nicht minder heftig.« Angesichts der unerwartet starken Gegenwehr zieht der Herzog seine Truppen in sichere Distanz zurück.

Doch auch außerhalb der Schussweite ist er nicht sicher: Dank Gerbers Führung sind die Haufen im Elsass besser vernetzt als in den anderen Aufstandsgebieten, und es rücken tags darauf zwei Rebellenheere an, die jeweils 6000 Mann umfassen. Ein Haufen stoppt zwar aus unbekannten Gründen acht Kilometer vor Zabern, aber der andere zögert nicht, zum Entsatz der Stadt voranzumarschieren.

Gegen 2 Uhr nachmittags entdecken die Späher des Herzogs die »gut ausgerüsteten« Herankommenden in dem Dorf

Lupstein, das neun Kilometer östlich von Zabern liegt. Seronville erzählt: »Die Bauern stellten sich in guter Ordnung auf und marschierten wohlgemut in die Schlacht, geradewegs los auf die Armee des Herzogs.« Ein Teil des Söldnerheers eilt den Aufständischen entgegen, und es kommt zum Kampf vor Lupstein. Die Rebellen »befestigten ihre Stellung mit Wagen und Verteidigungswehren, die sie kunstgerecht aus Brettern herstellten, welche sie auf eine neue Art durchlöchert hatten«, um durch die Löcher »direkt auf ihre Feinde zu schießen«, erklärt der Sekretär.

Aber diese innovativen mobilen Schießscharten helfen nicht auf Dauer. Die Büchsenschützen des Herzogs von Lothringen »feuerten so mörderisch, dass allenthalben ringsum Berge, Täler, Ebenen, Wälder in ihren Grundfesten erzitterten«, schildert Seronville. Der kunstfertige Bretterverschlag wird zerschossen, und die Rebellen müssen sich in das Dorf zurückziehen. »Dies war von allen Seiten so stark befestigt und verbarrikadiert, dass die Lothringer nicht hineingelangen konnten.«

»Beiderseits hielt man sich im Kampf so gut, dass man meistens nicht wusste, wer im Vorteil war«, fährt Seronville fort. »Denn wenn die Lothringer mutig den Sturm unternahmen, so verteidigten sich auf der anderen Seite die Bauern mit Zähigkeit« – im Gegensatz etwa zu Frankenhausen, wo der Widerstand der thüringischen Aufständischen sofort zusammenbrach. Lupstein jedenfalls ist eines der Beispiele, dass die Rebellenheere nicht regelmäßig das Heil in der Flucht suchen, sondern bisweilen todesmutig den Adelsarmeen standhalten.

Selbst als die herzoglichen Fußtruppen und Reitergeschwader gemeinsam attackieren und mit ihrer zahlenmäßigen Übermacht die Aufständischen zur Kirche zurückdrängen, setzen diese den Kampf fort. Die Überlebenden verschanzen sich in dem Gotteshaus und lehnen alle Kapitulationsangebote ab – vermutlich in der Hoffnung, dass das 18 000 Mann starke Rebellenheer in Zabern jeden Moment zu Hilfe eilt.

»Da sie sich weder ergeben noch in Gnaden angenommen werden wollten, war man gezwungen, an den vier Ecken des Dorfes Feuer anzulegen, um sie auf diese Weise ins Freie zu bringen«, teilt Seronville mit. »Indessen wollten sie die Kirchentür nicht öffnen, sondern verteidigten sich drinnen mit bewundernswerter Tapferkeit, bis die Decke von den hohen Flammen ergriffen wurde.« Selbst jetzt gibt es noch viele, »die in ihrer Verstockung beharrten« und lieber verbrennen, als aufzugeben. Andere »setzten ihre Hüte draußen vor die Fenster als Zeichen dafür, dass sie kapitulieren«, und »flehten laut schreiend um Gnade«, so der Sekretär. »Aber man konnte sich ihnen der Flammen wegen nicht nähern, auch kam ihre Reue zu spät. So sprangen einige von der Höhe in die Tiefe, andere zerbrachen das Dach, um den Kopf ins Freie stecken zu können wegen des Rauchs, der ihnen den Atem nahm.«

Am Ende ist das Dorf »ein Aschehaufen«, es sind alle Verteidiger »in jämmerlicher Weise verbrannt«, und wer dem Feuer entging, wurde erschlagen. »Das Gemetzel war so furchtbar, dass das Blut, untermischt mit Regenwasser, in starken Bächen und Strömen über die Dorfgassen rann«, schildert der Augenzeuge Seronville die apokalyptische Szene mit 5000 bis 6000 Toten.

Rätselhaft bleibt, weshalb weder das riesige Rebellenheer in Zabern noch das zweite Entsatzheer etwas unternahmen, um ihren tapferen Kameraden in Lupstein zu helfen. »Es ist weder von einem Ausfall die Rede noch von ernsthaften Versuchen, das lothringische Heer anzugreifen«, wundern sich die Militärhistoriker Bensing und Hoyer. »Dabei ergaben sich überaus günstige Gelegenheiten für einen Bauernsieg: Dem gleichzeitigen konzentrischen Angriff von drei Seiten und fast 30000 Mann hätte Anton von Lothringen nicht standhalten können.«

Stattdessen kann der Herzog sich ein Rebellenheer nach dem anderen vornehmen. Nach dem Blutbad in Lupstein zieht er mit seinen 11000 Mann noch am selben Tag weiter nach

Zabern. Dort bieten ihm die Anführer um Erasmus Gerber prompt an, »ihm die Stadt Zabern zu überliefern, wenn er sie in Gnaden annehmen und ihr Leben und ihren Tross unversehrt lassen will«, so Seronville. Doch Herzog Anton lehnt siegessicher ab und fordert die bedingungslose Kapitulation »auf Gnade und Ungnade« binnen zweier Stunden. Allerdings stellt er denen eine gnädige Behandlung in Aussicht, die den »wahren Pfad des Glaubens einschlagen« – also den der katholischen Kirche statt der »lutherischen Sekte«. Gerber unterzeichnet den Unterwerfungsvertrag, obwohl seine Truppen zahlenmäßig überlegen sind.

In der Nacht fliehen einige Aufständische aus Zabern. Die Masse verlässt am nächsten Morgen in einem langen Zug die Stadt, ohne Waffen, mit weißen Stäbchen in der Hand als Zeichen der Unterwerfung. Flankiert von den Landsknechten des Herzogs ziehen die Unterworfenen 300 bis 400 Schritte weit zum sogenannten Marterberg, wobei manche trotzig rufen: »Es lebe der treffliche Luther!« – behauptet jedenfalls Seronville. Die Rufe provozieren ihm zufolge die katholischen Landsknechte, und einer der Soldaten packt »einen ungeschlachten Ochsenknecht« am Ärmel und hänselt den Aufständischen. »Der Bauer dachte, jener wolle ihm Geld wegnehmen – und legte keineswegs die Selbstbeherrschung an den Tag, wie sie der Besiegte dem Sieger gegenüber besitzen muss«, merkt Seronville zynisch und lebensklug zugleich an. »Als nun ihr Streit sich in die Länge zog, ertönte eine Stimme vom Himmel, die auf Deutsch verkündete: ›Schlagt zu, es ist uns erlaubt!‹«

Der letzte Satz ist natürlich völlig unglaubhaft, und auch die angeblichen bäuerlichen Provokationen sind mit Vorsicht zu genießen: Die Sicht der Aufständischen ist nicht überliefert. Seronville gibt die Aussagen der eigenen Leute wieder, die erkennbar die Schuld an den folgenden Ereignissen von sich weisen wollen.

Denn nun beginnen die Landsknechte, auf die wehrlose Masse der Unterworfenen einzuschlagen und einzustechen –

was auch im damaligen Verständnis verbrecherisch ist. Die Aufständischen flüchten zurück in die Stadt, und schon auf der kurzen Strecke dorthin verlieren ungezählte ihr Leben. »Die Erde war von ihnen längs des ganzes Weges bedeckt«, so Seronville. Mit der panisch fliehenden Menge drängen die Landsknechte nach Zabern hinein, weiterhin schlagend und stechend. Die Überlebenden versuchen, in der Stadt zu ihren Waffen zu gelangen, und manche beginnen sich zu wehren. »Das Kampfgetümmel begann wieder«, schildert Seronville, und »es ließ sich durch nichts abwenden, dass die unglücklichen Ketzer alle den Tod fanden mitsamt dem größten Teil der Bevölkerung der Stadt«. Am Ende »waren die Straßen bedeckt, die Häuser angefüllt mit Toten«, so der Augenzeuge. »Und es war den Fürsten nicht möglich, dem großen Drängen und Ungestüm der Fußsoldaten Einhalt zu tun und zu verhindern, dass alles geplündert und hingemordet wurde.«

Ob Herzog Anton von Lothringen und seine Entourage wirklich versuchten, das Blutbad zu beenden, mag dahingestellt sein – zumindest scheinen diese katholischen Herren den Massenmord nicht für eine gute Tat zu halten, anders als kurz zuvor der evangelische Landgraf Philipp, der sich auf Luther berufen konnte. So betont Seronville eigens, dass in der Gegenwart von zwei Grafen und ihm selbst am Marterberg »alle die, welche man noch lebend unter den Toten fand, gerettet und zu Gefangenen gemacht wurden«. Das diente wohl vor allem der Gewissensberuhigung: Geschätzt 18 000 Menschen wurden an dem Tag umgebracht, mehrfach so viele wie bei den anderen großen Gemetzeln in Leipheim, Böblingen oder Frankenhausen. Der Bauernkriegsforscher Günther Franz nennt Zabern denn auch »die schauerlichste Schlächterei des Krieges«.

Erasmus Gerber wird noch am selben Abend an einem Baum aufgehängt. Tags darauf zieht Herzog Anton von Lothringen weiter. Seine internationale Söldnertruppe verbreitet namenlosen Schrecken in der Landbevölkerung. »Sie haben Frauen und Jungfrauen ins Korn geschleift und geschändet«, notiert etwa der Vogt des nahen Kochersberg. Ein Bauernhaufen fleht die Stadt Straßburg um Hilfe gegen die Soldateska an und übertreibt hoffentlich, als er schreibt: »Und den Frauen, die in den Kindbetten liegen, hauen sie den Kopf ab, und die kleinen Kinder erstechen sie und hängen sie an die Schwerter.«

50 Kilometer südlich von Zabern wagt es noch einmal ein Rebellenheer, sich Herzog Anton in den Weg zu stellen. Der Haufen ist laut einer Basler Chronik um die 8000 Mann stark, und er liefert am Abend des 20. Mai einen Kampf, der andauert, »bis die Nacht den Frieden gebracht hat«. Am Ende sind an die 4000 Aufständische tot, aber auch 500 Söldner des Herzogs. Dieser verliert angesichts der starken eigenen Verluste die Lust am Elsass und bricht den Feldzug ab, der binnen einer Woche in drei Schlachten 28 000 Bauern und Bürgern den Tod gebracht hat – das sind mehr als ein Drittel der Opfer des gesamten Bauernkriegs.

Das ausgeblutete Elsass hinter sich lassend, kehrt der 35-jährige Anton mit reicher Beute in sein Herzogtum Lothringen zurück. Den Kriegszug beendet er als gläubiger Katholik mit einer Wallfahrt am 25. Mai. Die restlichen gut 19 Jahre seines Lebens bemüht sich der wahrscheinlich größte Bauernschlächter des deutschen Reichs um den inneren und äußeren Frieden und gibt sich so leutselig, dass er den Namen »Anton der Gute« erhält. Als solcher ist er bis heute in Lexika und Biografien zu finden.

Während der Kämpfe im Elsass brach im fernen Thüringen der Aufstand fast vollständig zusammen. Nach der Schlacht bei Frankenhausen am 15. Mai ergab sich dort ein Ort nach dem anderen; nur in Mühlhausen hat Müntzers einstiger Mitstreiter Heinrich Pfeiffer weiter das Sagen.

Am 19. Mai ziehen die Fürsten von Frankenhausen zu der verbliebenen Rebellenstadt. Unterwegs erhalten sie Verstärkung durch die Truppen des Kurfürsten Johann von Sachsen und des Grafen Wilhelm von Henneberg, der sich zwar mit den Aufständischen verbrüdert hat, nun aber schnell die Seiten wechselt. Das angeschwollene Fürstenheer lagert einige Kilometer vor Mühlhausen. Die Stadt ist für die Verteidigung gerüstet, entsendet aber am 22. Mai Unterhändler zu den hohen Herren. Die Kapitulation zeichnet sich ab.

In der Nacht zum 24. Mai öffnet sich ein Tor in der Stadtmauer, und Heinrich Pfeiffer entschlüpft mit 300 Mann in die Dunkelheit. Die Gruppe will sich nach Franken durchschlagen, wird aber vermutlich von einem Mühlhäuser Ratsmitglied verraten. Denn noch am selben Tag überwältigen berittene Soldaten die flüchtenden Rebellen bei Eisenach, nehmen Pfeiffer und viele seiner Kameraden gefangen und bringen sie ins Lager des Fürstenheeres.

Am 25. Mai kapituliert Mühlhausen. Die Männer der Stadt sind nun »in großer Not und Angst«, wie die zeitgenössische Mühlhäuser Chronik berichtet. Daher schicken sie lieber den weiblichen Teil der Bevölkerung voran: 1200 Frauen »in demütigen Kleidern« und 500 Jungfrauen mit Kränzen auf dem Kopf ziehen in einer langen Prozession in das Lager der Fürsten, wo sie »mit gefalteten Händen um Gnade bitten«, so die Chronik. Den Siegern genügt das nicht, und so muss der ängstlichere Teil der Bevölkerung nachfolgen: »Gleicher Gestalt sind auch alle Mannspersonen, jung und alt, die nur haben gehen können, mit bloßen Häuptern und barfuß mit gefalteten Händen den Fürsten entgegengegangen.« Im Lager bitten sie auf den Knien um Gnade. Die Fürsten sagen daraufhin zu, nur die Schuldigen zu bestrafen, und ziehen in die Stadt ein.

Die Sieger erlassen harte Befehle. Die Bürger müssen ihre Waffen abliefern sowie 40000 Gulden Brandschatzung bezahlen dafür, dass ihre Stadt nicht geplündert und niedergebrannt wird. Zudem muss Mühlhausen seine Landgebiete abtreten, die Stadtmauern niederreißen und sich in den Schutz der Fürsten begeben, womit es keine freie Reichsstadt mehr ist. 54 Männer fallen dem Schwert des Henkers zum Opfer, darunter einer der beiden Bürgermeister; der andere erhält lebenslangen Hausarrest.

Zu den Hingerichteten zählen auch Pfeiffer und Müntzer. Letzterer wird eigens von der Burg Heldrungen herangekarrt, ist sichtlich gezeichnet von der tagelangen Folter und kann kaum mehr sprechen. Trotzdem legt er am 27. Mai auf der Richtstätte vor den Toren Mühlhausens nicht das erwartete Geständnis ab. Stattdessen ermahnt Müntzer die Fürsten vor der Zuschauermenge, das Volk nicht stärker zu belasten, im Alten Testament zu lesen und daraus zu lernen, wie man gottgefällig regiert. Als schließlich Pfeiffer und er geköpft und ihre toten Körper auf Pfählen zur Schau gestellt werden, ist es wohl eine Erlösung für ihn.

Steckbrief Thomas Müntzer

- Geb. um 1489 in Stolberg am Harz, heute Sachsen-Anhalt.
- Gest. 27. Mai 1525 bei Mühlhausen in Thüringen durch Enthauptung.

Stand und Familie: Vermutlich bürgerlicher Herkunft. 1523 Hochzeit mit der ehemaligen Nonne Ottilie von Gersen, ein Sohn. Zum Zeitpunkt seines Todes ist Ottilie schwanger, ihr Schicksal nach 1525 kennen wir nicht.

Wirken: Müntzer studiert Theologie, trifft Luther in Wittenberg und wird 1523 Pfarrer in Allstedt. 1524 kommt es zum Bruch mit Luther, der die weltliche Obrigkeit für sakrosankt erachtet. Im August 1524 zieht Müntzer nach Mühlhausen, muss die Stadt aber schon Ende September verlassen. Im Februar 1525 kehrt er nach Mühlhausen zurück und wird geistlicher Anführer des Volksaufstands. Nach der Schlacht bei Frankenhausen am 15. Mai wird Müntzer gefangen genommen, gefoltert und am 27. Mai geköpft. Eine Reihe seiner Schriften und Predigten ist schon zu seinen Lebzeiten in Druck gegangen. Müntzer ist bis heute der wohl bekannteste Revolutionär des Bauernkriegs. Unter anderem zeigt der 5-Mark-Schein der DDR den Theologen.

Besondere Merkmale: Seine Predigten sind wortgewaltig, kaum jemand kann den Gegner so kreativ beschimpfen wie er. Über sein Aussehen ist nichts überliefert. Das früheste detaillierte Porträt von ihm (Bild auf der vorhergehenden Seite) entsteht 1608, also erst 83 Jahre nach seinem Tod. Der Kupferstich erscheint in einem Buch über Ketzer, und er zeigt Müntzer so, wie sich der Illustrator einen Ketzer vorstellt: mit zerfurchter Stirn, leerem Blick, wulstigen Lippen und gichtkranken Händen. Trotzdem wird das Fantasiebild die berühmteste Darstellung Müntzers.

2. Truchsess: Siegeszug (Mai/Juni 1525)

Wer 1523 nicht stirbt,
1524 nicht im Wasser verdirbt
und 1525 nicht wird erschlagen,
der mag wohl von Wundern sagen.

So lautet ein Sprichwort aus jenen Jahren, und es trifft auf keine Zeit so präzise zu wie auf die blutigen Tage im Mai, die in den beiden vorangegangenen Kapiteln beschrieben wurden: Vom 12. bis 20. Mai 1525 fanden bei Böblingen, Frankenhausen und Zabern geschätzt 40 000 Bürger und Bauern den gewaltsamen Tod. Die Gemetzel erstickten den Volksaufstand in Württemberg, Thüringen und dem Elsass – aber nicht überall im Reich. Trotz des adligen Terrors bleibt die Rebellion im Schwarzwald und in Franken höchst lebendig.

Im äußersten Südwesten Deutschlands gelingt nun sogar die beeindruckendste Militäroperation des gesamten Bauernkriegs. Führender Kopf ist jener Hans Müller von Bulgenbach, der sich schon zu Beginn des Volksaufstands im Sommer 1524 einen Namen machte und gern in Rot gekleidet umherreist (siehe Steckbrief auf Seite 51). Er koordiniert jetzt den Angriff auf Freiburg im Breisgau, den wichtigsten Stützpunkt der Habsburger in der Region.

Für die österreichischen Herrscher ist die Stadt bislang ein Fels in der Brandung. Während ringsum die Rebellen die Macht übernehmen, weigert sich Freiburg Mitte Mai 1525, dem Aufstand beizutreten. Denn der Rat der Stadt fühlt sich sicher: Die Schwarzwaldmetropole besitzt so mächtige Befestigungswerke, dass sie als uneinnehmbar gilt.

Die Aufständischen sehen das offenbar als Herausforderung: Gleich sechs Rebellenheere rücken aus allen Himmelsrichtungen an. Sie sind zusammen mindestens 18 000 Mann stark, schließen am 15. und 16. Mai den Belagerungsring und graben Freiburg das Wasser ab. »Meisterhaft wurde dieser strategische Aufmarsch durchgeführt«, lobt der Forscher Günther Franz.

Die Belagerer erkunden tagelang systematisch den Schlossberg über der Stadt, und sie schaffen es, ihn am 19. Mai handstreichartig zu erobern. In der Nacht befördern sie mit Stricken ihre schweren Kanonen den Berg hinauf, und in den frühen Morgenstunden beginnen sie, aus der Höhe auf Freiburg zu feuern. Der Artilleriebeschuss setzt sich mehrere Tage fort. In der Stadt brechen Unruhen aus, und am 23. Mai kapituliert der Rat: Freiburg öffnet die Tore und schließt sich dem Aufstand an. Von Hinrichtungen ist keine Rede – wie fast immer, wenn die Rebellen gewinnen. Einmal mehr zeigt sich, welch anderes Verhalten sie an den Tag legen als der Adel.

»Die Einnahme der als sicher geltenden Stadt Freiburg war ein bedeutender militärischer Erfolg der Bauern«, resümieren die Militärhistoriker Bensing und Hoyer. »Er bietet ein Beispiel dafür, dass die Bauernhaufen bei offensivem Vorgehen und Ausnutzung aller militärischen Möglichkeiten durchaus siegreich sein konnten.« Doch letztlich kommt der Erfolg im Schwarzwald zu spät – einige Tage nach dem blutigen Ende des Aufstands im nahen Elsass und in Württemberg. Die Weichen sind bereits gestellt, die Eroberung Freiburgs kann daran nichts mehr ändern. Ohne größere Perspektive trennen sich die Rebellenheere wieder, ziehen zurück in ihre Heimat, und von ihrem glänzenden Sieg bleibt nichts als eine kurze Episode des Ruhms.

Dauerhafte Spuren hinterlässt der Aufstand dagegen in Franken, das sich über den Norden und Nordwesten des heutigen Bayerns sowie einige Nachbargebiete erstreckt. Dort gehen die Rebellen systematischer vor als in jeder anderen Region: Anfang Mai beschließt der Taubertaler Haufen, eines der großen fränkischen Rebellenheere, dass »schädliche Schlösser, Wasserhäuser und Befestigungen eingebrochen oder ausgebrannt werden«. Kurz gesagt: Burgen zu Trümmerhaufen! Das Hab und Gut darin dürfen die adligen Besitzer behalten, »sofern sie Brüder sein wollen«, sich also dem Aufstand anschließen. Nur die Kanonen sollen dann an die Rebellen gehen.

Die Aufständischen setzen damit gewissermaßen die Arbeit ihres Erzfeindes fort: des Truchsess, der 23 fränkische Burgen in dem Straffeldzug von 1523 niederbrannte. Jetzt gewinnt das Zerstörungswerk eine neue Dimension: Die Rebellen schicken nicht weniger als 155 Burgen »gen Himmel«, wie eine ironische Umschreibung für das Abfackeln lautet. Quer durch das Land färben brennende Bauten auf den Bergeshöhen den Himmel in einen rötlichen Schein.

Gut dokumentiert ist das Vorgehen im Bistum Bamberg, das sich zwischen Nürnberg und Thüringen erstreckt – und das regelrecht durchlöchert ist von den Zwergterritorien unabhängiger Reichsritter. Allein in diesem Gebiet schleifen die Aufständischen ab Mitte Mai binnen zehn Tagen rund 200 Burgen und Schlösser: Oft lassen sie die Gebäude in Flammen aufgehen, bisweilen decken sie nur das Dach ab. Dabei gehen die Abrisskommandos so systematisch vor, dass am Ende gerade einmal sechs Herrensitze verschont bleiben.

All das geschieht nicht in spontanen Gewaltorgien, sondern mit beinahe klischeehafter deutscher Gründlichkeit und Bürokratie: Die örtliche Rebellenzentrale bei Hallstadt nahe Bamberg erteilt den Bauerngruppen auf dem Land exakte Anweisungen, welche Burgen sie stürmen dürfen und was mit den Gütern darin geschehen soll. Eigenmächtiges Vorgehen duldet die Zentrale nicht. Handelt eine Gruppe voreilig und zerstört ein Gebäude ohne ausdrücklichen Befehl, muss sie den Schaden wiedergutmachen, Vieh und Hausrat zurückgeben.

Beispielhaft für das penible Vorgehen ist Gößweinstein, das 35 Kilometer südöstlich von Bamberg liegt. Bevor die Rebellen hier zum Sturm auf die Burg ansetzen, erstellen sie eine ausführliche Inventarliste. Diese umfasst all das, was die adlige Besitzerin der Burg behalten darf, um weiterhin einen Lebensstil zu pflegen, der einer »gemeinen Edelfrau« angemessen sei. Nach dieser bürokratischen Arbeit zerstören die Rebellen das Bauwerk.

Persönlich zu Schaden kommt dabei niemand, weder hier noch anderswo: Die Abrisskommandos vertreiben die Adligen aus ihren Wohnsitzen und zertrümmern deren Gebäude ohne nennenswerten Widerstand und ohne Blutvergießen. Nicht einmal von körperlichen Misshandlungen ist die Rede. Das gewaltige Zerstörungswerk erfolgt in so ruhigen und geordneten Bahnen, dass es einem Wunder gleicht.

Die Folgen sind bis heute sichtbar: Die Burg Gößweinstein wird zwar sieben Jahre später wiederhergestellt, aber viele Bauwerke bleiben für immer in Trümmern. Ein Beispiel ist die Karlsburg, die jetzt noch als imposante Ruine über Karlstadt nordwestlich von Würzburg thront. Was aus gegenwärtiger Perspektive wie ein kultureller Verlust wirkt, ist für viele Menschen damals eine Befreiung. Burgen sind 1525 zwar militärisch veraltet – und werden im Lauf des Jahrhunderts zunehmend abgelöst von modernen Festungsbauten mit Bastionen und dicken, gedrungenen Wällen, die Kanonenkugeln widerstehen –, aber die befestigten Adelssitze stellen immer noch ein effektives Unterdrückungsinstrument dar: Sie erlauben es dem Burgherrn, die umliegenden Orte permanent zu überwachen und Abgaben sowie Frondienste einzufordern. Wo dagegen keine herrschaftlichen Stützpunkte existieren, können sich Dorfgemeinschaften viel leichter der Kontrolle entziehen und eine gewisse Autonomie bewahren.

Auch für die großen Landesfürsten sind die Burgen häufig ein Ärgernis, denn sie ermöglichen es den kleinen Reichsrittern, sich der aufkeimenden Staatsgewalt effektiver zu widersetzen. Wenn die Aufständischen nun massenhaft diese befestigten Adelssitze zerstören, dann zertrümmern sie gleichsam

Relikte des Mittelalters. Und sie ebnen, ohne es zu wissen, den Weg in die Neuzeit, hin zu den zentral gelenkten Flächenstaaten, in denen Behörden anstelle der Ritter regieren.

Doch noch zeichnet sich das neue Zeitalter erst in Umrissen ab, und die alten feudalen Kräfte greifen ringsum wieder nach der Macht. Während in Franken die Adelssitze brennen, sendet Georg Truchsess sein eigenes Flammenzeichen in den Himmel. Der Feldherr des Schwäbischen Bundes fackelt in Württemberg eine komplette Stadt ab: Weinsberg, den Ort der sogenannten Bluttat.

Nach seinem Sieg bei Böblingen am 12. Mai zog Georg Truchsess nordwärts an Stuttgart vorbei zu der Stadt, in der zu Ostern etwa zehn Adlige durch die Spieße gejagt worden waren. Unterwegs ließ er den Organisator des Spießgerichts, Jäcklein Rohrbach, wie erwähnt bei lebendigem Leib zu Tode braten. Danach brannten seine Soldaten 5 bis 18 Dörfer nahe Weinsberg nieder – die Zahlenangaben schwanken. Am 21. Mai stehen sie vor der Stadt selbst, die keinen Widerstand leistet und die Tore öffnet. Die Truppen rücken ein, finden aber »niemand Männliches darinnen, alleine Frauen und Kinder«, wie der Reiter-Hauptmann Ambrosius Geyer berichtet. Viele Weinsberger Männer sind in die Rebellenheere eingetreten, der Rest ist wohlweislich vor dem Truchsess geflohen.

Der Feldherr befiehlt nun, Weinsberg komplett abzubrennen – ohne es vorher zu plündern, was bei seinen Landsknechten sicherlich zu Unmut führt. Doch Georg Truchsess will ein Exempel statuieren: Alles soll in Flammen aufgehen, die Häuser, Möbel, Wertgegenstände, Kleidung, Geräte, Lebensmittel, sogar die Tiere. Aber nicht die menschlichen Bewohner: Sie erhalten die Anweisung, ihre Stadt zu verlassen. Einige weigern sich allerdings. »Zwei Kindbetterinnen [Frauen kurz nach der Geburt] wollten nicht hinaus, er ließ sie mit Gewalt hinaustun; ein ganz alter Mann wollte auch nicht aus seinem Haus, den ließ er mit Gewalt hinausführen«, erzählt der Zeitgenosse Nicolaus Thoman, Pfarrer in Weißenhorn nahe Ulm und Autor einer umfangreichen Chronik. Demnach gelingt es den Soldaten nicht, alle renitenten Einwohner gegen ihren Willen in Sicherheit zu bringen. Der alte Mann etwa »entkam heimlich denen, die ihn herausgeführt hatten, und lief wieder in die Stadt hinein«.

Dann legt der Brandmeister an verschiedenen Stellen Feuer – selbst für diese Tätigkeit haben die Heere eigene Spezialisten. Die Stadttore werden versperrt, »und es ist alles in Grund verbrannt«, berichtet Hans Lutz, der Herold des Truchsess. »Und da sind etliche Frauen verbrannt, die trotz der Warnung nicht von ihrem Gut gehen wollten« – wer passiven Widerstand leistet, kann in damaliger Zeit nicht mit gesonderter Rücksichtnahme rechnen. Andere Zeugen erzählen laut dem Chronisten Nicolaus Thoman, wie das »jammervolle Geschrei« des verbrennenden Viehs weithin zu hören ist, und auch vor den Stadttoren spielen sich herzzerreißende Szenen ab: »Was nun dazumal von Frauen und Kindern für ein Jammer, Not, Heulen und Wehklagen geschehen ist, das kann sich ein jeder selbst denken«, schreibt der Reiter-Hauptmann Geyer.

Tags darauf erlaubt der Truchsess allen Bewohnern, die als unschuldig an der Bluttat gelten, in ihre verkohlten Häuser zurückzukehren. Was sie dort noch an Brauchbarem finden, dürfen die Menschen behalten, und sie dürfen wieder ihrer Arbeit nachgehen.

Doch die Herrschenden sind immer noch nicht zufrieden – der Schock, dass Untertanen es wagten, Adlige hinzurichten, wandelt sich zu einer regelrechten Obsession. Im Sommer desselben Jahres lässt die Stuttgarter Regierung ein ausführliches Verhör mit 21 Augenzeugen an verschiedenen Orten durchführen, um die Bluttat minutiös festzuhalten. Eine regierungsamtliche Liste nennt die Namen der insgesamt 16 in Weinsberg getöteten Adligen, und diese werden in offiziellen Schreiben wie ein Mantra wiederholt. Die Tausende toten Bauern und Bürger hingegen hat niemand namentlich gelistet.

Am 17. November 1525 schließlich muss die Weinsberger

Bürgerschaft einem eigenartigen Unterwerfungsvertrag zustimmen, der sich wie ein Strafurteil liest: Weinsberg wird zum Dorf degradiert, die Stadtmauern, Tore und Türme sind abzureißen. Der Rat der Stadt wird abgeschafft, alle Bewohner müssen ihre Waffen abgeben, mit Ausnahme von Degen und langen Messern. Hinzu kommen gezielte Demütigungen: Gerichtsverhandlungen dürfen nur noch unter freiem Himmel stattfinden, egal bei welchem Wetter, und zwar dort, wo die Adligen durch die Spieße gejagt wurden. Zudem müssen »zum unvergessenen, ewigen Gedächtnis« sich die Weinsberger jedes Jahr am Ostersonntag bei Sonnenaufgang am Ort der Bluttat versammeln – »alle gemeinsam, jung und alt, reich und arm, Mann und Frau«, wird eigens betont, »niemand ausgenommen«. Die Versammelten müssen dann im Gedenken stillstehen, während die Priester zehn Messen hintereinander für die toten Adligen lesen. Zudem erhalten die Armen Brot im Wert von zwei Gulden. Und damit niemand auf die Idee kommt, das Prozedere zu beschleunigen, müssen anschließend alle »auf dem Platz bis zum Mittag ungefähr (ohne Arglist) verharren«.

»Die Regierung hat wirklich nichts unterlassen, die Gemüter der enttäuschten und gedemütigten Bevölkerung mit Erbitterung zu erfüllen«, konstatiert der Weinsberger Dekan Erich Weismann 1959 in seiner Rekonstruktion der Ereignisse. »Man stelle sich vor, in welch innerer Verfassung gegen tausend Einwohner vom kommunionsfähigen Alter an Jahr für Jahr, statt wie andere ein frohes Osterfest zu feiern, in der Morgenfrühe zu der verruchten Stätte vor dem unteren Tor zogen, um dort bei jeder Witterung sechs Stunden ›in Andacht‹ zu verharren.« Dass sämtliche Weinsberger diese Strafe für alle Zeiten erdulden sollen – selbst diejenigen, die erst nach dem Bauernkrieg geboren werden oder hinzuziehen –, passt eigentlich nicht mehr in das Rechtsverständnis der Zeit. »Die mittelalterliche Sippenhaft«, die schon beseitigt ist, so Weismann, »wurde wieder hervorgeholt, um dem Racheverlangen der führenden Schicht Genugtuung zu verschaffen. An die

Stelle der Sippe trat die Stadt, die Bürgerschaft.« Doch mit der Zeit gewinnt das neuzeitliche Denken wieder die Oberhand: 1553 erhält der leidgeprüfte Ort das Stadtrecht zurück, und die Weinsberger Kollektivschuld gehört endgültig der Vergangenheit an.

Georg Truchsess lässt das abgebrannte Weinsberg nach wenigen Tagen hinter sich. Er macht einen Schlenker nach Westen und trifft sich am 26. Mai 1525 mit dem Kurfürsten Ludwig von der Pfalz, der 1200 Reiter und 3000 Fußsoldaten mitbringt. Die beiden vereinigen ihre Truppen zu einer Armee, die 3000 Reiter und mehr als 9000 Fußsoldaten zählt. Jetzt fühlen sich die Herren stark genug, nach Franken zu ziehen.

Das Aufstandsgebiet betreten sie am 28. Mai bei Neckarsulm, das nahe Heilbronn im Norden des heutigen Baden-Württembergs liegt. Dort werden die Soldaten sogleich beschossen: von bis zu 1000 Aufständischen, die sich in der Stadt verschanzt haben. Georg Truchsess antwortet mit einer mehrstündigen Kanonade, bis die Verteidiger vor der Übermacht kapitulieren. Er lässt 40 Rebellen festnehmen und 13 sofort köpfen, darunter alle Hauptleute und sonstigen Anführer. Zwölf weitere Gefangene werden in den folgenden Tagen hingerichtet.

Auf dem weiteren Weg nach Franken hinein plündern die Soldaten die Dörfer und nehmen diejenigen fest, die sie verdächtigen, Rebellen zu sein – oder die einfach zur falschen Zeit am falschen Ort sind. Der Schreiber des Truchsess berichtet unverblümt: »Unterwegs wurden viele Bauern gefangen. Die ließ der Truchsess alle an den Bäumen erhängen und zum Teil enthaupten, nach eines jedem Verschulden.« Todesstrafe ist damals nicht gleich Todesstrafe: Das Köpfen gilt als ehrenvollste Hinrichtung, das Erhängen als ehrmindernd, insbesondere wenn es nicht am Galgen erfolgt, sondern an einem Ast, womöglich sogar an einem abgestorbenen Ast. Georg Truchsess lässt seine Opfer in der Regel auf die ehrenvolle Weise exekutieren, doch nun will er offenbar Schrecken verbreiten:

Bald hängen an den Bäumen längs des Wegs so viele Leichen, dass den Henkern die Stricke ausgehen. Einige Urteile werden daraufhin abgemildert: vom Tod durch den Strang zum Tod durch das Schwert.

Am 2. Juni trifft der Truchsess bei Königshofen zwischen Heilbronn und Würzburg erstmals auf ein großes fränkisches Rebellenheer: den Neckartal-Odenwälder Haufen, der eine beeindruckende Erfolgsserie vorweisen kann. Wie in den Kapiteln III.1 und III.3 beschrieben, eroberte der Haufen am 16. April Weinsberg – wo Jäcklein Rohrbach wohl ohne das Wissen der anderen Anführer das Blutgericht am Adel organisierte –, nahm am 19. April die bedeutende Reichsstadt Heilbronn ein und zwang am 7. Mai sogar das Kurfürstentum Mainz zum Anschluss. Zu dem Zeitpunkt hat das Rebellenheer bereits einen prominenten Anführer: Ende April kürte es ebenjenen Götz von Berlichingen zum Hauptmann, dem Johann Wolfgang von Goethe 1773 mit dem gleichnamigen Sturm-und-Drang-Drama ein Denkmal setzen wird – und dem er den Ausruf in den Mund legen wird: »Er kann mich im Arsch lecken!«

Der etwa 45 Jahre alte Götz von Berlichingen ist ein Reichsritter vom alten Schlag. Geboren um 1480 bei Heilbronn in der Burg Jagsthausen – dem heutigen Schlosshotel Götzenburg –, beschäftigte er sich von Kindesbeinen an mit der Kampfkunst. Schon mit circa 17 Jahren nahm er an Feldzügen des späteren Kaisers Maximilian I. teil, diente dann verschiedenen Kriegsherren und wurde 1504 bei der Belagerung Landshuts von einer Kanonenkugel getroffen, die seine rechte Hand zerschmetterte. Diese musste amputiert werden, und Götz ließ sich stattdessen eine eiserne Handprothese anfertigen (sowie eine zweite Prothese um 1530): Durch einen raffinierten Mechanismus aus Zahnrädern und Federn lassen sich die künstlichen Finger mithilfe der gesunden Hand krümmen, sodass die Prothesenhand etwa Pferdezügel oder einen Schild halten kann. Auf Knopfdruck springen die Finger mittels Federkraft in die gestreckte Ausgangsstellung zurück. Das war damals keine außergewöhnliche Technologie, sondern entsprach dem bekannten Standard. Beeindruckend sind die Konstruktionen gleichwohl. Die beiden Prothesen lassen sich heute im Schlossmuseum der Götzenburg besichtigen und machten Götz von Berlichingen als »Ritter mit der eisernen Hand« bekannt.

Auch mit der Kunsthand nahm der Haudegen an zahlreichen Fehden teil, sowohl in eigener Sache als auch gegen Lohn für andere. Die Privatkriege waren zwar durch den Ewigen Landfrieden von 1495 streng untersagt, aber viele Ritter scherten sich nicht um das Verbot, solange das deutsche Reich kaum Mittel hatte, sein staatliches Gewaltmonopol auch durchzusetzen. Im Jahr 1512 allerdings übertrieb es Götz: Mit 130 Reitern überfiel er 95 Kaufleute, die von der Leipziger Messe kamen. Sein Ex-Dienstherr Kaiser Maximilian verhängte daraufhin die Reichsacht über ihn. Diese wurde zwar 1514 gegen hohe Zahlungszusagen aufgehoben, aber 1516 schon wieder verhängt, als Götz einen Grafen entführte, um Lösegeld zu erpressen. 1517 kaufte der räuberische Ritter trotz der Reichsacht für 6500 Gulden die Burg Hornberg nördlich Heilbronn, die bis zu seinem Tod sein Wohnsitz bleibt.

1519 kämpfte Götz für Ulrich von Württemberg, als dieser vom Schwäbischen Bund aus seinem Herzogtum vertrieben wurde, und er geriet dabei in die Gefangenschaft des Bundes. Die nächsten drei Jahre schmorte der Ritter in Heilbronn in Haft, bis er sich bereit erklärte, 2000 Gulden plus die Verpflegungskosten zu zahlen und zu schwören, fortan auf Fehden zu verzichten. Der Raufbold zog sich in seine Burg zurück und hielt tatsächlich eine Weile die Füße still – bis 1525 der Bauernkrieg an seine Tür klopfte.

In seiner späteren Autobiografie beschreibt Götz wortreich, wie er von den Aufständischen gegen seinen Willen gezwungen wird, für zunächst vier Wochen ihr Hauptmann zu werden. Aber natürlich will er sich in seinen Memoiren nicht selbst belasten. Vielleicht nimmt der Haudegen freiwilliger teil, als er zugibt – etwa um Beute zu machen, um Burgen vor der Zerstörung zu bewahren oder um den Schwäbischen Bund zu schwächen. Dieser geht ja sowohl gegen den Aufstand als auch gegen seine geliebten Fehden vor, ist damit Widersacher der Rebellen und der Raubritter zugleich. Kaum etwas verbindet mehr als ein gemeinsamer Feind.

So ist Götz nicht nur militärisch für die Rebellen aktiv: Zusammen mit Wendel Hipler und weiteren führenden Köpfen des Neckartal-Odenwälder Haufens veröffentlicht er am 5. Mai 1525 die sogenannte Amorbacher Erklärung, eine praxisnahe, abgeschwächte Version der Zwölf Artikel. Diese soll es erleichtern, den niederen Adel und die Städte zum Anschluss an den Aufstand zu bewegen. Zwei Tage später, am 7. Mai, kapituliert das Kurfürstentum Mainz und nimmt die Amorbacher Erklärung an.

Nach diesem Sieg rückt der Neckartal-Odenwälder Haufen unter Götz' Führung nach Würzburg vor. Dort vereinigt er sich in einer Zangenbewegung mit dem Taubertaler Haufen und einem kleineren Haufen aus der Region, sodass insgesamt rund 15 000 Mann beisammen sind. Angesichts dieser Rebellen-Übermacht verzichtet der Würzburger Rat auf Widerstand. Die Bischofsstadt öffnet ihre Tore und stimmt am 9. Mai den Forderungen zu, die der bekannteste Kopf des Taubertaler Haufens im Namen der Hauptleute vorträgt: der Ritter Florian Geyer.

Der etwa 35-Jährige stellt eine absolute Ausnahmeerscheinung dar: Florian Geyer ist einer von ganz wenigen, wenn nicht der einzige Adlige, der sich aus Idealismus der Sache des Volkes verschreibt. Entsprechend preisen ihn die wichtigsten Bauernkriegsforscher des 19. und 20. Jahrhunderts: »Ihn trieb einzig die innere Überzeugung. Er stand damit allein«, urteilt Günther Franz; für Wilhelm Zimmermann ist er gar »der schönste Held des ganzen Kampfes«.

Geyer zählt zu den wohlhabenden fränkischen Rittern,

trotzdem fordert er eindringlich, dass alle Standesunterschiede aufgehoben werden. Seit Beginn des Aufstands stellt er sich uneigennützig auf die Seite der Unterdrückten. Der Ritter führt wohl einen Trupp aus mehreren Hundert Mann an, der sich »Schwarzer Haufen« nennt, und ist vor allem als Gesandter und Verhandlungsführer der Rebellen tätig. Er bringt mindestens ein Dutzend Städte dazu, dem Aufstand beizutreten, einschließlich Würzburg am 9. Mai.

Allerdings nehmen die Rebellen nur die Bischofsstadt selbst ein, nicht die mächtige Festung Marienberg, die oberhalb von Würzburg 100 Meter über dem Main thront. Der Herr der Festung, der Würzburger Fürstbischof, ist nach Heidelberg geflohen. Aber sein Vertreter, der Dompropst, hält dort oben mit 400 weiteren Personen die Stellung: Soldaten, Adligen, Dienern, Hofbeamten, Priestern und Mönchen, die alle in der Festung Zuflucht gesucht haben. Nur gut 240 davon gelten als kampftauglich. Diese blicken hinunter auf die 15 000 Rebellen, die ihnen zahlenmäßig um das 60-Fache überlegen sind.

Entsprechend verhandlungsbereit zeigen sich die Herren von Marienberg. Schon am 9. Mai bieten sie den Aufständischen an, in deren Brüderschaft einzutreten und auf die Zwölf Artikel zu schwören. Die Festung selbst wollen sie aber nicht übergeben.

Die Hauptleute des Neckartal-Odenwälder Haufens möchten das Angebot annehmen, ebenso Florian Geyer, der ein erfahrener Kriegsmann ist und weiß, wie langwierig und verlustreich eine Belagerung sein kann. Doch die radikaleren Führer des Taubertaler Haufens lehnen ab und beharren auf der Übergabe der Festung. Unter den Aufständischen entbrennt ein hitziger Streit – Florian Geyer soll die Radikalen gar »des Teufels Bruderschaft« geschimpft haben. Ohne Erfolg: Die Kompromisslosen setzen sich durch, und die Verhandlungen werden ergebnislos abgebrochen.

Am 13. und 14. Mai bringen die Aufständischen ihre 23 Geschütze in der Stadt sowie auf dem gegenüberliegenden Nikolausberg in Stellung und eröffnen das Feuer. Am 15. Mai sehen sie angeblich mittags einen Regenbogen um die Sonne – so wie auch Thomas Müntzer und seine Thüringer Rebellen, denn es ist der Tag der Schlacht bei Frankenhausen. In Würzburg versuchen einige waghalsige Trupps der Belagerer nach Sonnenuntergang, Marienberg mit Leitern zu stürmen.

Auch die Leute in der Festung sind sich nicht einig. »Die zarten Herren haben sich verkrochen, immer gewollt, man sollte sich ergeben«, ätzt der Würzburger Stadtschreiber Martin Cronthal. »Der Dompropst, Adel, Ritter und Landsknechte wollten das jedoch nicht tun, viel lieber ritterlich sterben.« Die Verteidiger gießen brennendes Pech und Schwefel über die Anstürmenden, bringen die Angreifer auf den Leitern zu Fall, feuern mit ihren Büchsen und wehren so zwei Attacken ab. Gegen Mitternacht liegen Hunderte Aufständische tot oder verwundet in den Festungsgräben. Niemand kann sich ihnen nähern, ohne in das Feuer der Verteidiger zu geraten, und die Schwerverletzten krepieren hilflos.

In den kommenden Tagen versuchen die Aufständischen, Marienberg sturmreif zu schießen, ohne Erfolg. Ein Schmied beginnt sogar, in Würzburg eigens eine mauerbrechende Riesenkanone zu gießen, doch diese wird nicht fertig. Zudem treiben 40 Bergleute der Rebellen einen Stollen in den Berg unter der Festung – mit dem Ziel, dann den Stollen mitsamt den darüber liegenden Festungsmauern zum Einsturz zu bringen. Es ist eine bekannte, aber aufwendige Belagerungstechnik, und auch dieses Werk wird nicht vollendet, obwohl der Stollen eine respektable Länge erreicht: »An die 118 Schritte, ich selbst habe es gemessen«, vermeldet später Hans Lutz, der Herold des Truchsess.

Am 21. Mai 1525 – dem Tag, an dem der Truchsess Weinsberg abbrennt – kommt die Nachricht von dessen Siegeszug im 85 Kilometer entfernten Würzburg an. Zwei Tage später bricht der Neckartal-Odenwälder Haufen die Belagerung Marienbergs ab und zieht dem Truchsess entgegen, um die eigene Heimat nahe Weinsberg zu schützen. Der Taubertaler Haufen hingegen bleibt in Würzburg zurück und hält weiter die Festung Marienberg umzingelt.

Die beiden mächtigen Rebellenheere haben sich damit getrennt, anstatt gemeinsam dem anrückenden Feind entgegenzutreten. Wieder zeigt sich ein bekanntes Muster: Bei Belagerungen können die verschiedenen Haufen zwar sehr gut miteinander kooperieren, aber vor den Feldschlachten will die Zusammenarbeit einfach nicht gelingen. Warum treten die großen Rebellenheere nie vereint zu den Entscheidungsschlachten an? Es ist zum Haareraufen, wenn man mit den Aufständischen sympathisiert.

Unterwegs erhält der Neckartal-Odenwälder Haufen eine Verstärkung von immerhin 5000 Mann, aber ähnlich viele Aufständische verlassen auch das Heer, sodass die Zahl der Kämpfer bei etwa 7000 bis 8000 bleibt. Der prominenteste Abgang ist der Anführer selbst: Götz von Berlichingen verdrückt sich am 28. Mai heimlich – weil die vereinbarten vier Wochen Dienstzeit als Hauptmann abgelaufen sind, behauptet er später in seiner Autobiografie. »Ich glaube nicht, dass sie wussten«, merkt er noch hämisch an, »dass soeben meine Zeit aus war, aber ich wusste es sehr wohl.« Götz wusste vermutlich auch sehr wohl, wie moralisch zweifelhaft es ist, als Anführer seine Leute unmittelbar vor der Schlacht im Stich zu lassen. Man kann hier durchaus von Fahnenflucht oder Verrat sprechen.

Das stört den Opportunisten anscheinend nicht. Götz kehrt in seine Burg Hornberg zurück, wird 1528 wegen seiner Beteiligung am Bauernkrieg in Augsburg verhaftet und 1530 nur gegen den Schwur entlassen, nie wieder ein Pferd zu besteigen und keine Nacht außerhalb seiner Burg zu verbringen. Es ist sozusagen Hausarrest im offenen Strafvollzug. Zehn Jahre später hebt der Kaiser die Freiheitsbeschränkung auf, weil er den mittlerweile 60-Jährigen für Feldzüge braucht. Götz kämpft gegen die Franzosen, kehrt vier Jahre später heim und verbringt den Rest seines Lebens ruhig im Kreis seiner großen Familie – er hat zweimal geheiratet, etwa zehn Kinder (die Angaben schwanken leicht) und viele Enkel. 1562 stirbt das späte Paradebeispiel eines Ritters im gesegneten Alter von circa 82 Jahren.

Der von Götz verlassene Neckartal-Odenwälder Haufen trifft nun am 2. Juni 1525 auf das deutlich größere Heer des Truchsess und des Kurfürsten Ludwig von der Pfalz: bei Königshofen, 30 Kilometer südwestlich von Würzburg. Viele Rebellen wehren sich standhaft, einer verwundet sogar den Truchsess, indem er ihm mit einer Hellebarde ins Knie sticht. Die Verletzung hat offenbar keine dauerhaften Folgen, und die Schlacht endet wie die anderen zuvor: Der Neckartal-Odenwälder Haufen erleidet eine vernichtende Niederlage. Geschätzt 6000 der annähernd 8000 Aufständischen werden erschlagen, 300 gefangen genommen. In der Stadt Königshofen, die aufseiten der Rebellen steht, gibt es danach praktisch nur noch Greise, Witwen und Waisen: Von den 300 Königshofener Bürgern im wehrfähigen Alter überleben angeblich nur 15 das Gemetzel.

Tags darauf kommt es im Heer des Truchsess mal wieder zu einer Meuterei: Die Landsknechte fordern den zusätzlichen Schlachtensold, der ihnen wieder einmal verweigert wird mit dem üblichen Argument, die Reiter hätten den Sieg erkämpft, die Fußtruppen seien nur hinterhergelaufen. Daraufhin streiken die Landsknechte wie gewohnt, bleiben im Lager liegen – und Georg Truchsess bricht nur mit seinen Reitern und den Doppelsöldnern auf. Letztere sind besonders erfahrene und gut gerüstete Fußsoldaten, die oft in der ersten Reihe kämpfen und dafür (wie der Name sagt) den doppelten Sold erhalten, also acht statt vier Gulden im Monat.

Mit dieser Elite zieht Georg Truchsess in das letzte Gefecht in Franken: Noch mal einen Tag später, am 4. Juni, trifft er 15 Kilometer südlich von Würzburg nahe dem Dorf Ingolstadt (nicht zu verwechseln mit der oberbayerischen Stadt Ingolstadt) auf 5000 Rebellen. Diese sind von Würzburg losgezogen, um dem Neckartal-Odenwälder Haufen doch noch zu Hilfe zu eilen – zu einem denkbar schlechten Zeitpunkt. Als die Männer erfahren, dass sie zu spät kommen und der Truchsess naht, verschanzen sie sich in einer Wagenburg auf weitem Feld.

Georg Truchsess geht mit den Reitern sofort zum Angriff über, obwohl das Gros seiner Armee noch streikend bei Königshofen liegt. Wieder hat der kompetente Feldherr richtig kalkuliert: Im Angesicht der dicht gestaffelt anstürmenden Reitergeschwader geraten die Rebellen in Panik, wenden sich zur Flucht, und auch die Schlacht bei Ingolstadt mündet in ein Gemetzel. Die Berittenen verfolgen die Fliehenden rund sieben Kilometer weit und erstechen die meisten. Nur etwa 60 führen sie lebend ab, um die Festgenommenen später gegen Lösegeld freizulassen. Doch das missfällt dem Truchsess, der den Befehl gegeben hat, keine Gefangenen zu machen. Und so werden die 60 »alle auf einen Haufen erstochen«, berichtet der Chronist Lorenz Fries, der Sekretär des Würzburger Fürstbischofs ist.

Manche der Verfolgten entkommen in die Wälder, andere versuchen, sich in den Häusern der Umgebung zu verstecken. Daraufhin zünden die Truppen des Truchsess sieben oder acht Dörfer an und erschlagen alle, die von den Flammen ins Freie getrieben werden. Die Schreie der Sterbenden sind angeblich kilometerweit zu hören.

Inmitten des Infernos gelingt es circa 300 Rebellen, sich geordnet in das Schloss Ingolstadt zurückzuziehen, das Florian Geyer gehört. Dieser selbst ist nicht zugegen, denn der Ritter weilt seit einigen Tagen auf diplomatischer Mission für den Taubertaler Haufen im 37 Kilometer entfernten Rothenburg ob der Tauber.

Geyers Schloss ist nur noch eine ausgebrannte Ruine: Sogar seine Burg fiel im Mai der systematischen Zerstörung durch die Aufständischen zum Opfer. Die 300 Kämpfer geben trotzdem nicht auf. Sie schleppen Steine herbei, häufen sie vor den Toren auf und verbarrikadieren sich so in dem verkohlten Gemäuer.

Die Truppen des Truchsess greifen an – und stoßen auf unerwartet entschlossenen Widerstand. »Sie haben sich gewehrt, so stark und streitbar, wie sie es nie zuvor getan haben«, schreibt der Herold Hans Lutz respektvoll. Und er gibt unumwunden zu: »Den ersten Sturm haben wir verloren und mussten abziehen und mussten das Geschütz verlegen und hinein schießen.«

Selbst die großen Kanonen schaffen es nicht, die Mauerreste zum Einsturz zu bringen. Geschlagene drei Stunden feuern die Geschütze auf die Ruine – trotzdem wehren die unbeugsamen 300 im Schloss drei Sturmangriffe ab, indem sie mit ihren Büchsen feuern, todesmutig im Nahkampf fechten und sogar Steine werfen, wie sich aus den zeitgenössischen Berichten erschließen lässt. »Das währte bis in die Nacht«, berichtet der Würzburger Chronist Lorenz Fries, der an dem Tag persönlich vor Ort ist.

Schließlich sind die Angreifer ob der vielen Rückschläge »aus Scham und Zorn dermaßen erhitzt«, schildert Fries, dass sie mit »dem rechten Ernst« anstürmen und mit ihrer Übermacht die mittlerweile entkräfteten Verteidiger überwältigen. Den meisten Schilderungen zufolge werden alle Widerstandskämpfer erstochen, der Herold Hans Lutz indes berichtet, dass 17 überleben und gefangen genommen werden.

Einige Rebellen konnten sich in die Keller zurückziehen, und die siegreichen Söldner setzen nun eine Vorform des Flammenwerfers ein: Sie schmeißen Strohballen hinunter, schütten Pulver darauf und zünden es an. Fast alle in dem Gewölbe sterben qualvoll. »Doch man sagt glaubhaft, dass ihrer drei darin lebendig blieben, und als der Bund abgezogen ist, stiegen sie in der Nacht heraus und sollen hinweg gekommen sein«, teilt Fries mit.

Am folgenden Tag reitet der Würzburger Chronist erneut zum zertrümmerten Schloss Ingolstadt. Mit ein paar Begleitern geht er persönlich hinein: »Wir zählten 206 Leichname der Toten, die darin lagen.« In Franken waren diese Männer die letzten, die Widerstand leisteten, und sie waren die einzigen, die bis zum Letzten Widerstand leisteten. Selbst die Feinde würdigen danach ihre Tapferkeit, spätere Historiker preisen ihren Heldenmut, und doch bleiben sie anonym: Kein einziger ihrer Namen ist überliefert.

Florian Geyer erfährt während seiner Verhandlungen in Rothenburg von den Niederlagen – und wird auf die Nachricht hin aus der Reichsstadt ausgewiesen. Er reitet gen Norden und wird wenige Tage später, am 10. Juni, im Gramschatzer Wald nahe Würzburg erstochen. Die Mörder sind zwei Knechte des ortsansässigen Ritters Wilhelm von Grumbach, der auf fürstlicher Seite gegen die Aufständischen kämpft. Dass er zudem Geyers Schwager war, wird oft behauptet, ist aber möglicherweise nur Legende.

Georg Truchsess empfängt nach der Schlacht bei Ingolstadt seine Landsknechte, die ihren Streik bei Königshofen abgebrochen haben und jetzt nachgekommen sind. Keiner will mehr mit der Meuterei zu tun gehabt haben, und der Truchsess lässt pragmatisch die Angelegenheit auf sich beruhen. Er hat Wichtigeres zu tun, als die Streikführer zu ermitteln und zu bestrafen. Immer noch liegen Tausende Aufständische in Würzburg und um die Festung Marienberg, die seit vier Wochen von der Außenwelt abgeschnitten ist.

Gleich am folgenden Morgen, dem 5. Juni, zieht Georg Truchsess mit seinem gesamten Heer nach Norden auf Würzburg zu. Kurz vor der Stadt begibt er sich mit einem Trupp Reiter auf eine Anhöhe, die freien Blick bietet – »damit die, die im Schloss Würzburg [das heißt in der Festung Marienberg] liegen, ihn erkennen und sehen mögen, dass er hier ist, sie zu retten«, notiert sein Schreiber. »Sobald sie seiner gewahr wurden, ließen sie alle ihre Büchsen in die Stadt und auf die

Bauern abgehen und gaben Freudenschüsse ab.« Die Besatzung auf Marienberg verfällt trommelnd, trompetend und Salut schießend in einen regelrechten Freudentaumel, und Georg Truchsess blickt von oben auf die Stadt, das Land und die Menschen, über die er bald richten wird.

Steckbrief Götz von Berlichingen

- Geb. um 1480 in Jagsthausen nordöstlich Heilbronn (unten ein Glasbild an seinem Geburtsort).
- Gest. 23. Juli 1562 auf Burg Hornberg nördlich Heilbronn.

Stand und Familie: Reichsritter, das heißt, er hat keinen anderen Landesherrn über sich, nur den Kaiser. Zweimal verheiratet, etwa zehn Kinder.

Wirken: Ab dem Alter von circa 17 Jahren nimmt er laufend an Feldzügen und Fehden teil. Im Bauernkrieg 1525 führt Götz als Hauptmann den Neckartal-Odenwälder Haufen an und setzt sich am 28. Mai heimlich ab – fünf Tage vor der Vernichtung des Haufens bei Königshofen. 1528 wird er wegen seiner Rolle im Bauernkrieg verhaftet und erhält 1530 lebenslangen abgemilderten Hausarrest. Zehn Jahre später ist Götz wieder ein freier Mann. Mit etwa 79 Jahren diktiert er halb erblindet seine Autobiografie, die 1731 erstmals gedruckt wird.

Besondere Merkmale: 1504 verliert Götz durch eine Kanonenkugel seine rechte Hand. Fortan trägt er eine Eisenprothese mit ausgeklügeltem Federmechanismus. Berühmt wird der Haudegen posthum durch Goethes Drama von 1773 »Götz von Berlichingen mit der eisernen Hand« – inklusive des sogenannten Götz-Zitats: »Er aber, sag's ihm, er kann mich im Arsch lecken.« Goethe hat dabei ein Originalzitat des Ritters verschärft. In seiner Autobiografie beschreibt Götz den Wortwechsel mit einem Amtmann so: »Da schrie ich wieder zu ihm hinauf, er sollte mich hinten lecken.«

Steckbrief Florian Geyer

- Geb. um 1490 in Giebelstadt nahe Würzburg.
- Ermordet am 10. Juni 1525 im Gramschatzer Wald bei Würzburg.

Stand und Familie: Reichsritter. Sein Vater kommt schon 1492 ums Leben, auch seine beiden Brüder sterben früh. Geyer erbt ein beachtliches Vermögen mit ausgedehnten Ländereien.

Wirken: 1519 nimmt er am Kriegszug des Schwäbischen Bundes gegen Ulrich von Württemberg teil. Danach tritt er in den Dienst Albrechts von Preußen, beteiligt sich am Krieg gegen Polen und reist auf diplomatischer Mission durch Europa. Als der Bauernkrieg in Franken beginnt, stellt Geyer eine Truppe auf, den Schwarzen Haufen, und schließt sich dem Taubertaler Haufen an. Sechs Tage nach der Niederlage bei Ingolstadt am 4. Juni wird er von Auftragsmördern erstochen. Der Ritter diente dem Rebellenheer wohl vor allem als Verhandlungsführer. (Im 19. Jahrhundert dachte man, dass Geyer und seine Schar heldenhaft das letzte Gefecht im Schloss Ingolstadt ausgetragen hätten, aber dann stellte sich heraus, dass er zu dem Zeitpunkt in Rothenburg ob der Tauber weilte.)

Besondere Merkmale: Über Florian Geyer ist nur Bruchstückhaftes bekannt, es gibt kein zeitgenössisches Porträt. Dass er als reicher Ritter selbstlos für das einfache Volk kämpft, bringt ihm erst im 19. Jahrhundert Heldenstatus ein. Der spätere Nobelpreisträger für Literatur, Gerhart Hauptmann, widmet ihm 1896 das Drama »Florian Geyer« (das Gemälde links zeigt eine Szene aus dem Theaterstück). Ab den 1920er-Jahren wird das Marschlied »Wir sind des Geyers schwarzer Haufen« populär, das mit einem revolutionären Aufruf an die späteren Generationen endet:

> Geschlagen ziehen wir nach Haus,
> unsre Enkel fechten's besser aus.

Kurioserweise singen sowohl Nationalsozialisten als auch Kommunisten das Lied besonders gern. Beide Seiten vereinnahmen den Idealisten für sich, unter anderem heißen die 8. Kavallerie-Division der Waffen-SS sowie später das Grenzregiment 3 der DDR gleichermaßen »Florian Geyer«. Für die westdeutschen Kulturschaffenden ist das wohl zu viel Beifall von den falschen Seiten: In der Bundesrepublik wird der Gerechtigkeitskämpfer bis heute weitgehend ignoriert.

3. Truchsess: Blut- und Brandreise (Juni–Dezember 1525)

Würzburg, 8. Juni 1525. Ein Bauer unbekannten Namens begibt sich zum Rennweg, einer Straße in der Stadt. Dort sollen sich alle Landbewohner versammeln, die sich gerade in Würzburg aufhalten, so lautet der Befehl. Am vorgegebenen Ort trifft der Bauer auf weitere 200 Männer vom Land – und auf berittene Soldaten. Diese versperren alle Fluchtwege und lassen anhand einer Liste 70 der 200 Versammelten hervortreten.

Unser Bauer wird nicht aufgerufen. Er sieht, wie die Reiter mit ihren Pferden um die 70 Genannten herum einen Ring bilden. Dann tritt der Befehlshaber, der berüchtigte Georg Truchsess, mit drei Scharfrichtern hinzu. Unser Mann kann von außen nicht richtig erkennen, was hinter den Pferdeleibern in dem Kreis geschieht, aber er will unbedingt mehr sehen – und kommt auf die vielleicht dümmste Idee, die von einem Teilnehmer des Bauernkriegs überliefert ist: Der »neugierige Bauer«, erzählt der Schreiber des Truchsess, »drängte sich durch die Pferde in den Ring. Nicht lange danach wäre er gern wieder draußen gewesen, aber er konnte nicht mehr, denn der Henkersknecht ergriff ihn und führte ihn zu seinem Meister, der ihn alsbald enthauptete.«

Wann die irrtümliche Exekution bemerkt wird, verrät der Schreiber nicht. Die 70 Todeskandidaten stehen frei in dem Ring herum, niemand machte sich die Mühe, sie zu fesseln. Eine Person mehr oder weniger fiel wohl nicht groß auf, als die Scharfrichter darangingen, einem nach dem anderen den Kopf abzuschlagen.

In Würzburg ist es die dritte Gruppenhinrichtung binnen weniger Stunden. Erst einen Tag zuvor, am 7. Juni, hat der Rat der Stadt den üblichen Kapitulationsbedingungen des Truchsess zugestimmt: sich auf Gnade und Ungnade zu ergeben, die Rädelsführer auszuliefern, die Waffen der Bürger abzugeben und Strafgeld zu bezahlen – in diesem Fall pro Haushalt zehn Gulden. Damit lieferten die Ratsherren die mehreren Tausend Aufständischen ans Messer, die sich noch in der 9000-Einwohner-Stadt aufhielten. Die Festung Marienberg belagerte zu dem Zeitpunkt keiner mehr. Nach Sonnenuntergang versuchten die verwegensten und verzweifeltsten Rebellen, im Schutz der Dunkelheit zu verschwinden, bevor der Truchsess kommt. »Darauf sind ihrer viele bei der Nacht über die Mauern hinaus gesprungen, teils davongekommen und etliche in der Flucht erschlagen worden«, teilt der Reiter-Hauptmann Ambrosius Geyer mit.

Am nächsten Morgen, dem 8. Juni, reiten Georg Truchsess und Kurfürst Ludwig von der Pfalz mit ihrem Gefolge in die Stadt ein. Darunter ist der Würzburger Fürstbischof Konrad von Thüngen, der vor seinen aufständischen Untertanen zu Kurfürst Ludwig geflohen ist und auf Rache für die Demütigung sinnt. Alle Männer in der Stadt müssen sich derweil auf drei Plätzen versammeln – so »ward ihnen geraten«, berichtet der Würzburger Stadtschreiber Martin Cronthal, »wenn ihnen Leib und Leben lieb ist«. Die einheimischen Bürger haben sich bis 7 Uhr morgens auf dem Marktplatz einzufinden, die Bürger anderer Städte auf dem Judenplatz vor der Frauenkapelle und die Bauern auf dem Rennweg.

Der Truchsess und die Fürsten begeben sich zunächst mit einem großen Trupp Soldaten zu den Bürgern am Markt. Die Reiter sperren die Gassen ab, die Landsknechte marschieren mit Hellebarden auf und formen einen Ring um die Versammelten. »Da stand mancher rechtschaffene Mann, dem der Aufruhr nicht lieb war, in großen Ängsten«, teilt Martin Cronthal mit, der sich unter den Eingekreisten befindet.

Georg Truchsess liest den zitternden Würzburgern die Kapitulationsvereinbarung vor und hält ihnen eine Rede darüber, welcher Vergehen gegen das göttliche und menschliche Recht sie sich schuldig gemacht haben. Anschließend werden die Namen des Bürgermeisters, der Ratsherren und weiterer Amtsträger verlesen, auch der von Martin Cronthal, der als Stadtschreiber die Stadtverwaltung leitet. Persönlich steht Cronthal zwar aufseiten der Obrigkeit, aber wegen seiner herausgehobenen Position zählt er nun zu den potenziellen Rädelsführern. Er und die anderen Genannten werfen sich »den Fürsten und Herren zu Füßen« und bitten »um die Gnade durch Gottes Willen, ihnen zu verzeihen«, schildert Cronthal die entwürdigende Szene, in der die höchsten Bürger Würzburgs vor den Adligen im Staub kriechen.

Trotzdem erhalten sie keine Antwort. Stattdessen »hat man wieder angefangen zu lesen«, so Cronthal, »und alsbald hat man drei Henker wie die schrecklichen Wölfe hinzutreten heißen«. Fünf Namen werden jetzt ausgerufen: zuerst der eines Bauernführers, Jakob Kohl, der bereits ein Gefangener ist und herbeigeschleppt wird; dann der eines Kannengießers, eines Malers, eines Schmieds und eines Baders. »Die sind alsbald enthauptet worden«, fährt der Stadtschreiber fort. »Damit haben sie für diesen Tag auf dem Markt zu richten aufgehört.« Die Leichen müssen zur allgemeinen Abschreckung auf dem Platz verbleiben, die abgeschlagenen Köpfe werden ihnen zwischen die Beine gelegt. Erst ein paar Tage später dürfen sie bestattet werden.

Dann reitet der Truchsess zur zweiten Station, dem Judenplatz, wo sich alle auswärtigen Bürger versammeln mussten. Es folgt der gleiche Ablauf: Soldaten marschieren auf, Georg Truchsess hält eine Rede, und es werden die Namen der Todeskandidaten verlesen. Diesmal köpfen die Henker nicht fünf, sondern gleich 24 mutmaßliche Rebellenführer – »schuldig und unschuldig, wie es in den Sinn kam und nach Herzenslust«, schimpft Cronthal.

An der dritten Station, dem Rennweg, mussten sich wie erwähnt die Bauern einfinden, die sich gerade in Würzburg aufhielten. Wieder umringen die Soldaten die Versammelten, 70 Todeskandidaten werden ausgerufen. Georg Truchsess hält seine Rede, flankiert von drei Henkern, die nun »einen nach dem anderen enthaupten«, so der Schreiber des Truchsess. Wie sich die Verurteilten im Ring verhalten, ob sie um ihr Leben flehen, sich verzweifelt wehren oder sich in ihr Schicksal ergeben, überliefert der Schreiber nicht. Stattdessen fügt er zwei Anekdoten an.

Die erste handelt von dem Bauern, den die tödliche Neugier gepackt hat, wie anfangs des Kapitels beschrieben. Die zweite Anekdote dreht sich um »einen starken, jungen Gesellen«, der sich unter den Verurteilten im Ring befindet und in der Reihe ganz hinten steht. Der Schreiber erzählt: »Er dachte wohl: ›Du musst doch sterben‹, mochte aber vielleicht den Jammer nicht mehr sehen, drang durch die anderen Bauern nach vorne und auf den nächsten Henker zu und ließ sich enthaupten.« Zum gleichen Zeitpunkt setzen sich einige Adlige aus ungenannten Gründen für die Verbliebenen im Ring ein. Sie erreichen durch Fürsprache beim Truchsess, dass nach der 37. Hinrichtung Schluss ist. »Die anderen kamen alle mit dem Leben davon«, schließt der Schreiber, und auch der Vordrängler hätte zu den Begnadigten gehört, wenn er hinten geblieben wäre.

Für die Überlebenden an den drei Stationen ist die Zeit der Angst nicht beendet. Mehr als 150 werden verhaftet, darunter 40 Würzburger Bürger, die auf die Festung Marienberg geführt werden. Unter diesen sind der Stadtschreiber Martin Cronthal und der Bildschnitzer Tilman Riemenschneider, einer der bedeutendsten Künstler seiner Zeit. Riemenschneider saß viele Jahre im Würzburger Rat, wurde 1520 sogar zum Bürgermeister gewählt und hat sich jüngst auf die Seite der Aufständischen gestellt.

Die 40 gefangenen Bürger werden auf der Festung »empfangen mit heftigen Flüchen und Worten«, schildert Cronthal seine Erlebnisse. Einer der dortigen Befehlshaber sagt demnach: »Ihr habt uns hier oben schinden wollen; wir wollen euch braten.« Aber die Festgenommenen bekommen dann doch zu essen und zu trinken, und sie werden in einem großen Gewölbe eingesperrt, in dem Kohle lagert. In den folgenden Tagen machen sich die Dienstboten in der Festung einen Spaß daraus, den Inhaftierten Todesangst einzujagen. »Es kamen oft viele vom Hofgesinde an das Gewölbe und taten so, als wollten sie es aufschließen«, und sie sagten dabei: »Wohlan, die Bösewichter müssen jetzt alle sterben«, beschreibt Cronthal diese Ansätze von Scheinhinrichtungen. »Da erschraken die Gefangenen nicht wenig.«

Nach sechs bangen Tagen werden 14 der 40 entlassen. Die übrigen 26, darunter Martin Cronthal und Tilman Riemenschneider, müssen weitere acht Tage im Kohlenkeller ausharren und kommen dann in Zellen in den Festungstürmen. Dort werden der 65-jährige Riemenschneider und zwei weitere Bürger »aus ihren Gefängnissen geführt und vom Henker hart gewogen und gemartert«, teilt Cronthal mit. Die Gefolterten bleiben aber am Leben, während »unten in der Stadt täglich viel geköpft wird«. Die Opfer in der Stadt werden, so Cronthal, »vom Henker einfach aus ihren Gefängnissen und allein auf den nächsten Platz geführt, und zu ihnen gesagt: ›Da knie nieder, dir geschieht kein Unrecht‹ – und Kopf ab.«

Insgesamt zwei Monate dauert die Festungshaft, dann werden Cronthal, Riemenschneider und die anderen gefangenen Bürger am 8. August 1525 entlassen. Alle müssen hohe Strafgelder bezahlen, Cronthal verliert sein Amt als Stadtschreiber. Tilman Riemenschneider erhält kaum mehr Aufträge. Zwar darf er 1527 einen Altar renovieren, aber der große Künstler erschafft bis zu seinem Tod 1531 kein Werk mehr, von dem wir wissen. Später heißt es, ihm seien in der Folter die Hände gebrochen worden, sodass er nicht mehr arbeiten konnte. Doch dafür gibt es keine Belege.

Am Tag nach der Entlassung, dem 9. August 1525, lässt

Würzburgs Fürstbischof Konrad von Thüngen alle Bürger der Stadt um 7 Uhr morgens antreten, um ihm erneut zu huldigen – und um zuzusehen, wie zur Feier des Tages weiteren zehn Bürgern und einem Bauern der Kopf abgeschlagen wird. Dann haben die Würzburger das Schlimmste hinter sich, aber nicht die Menschen im Umland.

Der rachsüchtige Fürstbischof setzt anschließend die Tour durch sein Bistum fort, die er am 20. Juni begonnen hat. Mit 300 Reitern und 800 Fußsoldaten zieht er von Ort zu Ort, lässt sich von den Bewohnern neuerlich huldigen und jeweils ein paar Menschen köpfen. Die Opfer bleiben nicht anonym: Der Würzburger Zeitgenosse Lorenz Fries vermerkt in seiner umfangreichen *Geschichte des Bauern-Krieges in Ostfranken* die Hingerichteten jeder Ortschaft mit Namen. Demnach enthaupten die Henker des Fürstbischofs in Dettelbach 7 Männer, in Gerolzhofen 3, in Iphofen 8, in Meiningen 14, in Seßlach 5 – und so fort, die gesamte Liste ist deprimierend lang. Der Historiker und Journalist Carlheinz Gräter trägt die Zahlen 1975 zusammen; sie summieren sich auf 172 nachweisbare Hinrichtungen, bis der Fürstbischof seine mörderische Rundreise am 18. August 1525 endlich beendet. Später wird er in Rom um die Absolution für sein unbarmherziges Handeln nachsuchen.

Der Würzburger Fürstbischof ist nicht der Einzige, der in der Region auf Henkerstour geht. Markgraf Kasimir von Brandenburg-Kulmbach, dessen verstreute Gebiete sich quer durch Franken ziehen, hat am 1. Mai 1525 zunächst praktisch alle Forderungen der Aufständischen erfüllt, sodass diese glaubten, er stünde auf ihrer Seite – selbst dann noch, als Kasimir nach ersten Gefechten einige Gefangene köpfen ließ. Endgültig seine Maske fallen lässt der 43-jährige Markgraf, als er am 5. Juni von den vernichtenden Niederlagen der fränkischen Rebellenheere bei Königshofen und Ingolstadt erfährt. Noch am selben Tag befiehlt Kasimir in Leutershausen in Franken, mindestens sechs Aufständische zu enthaupten und sieben Männern die Finger abzuhauen. Zudem gibt er die Stadt seinen Soldaten zur Plünderung frei. Und das ist erst der Auftakt, wie Michael Groß von Trockau berichtet, der oberste Hauptmann der Fußtruppen des Markgrafen.

Kasimir zieht mit seinem Heer weiter nach Kitzingen, das nur 18 Kilometer südöstlich von Würzburg liegt. Unterwegs kommt er an zwei Bauern vorbei, die auf einen Baum geklettert sind, um den Heereszug zu beobachten – solch ein Schauspiel sieht man nicht alle Tage. Kasimir lässt die beiden festnehmen und später in Kitzingen enthaupten, erzählt Oberst Trockau, ohne eine weitere Begründung zu nennen. Offenbar genügt Neugierde, um in Kasimirs Augen das Leben zu verwirken.

Am 7. Juni kommt der Markgraf vor Kitzingen an. Die Stadt befindet sich in einem versprengten Teil seines Herrschaftsgebiets und hat sich dem Aufstand angeschlossen. Kasimir verlangt, dass sich die Bürger auf Gnade und Ungnade ergeben. Dafür »sollen sie alle des Lebens gesichert sein«, verspricht er, wie Kitzinger Gesandte berichten.

Die Stadt ergibt sich daraufhin. Kasimir zieht in Kitzingen ein und beordert am 8. Juni alle Bewohner zum Rathaus, wo sie ihm Treue schwören. Dann lässt er fünf mitgebrachte Gefangene köpfen und die Namen von 138 Bürgern verlesen, die sich angeblich durch ihre Beteiligung am Aufstand strafbar gemacht haben. 45 der Genannten sind geflohen, die anderen werden in einen großen Keller gesperrt. Angesichts von Kasimirs Versprechen, das Leben aller zu schonen, erwarten die Stadtbewohner, dass »die gefangenen Bürger eine gelindere Bestrafung erleiden«, erzählt der Augenzeuge und Kitzinger Stadtschreiber Sebald Ranft. Er präzisiert noch, was man für gelinde hält: »Vermögensstrafe, Landesverweis, Abhauen der Finger oder durch die Backen Brennen etc.«

Umso größer ist das Entsetzen, als Markgraf Kasimir am Tag darauf sein Urteil verkündet: 58 der Gefangenen sind am Gesicht zu strafen, was bedeutet, dass sie ihr Augenlicht verlieren. Kasimirs Henker, Meister Augustin genannt, macht sich sogleich an die Arbeit, einem nach dem anderen die Augen auszustechen. Steffan Ortlein, Claus Georg, Hans Krug und so fort heißen die Geblendeten, die allen Schichten angehören. Ihre Namen sind überliefert durch zwei übereinstimmende Listen der Kitzinger Zeitzeugen Sebald Ranft und Hieronymus Hammer.

»Es ist ein solches Jammern, Nachlaufen der Frauen der Gefangenen, Flehen und Bitten gewesen, dass jedermann zu Erbarmen und Mitleid gerührt gewesen ist«, schildert der Chronist Sebald Ranft. »Darum ließ der ehrbare Rat durch etliche abgeordnete Ratsmitglieder unseren gnädigen Herrn aufs Untertänigste demütiglich bitten, die festgesetzte Strafe gnädiglich zu ermäßigen.« Kasimir antwortet, dass die aufrührerischen Bürger einst verlauten ließen, sie wollten ihn nicht mehr als ihren Herrn ansehen: »So sollten sie ihn denn auch nicht mehr sehen.«

Und so sticht Meister Augustin an diesem 9. Juni allen 58 Verurteilten die Augen aus. Man mag sich die grauenvollen Szenen nicht vorstellen, die sich dabei im Keller abspielen. Den Henker berührt das offenbar nicht weiter. Er rafft noch skrupellos alles an sich, was seine Opfer an Geld und Habe bei sich tragen. Später unterzeichnet er eine Rechnung an seinen Herrn humorig mit: »Augustin Nachrichter [Scharfrichter], den die Kitzinger den Meister Auweh nannten«.

Meister Auweh geht so brutal vor, dass zwölf der Geblendeten kurz darauf sterben und ihre Leichen in den Gassen liegen, wie Oberst Trockau berichtet. Und als ob das nicht Horror genug ist, verfügt Markgraf Kasimir, dass die Überlebenden mit Frauen und Kindern verbannt werden: Sie müssen für immer sein Land verlassen und mindestens zehn Meilen (rund 70 Kilometer) weit von Kitzingen entfernt bleiben. Der Rat der Stadt fleht daraufhin erneut demütig um Strafmilderung, doch Kasimir erlaubt »zu Gnaden« gerade mal, dass die Blinden noch acht Tage bleiben dürfen, bevor sie mit ihren Familien fortmüssen. Was unausgesprochen bedeutet, dass sie bettelnd und hilflos umherirrend langsam zugrunde gehen sollen.

Kasimirs Schreckensgericht von Kitzingen sticht unter den Scheußlichkeiten des Bauernkriegs hervor. Schon die Zeitgenossen empfinden es als Ungeheuerlichkeit, und die modernen Militärhistoriker Bensing und Hoyer resümieren: »Alle Grausamkeiten werden durch die Untat Kasimirs in Kitzingen überschattet.« In der Tat: Die Zahl der Opfer ist zwar um Größenordnungen geringer als bei manch anderem Gemetzel. Aber die Hinterhältigkeit, mit der Kasimir allen das Leben verspricht, um dann eine Strafe zu verkünden, die schlimmer ist als der schnelle Tod, der Zynismus, mit dem er das Wortspiel »ansehen/sehen« zur Urteilsbegründung verwendet, die kalte Gnadenlosigkeit, mit der er die Blinden anschließend verbannt – das alles ergibt ein Konglomerat aus Perfidie und Sadismus, das bis heute beim Lesen der zeitgenössischen Dokumente kaum zu ertragen ist. Nirgendwo findet sich eine tröstliche Wendung, nur das baldige Ende des monströsen Psychopathen: Schon zwei Jahre später wird Kasimir bei einem Feldzug in Ungarn sterben, nicht heroisch im Kampf, sondern an Durchfall aufgrund der Ruhr.

Noch aber ist der Markgraf höchst lebendig und verbreitet weiter Schrecken. Nach dem Augenausstechen lässt er am selben Tag acht Bauern köpfen. Tags darauf, berichtet der Kitzinger Augenzeuge Hieronymus Hammer, »enthauptet man zwei fremde Männer auf dem Markt«. Wieder einen Tag später, am 11. Juni, lässt Kasimir zwei weiteren Bürgern, den Brüdern Michel und Stefan Sechtzker, die Augen ausstechen. Und er befiehlt, auf dem Markt einen Kriegsmann zu köpfen. »Der war so gar voll Wein, dass Wein und Blut zugleich aus dem Stumpf herausfloss«, schildert Hammer. Dann hat Kasimir für seine Begriffe genug getan in der Stadt. Er erlegt Kitzingen noch ein Strafgeld von 15 000 Gulden auf und führt sein Heer aus der Stadt hinaus nordwärts nach Schweinfurt.

Dorthin ist auch Georg Truchsess unterwegs, der Würzburg bereits verlassen und sich von Kurfürst Ludwig von der Pfalz getrennt hat. Denn der Pfälzer zieht mit seinen Truppen Richtung Heimat und wird am 23./24. Juni in der Schlacht bei Pfeddersheim (heute ein Stadtteil von Worms) mehrere Tausend Bauern und Bürger töten. Dessen ungeachtet erhält Ludwig später den ehrenden Beinamen »der Friedfertige«.

Vor Schweinfurt vereinigen Georg Truchsess und Markgraf Kasimir ihre Heere, um in Franken »die Blut- und Brandreise gemeinschaftlich zu machen«, wie der Forscher Wilhelm Zimmermann pointiert anmerkt. Kasimir steuert zu der vereinten Armee laut seinem Oberst Trockau 1100 Reiter bei, laut dem Schreiber des Truchsess nur 600 Reiter, außerdem 2000 Fußsoldaten. Schweinfurt leistet kurz Widerstand, kapituliert aber rasch und öffnet die Stadttore.

Was dann geschieht, hat sich inzwischen zum Ritual entwickelt: Die Bürgerschaft muss sich versammeln, und Georg Truchsess hält vor den verängstigten Menschen eine Rede, »an der er mittlerweile selbst offenbar großen Gefallen fand«, meint Peter Blickle in seiner Truchsess-Biografie. »Der Text war immer der nämliche: Gegen göttliches und weltliches Recht, gegen den Kaiser, gegen die Ordnung des Reiches, gegen den Landfrieden hätten sie sich aufgelehnt.« Anschließend verkündet der Feldherr den vor Angst zitternden Zuhörern das, was sie in dem Moment wohl einzig und allein interessiert: wer geköpft wird. Denn auch die Hinrichtungen haben sich »als Ritual beim Einzug in jede Stadt und jeden Flecken eingebürgert«, vermerkt Blickle.

Jeder männliche Bewohner musste zuvor eine grausame Abwägung treffen: Soll er fliehen oder bleiben? Die Entscheidung ist ein Glücksspiel um das eigene Leben: Wer flüchtet, verliert das gesamte Hab und Gut, ist fortan geächtet und muss damit rechnen, dass auch Frau und Kinder verbannt werden. Und wohin soll sich ein Flüchtender wenden? Wo kann er untertauchen, wie den Schergen entgehen? Wer andererseits bleibt, riskiert die Hinrichtung, die mal mehr, mal weniger trifft. Und wer kann sich schon sicher fühlen? Vom Henkersschwert bedroht ist nicht nur jeder, der sich aktiv für den Aufstand engagiert hat, sondern auch jeder, der aus irgendeinem Grund denunziert wurde.

In Schweinfurt werden vier bis zehn Männer enthauptet – die Angaben schwanken erneut. Um ein Beispiel für die abweichenden Zahlen zu geben, seien vier Augenzeugen zitiert: Der Herold Hans Lutz berichtet, dass die Namen von sechs Personen verlesen wurden, »davon sind zwei entlaufen und 4 die Köpfe abgeschlagen worden«. Der Schreiber des Truchsess gibt übereinstimmend an: »Da ließ der Truchsess 4 Rädelsführer in der Stadt auf dem Markt enthaupten.« Der Reiter-Hauptmann Ambrosius Geyer hingegen teilt mit, dass man »auf dem Markt 5 Hauptleute und Fähnriche der Bauern mit dem Schwert richten ließ«. Und der Oberst Michael Groß von Trockau schreibt: »Man richtet auch 10 Bürger mit dem Schwert auf dem Markt, und es waren viele flüchtig.«

Bei den zahlreichen Exekutionen kommen die Beteiligten mit der Statistik offenbar etwas durcheinander. In der Sekundärliteratur schwanken die Zahlen ebenso, je nachdem, welcher Quelle die Forscher am ehesten vertrauen. Zumindest ist die Größenordnung bei den verschiedenen Zeugen ähnlich, und auch ihre Beschreibungen des Geschehens stimmen gut überein, sodass die Angaben grundsätzlich glaubhaft sind. Von etwa fünf Hinrichtungen auszugehen dürfte in diesem Fall nicht ganz falsch sein. Entsprechend sind auch die folgenden Zahlen in diesem Kapitel als Circa-Angaben zu verstehen.

Das nächste Etappenziel von Georg Truchsess und Markgraf Kasimir ist das Bistum Bamberg, in dem die Aufständischen im Mai binnen zehn Tagen 200 Burgen und Schlösser geschleift haben – strikt nach Plan und ganz ohne Blutvergießen. Dann kamen die Rebellen mit Bambergs konziliantem Fürstbischof Weigand von Redwitz zu einer Übereinkunft, und die Rebellenheere lösten sich auf. Alles sah nach einem friedlichen Ende aus, doch Fürstbischof Weigand und seine obersten Geistlichen wurden unzufrieden, als sie erfuhren, dass der Truchsess siegreich durch Franken zog. Warum die Zugeständnisse wie freie Jagd, freie Predigt und weniger Abgaben noch einhalten, wenn die Rebellion überall niedergeschlagen wurde? Der Bamberger Fürstbischof schickte daher an den Truchsess, so dessen Schreiber, »einen erbärmlichen und kläglichen Brief, wie er von seinen Untertanen dermaßen bedrängt und belagert wird«, dass es um Leben und Tod für ihn gehe. Das war hinterhältig gelogen, aber erfüllte den Zweck: Georg Truchsess und Markgraf Kasimir ziehen am 15. Juni ins Bistum Bamberg ein.

Inzwischen bereut Fürstbischof Weigand allerdings den Brief, der vermutlich auf Drängen der Hardliner in seinem Bistum entstand. Der 49-Jährige, der reihum als gutmütig geschildert wird, versucht jetzt verzweifelt, den Fehler rückgängig zu machen und sein Land vor dem Einmarsch des Heeres zu bewahren. Er reitet persönlich dem Truchsess und dem Markgrafen entgegen und bittet sie »mit weinenden Augen«, dass sie wieder umkehren, »weil er seine Untertanen gerne geschützt hätte«, wie Oberst Trockau berichtet.

Dafür ist es zu spät. Georg Truchsess lässt sich von dem weichherzigen Landesherrn nicht mehr umstimmen, und er lästert angeblich später gegenüber Bambergern: »Euer Herr sollte kein Fürst, sondern ein Mönch in einem Kloster sein.« Der Truchsess und Markgraf Kasimir rücken weiter vor, während ihre Truppen rechts und links des Wegs die Dörfer ausrauben und in Brand stecken. Das marodierende Heer zeigt dabei zunehmend Auflösungserscheinungen. Vertreter des Schwäbischen Bundes melden gar eine erbärmliche Unordnung, die »nicht zu beschreiben ist«.

Die Bauern fliehen vor der Soldateska in Scharen in die Wälder. Am 17. Juni erreicht der Heereszug Hallstadt nahe Bamberg, wo zuvor die Rebellen des Bistums ihre Zentrale hatten. Georg Truchsess und Kasimir schlagen dort ihr Heereslager auf und ziehen zwei Tage später in die Bischofsstadt ein. Bamberg hat sich da bereits merklich geleert: 400 bis 500 Bürger sind geflohen, und sogar die Landsknechte des Fürstbischofs Weigand verschwanden fluchtartig. Offenbar eilt den beiden Feldherren ihr Ruf voraus, der sich in wenig schmeichelhaften Spitznamen niederschlägt: Georg alias Jörg Truchsess wird als »Bauernjörg«, Markgraf Kasimir als »Bluthund« in die Geschichte eingehen.

Trotzdem findet der Truchsess genügend Bamberger vor, um das gewohnte Ritual inklusive Hinrichtungen abzuhalten: Die Bürger müssen sich versammeln, dem Fürstbischof huldigen, und es werden zwölf enthauptet – darunter auch einige, die zuvor das friedliche Ende der Rebellion mit dem Fürstbischof ausgehandelt haben. Bei ihrer Arbeit gehen die Henker mit der gewohnten Unbekümmertheit vor. Die Verurteilten stehen auch diesmal »frei und ungebunden im Ring«, erzählt Oberst Trockau, und so kommt es, dass ein Todeskandidat, »als er an die Reihe kommen sollte, sich geneigt und gesagt hat: ›Ich hab des Dings bald genug gesehen, ich will deswegen heimgehen.‹« Er schlüpft durch den Ring der Soldaten hindurch »und kam allen davon«. Die Anekdote über die erfolgreiche Flucht findet sich nicht nur in den Aufzeichnungen Trockaus. Die Äbtissin des Klarissenklosters in Bamberg, Anna Königsfelder, berichtet ebenfalls darüber – mit leicht abweichender Zahl: »Um die Vesperzeit [am Abend] köpft man 13 auf dem Markt, der 14. ward davon gesprungen.«

Es kann also nicht nur wie in Würzburg passieren, dass einer zu viel enthauptet wird, sondern auch, dass ein Kopf zu wenig rollt. Einer mehr oder weniger – so genau nimmt man es in diesen Tagen nicht.

Drei Tage noch bleibt das »grausame bündische Heer«, wie die Äbtissin Königsfelder über die Soldaten des Schwäbischen Bundes klagt. »Da fielen etliche Bündische mit Gewalt in die Häuser ein, nahmen den Leuten das ihre, und es war Jammer und Not in der Stadt.« Den Nonnen im Kloster aber »ist kein Härchen von den Bündischen gekrümmt worden«. Am 22. Juni verlassen die allseits unerwünschten Soldaten Bamberg und brennen zum Abschied noch die vormalige Rebellenzentrale Hallstadt in Grund und Boden nieder. Von den ausgehandelten Errungenschaften bleibt den Bamberger Untertanen nichts, ihr Abkommen mit dem Fürstbischof wird für erzwungen und damit ungültig erklärt. Dem Truchsess und dem Markgrafen ist das historisch seltene Kunststück gelungen, gegen den Willen eines bedeutenden Landesherrn einen Aufstand niederzuschlagen, der schon vorbei war.

Dann trennen sich »Bluthund« Kasimir und »Bauernjörg« Truchsess wieder und ziehen unterschiedlichen Zielen entgegen. Kasimir begibt sich unter anderem in die Reichsstadt Rothenburg ob der Tauber, wo er »in zwei Tagen 25 enthaupten und hin und wieder auf dem Markt liegen ließ, den anderen zur Strafe und Abscheu«, teilt Oberst Trockau mit. »Diese sind ganz willig zum Tod gewesen, haben sich – weil sie [der Fesseln] ledig und ungebunden waren – selbst entblößt und mit aufgehobenen Händen gebetet«; auch »tröstete immer einer den anderen«. Lediglich ein blinder, barfuß laufender Mönch namens Steffan Mentzinger »war etwas verzagt«, so Trockau. »Meister Augustin wollte am blinden Mönch eine Kühnheit begehen und ihn stehend richten [statt wie üblich kniend], aber der Streich missriet ihm, sodass der Mönch darniedersank und sich wieder aufbäumte und erst im nächsten Streich gerichtet wurde.«

Am Ende des Straffeldzugs stellt der Henker seinem Herrn Kasimir eine Rechnung aus, die die einzelnen Orte auflistet, an denen er tätig war. Oberst Trockau hat uns das bemerkenswerte Dokument des Nachrichters (Scharfrichters) überliefert, das gleichsam ein makabrer Kurzreisebericht ist. Es zeigt nur geringe Abweichungen von den örtlichen Chroniken, nennt beispielsweise 62 statt 60 Geblendete in Kitzingen, und liest sich mit leichten Anpassungen an die heutige Sprache so:

Meister Augustin, des Markgrafen Nachrichter belegt, dass er in diesem Zug insgesamt 80 enthauptet hat, nämlich 1 in Neunhof, 1 in Erlbach, 10 in Ipsheim, 3 in Ansbach, 6 in Leutershausen, 9 in Kitzingen, 2 in Höchstadt, 18 in Neustadt an der Aisch, 25 in Rothenburg ob der Tauber, von denen 2 Untertanen des Ritters Ludwig von Hutten waren, 4 in Crailsheim, 1 in Feuchtwangen.
In Summe 80 enthauptet.
7 in Leutershausen die Finger abgeschlagen, 62 in Kitzingen die Augen ausgestochen etc.
Ihm ist 1 Gulden versprochen worden für jeden, den er mit dem Schwert richtet,
½ Gulden für jeden, dem er die Finger abschlägt oder Augen aussticht.

Fazit in einer Summe:		
80 enthauptet und		
69, denen die Augen ausgestochen		
und die Finger abgeschlagen wurden		114 ½ Gulden
davon abzuziehen:		
von Rothenburgern		10 Gulden
von Ludwig von Hutten empfangen		2 Gulden
	Rest	102 ½ Gulden
Dazu kommen 2 Monate Sold,		
für jeden Monat 8 Gulden etc.		16 Gulden
	Fazit	118 ½ Gulden

Augustin Nachrichter,
den die Kitzinger den Meister Auweh nannten

Auch Georg Truchsess hat einen Scharfrichter dabei. Der heißt Berthold Aichelin und »war ein Schrecken, aber auch ein Scheusal für alle«, urteilt der Historiker Wilhelm Zimmermann: »eine Figur, die wesentlich zu des Truchsess Hofstaat gehörte und des Feldherrn Person eigentlich vervollständigte«. Aichelin richtet im Bauernkriegsjahr 1525 Hunderte Menschen hin, ohne Skrupel auch nur anzudeuten, und er genießt das Vertrauen des Feldherrn: »Der Truchsess nannte ihn auch nur ›seinen besonders lieben Berthold‹.«

Den nördlichsten Punkt seines Feldzugs hat Georg Truchsess mit Schweinfurt und dem Bistum Bamberg nun hinter sich. Jetzt geht es wieder Richtung Süden, der Heimat entgegen. Ziel ist das Allgäu, der südöstliche Teil Schwabens, in dem immer noch Rebellen aktiv sind und weite Gebiete beherrschen.

Eine Zwischenstation auf dem Weg ist die mächtige Reichsstadt Nürnberg, die als Mitglied des Schwäbischen Bundes zu den Arbeitgebern des Truchsess zählt. Der Rat der Stadt erlaubt dem Heer den Durchzug, trifft aber Sicherheitsmaßnahmen gegen Plünderungen: Die Soldaten dürfen nur zu einem Stadttor hinein, einmal die Hauptstraße entlang und zum gegenüberliegenden Stadttor wieder hinaus – die Seitenstraßen sind versperrt. »Die Nürnberger haben alle Gassen mit Riegeln, Pflöcken und Ketten verschrankt und zugemacht, auch alle Häuser sind zugemacht worden«, erzählt der Herold des Truchsess. Hinzu kommen bewaffnete Posten: »Der Rat von Nürnberg hat seine 400 berittenen Söldner in die Gassen beordert und dazu in die Gassen all sein Geschütz gestellt.« Es muss eine beleidigende und zugleich drohende Kulisse gewesen sein, und eine klare Botschaft an den Truchsess und sein Heer: Ihr seid hier nicht willkommen! »In solcher Gestalt ist der Bund durch- und abgezogen«, schließt der Herold.

Ende Juni verlässt Georg Truchsess Franken und zieht südwärts nach Schwaben hinein, ohne auf Widerstand zu stoßen. Weil der schlechte Ruf seinem Heer weit vorauseilt, treffen die schwäbischen Behörden Vorkehrungen, um Plünderungen Einhalt zu gebieten: Sie produzieren massenhaft Plaketten mit rotem Kreuz auf weißem Grund, in der Mitte ein Adler, dazu die Jahreszahl 1525. Hausbesitzer, die dem Schwäbischen Bund huldigen, erhalten das Abzeichen. Gut sichtbar am Gebäude angebracht, soll es den Soldaten signalisieren, dass Übergriffe hier nicht erlaubt sind.

Erzherzog Ferdinand von Österreich, der Dienstherr des Truchsess, verbietet diesem jetzt sogar den geplanten Marsch ins Allgäu. »So ermahnen, ersuchen und begehren wir an dich mit allem Ernst«, lautet das Schreiben Ferdinands, »gänzlich stillzustehen«, bis weitere Nachricht kommt. Die Gründe dafür werde der Truchsess zu gegebener Zeit erfahren. Sollte er den Zug nach Süden trotzdem fortsetzen, werde er entlassen, lautet die abschließende Drohung.

Den Aufständischen im Allgäu ist nämlich ein raffinierter Schachzug eingefallen. Sie bieten Ferdinand an, ihr Landesherr zu werden – wenn er dafür die Leibeigenschaft abschafft, die es in seinen österreichischen Erbländern ohnehin nicht gibt. Ferdinand scheint das für eine gute Idee zu halten: Die Allgäuer Stadt Füssen hat sich ihm bereits im April unterstellt, und Ferdinand sichert dieses neue Untertanengebiet durch Truppen; offiziell, um es vor Rebellen zu schützen. Der bisherige Herr über Füssen, der Bischof von Augsburg, findet das natürlich ganz und gar keine gute Idee. Die anderen Mitglieder des Schwäbischen Bundes stehen auf der Seite des Augsburger Bischofs – wenn sich die Untertanen plötzlich ihren Herrn aussuchen könnten, wo käme man da hin? Und so befiehlt der Schwäbische Bund dem Truchsess, den Zug ins Allgäu fortzusetzen.

Der ist nun im Zwiespalt. Wem soll er gehorchen? Seinem mehrjährigen Dienstherrn Ferdinand oder seinem aktuellen Arbeitgeber, dem Schwäbischen Bund? Georg Truchsess entscheidet sich für Letzteren – und damit für noch mehr Kampf, Blut und Brand.

Am 12. Juli beginnt er noch mal eine Schlacht: beim kleinen Fluss Leubas und dem gleichnamigen Dorf, das heute ein Ortsteil von Kempten ganz im Südwesten des Bundeslandes Bayern ist. Das Heer des Truchsess umfasst zu diesem Zeitpunkt 7000 bis 8000 Mann, und es trifft auf etwa 3000 Aufständische. Die ziehen sich nach einem Scharmützel in eine gut gesicherte Stellung hinter dem Fluss zurück, wo sie kaum angreifbar sind.

Tags darauf schlägt der Truchsess sein Lager am anderen Ufer auf. Es herrscht eine Pattsituation, beide Seiten beschießen sich fast den ganzen Tag mit Kanonen über den Fluss hinweg. Das Rebellenheer erhält derweil starken Zulauf und wächst um einige Tausend Mann, sodass es dem Heer des Truchsess zahlenmäßig mindestens ebenbürtig ist – die Schätzwerte in den Quellen gehen wild auseinander, schon die glaubhafteren Angaben schwanken zwischen 8000 und 23 000. Noch einen Tag später, am 14. Juli, gehen die Aufständischen in die Offensive und attackieren in Schlachtordnung das feindliche Lager.

Der Truchsess formiert seine Soldaten und lässt seine Kanonen auf die Angreifer feuern. »Die stellten sich zaghaft, als wollten sie fliehen. Da meinten etliche Hauptleute, man sollte ihnen nachrücken«, erzählt der Schreiber des Truchsess. Doch es handelt sich um eine Kriegslist der Bauern, um das Heer des Truchsess aufzuspalten – zwei weitere Rebellenhaufen warten nur darauf, von einer anderen Seite zu attackieren und in das entblößte Lager einzufallen. Es ist eine neue Stufe der aufständischen Kriegführung, disziplinierter und raffinierter als das, was die Rebellenheere in den vorhergehenden Schlachten zeigten. Trotzdem bleibt der Erfolg aus: Georg Truchsess hat von Spionen erfahren, dass es sich um eine Finte handelt, und er hält seine Soldaten zurück. So endet auch der dritte Kampftag in einem Patt.

Am Abend erhält der Truchsess Verstärkung. Der berühmte Söldnerführer Georg von Frundsberg rückt mit 3000 Landsknechten an. Frundsberg hat wenige Monate zuvor, am 24. Februar 1525, in der gigantischen Schlacht bei Pavia in Italien gesiegt. Sein Motto wird zum geflügelten Wort: »Viel Feind, viel Ehr!«

Das sehen die Aufständischen offenbar anders. »Um Mitternacht zogen die Bauern hinweg und dem Gebirge zu«, berichtet der Schreiber des Truchsess. Weshalb die Rebellen nach drei erfolgreichen Kampftagen ihre hervorragende Stellung verlassen und allesamt verschwinden, ist ein weiteres der vielen Rätsel des Bauernkriegs. Eine Vermutung lautet: Frundsberg konnte einen Bauernführer, der unter ihm als Landsknecht gedient hatte, in einem heimlichen Gespräch überzeugen, besser abzuziehen, um ein beiderseitiges Blutbad zu vermeiden.

Georg Truchsess indes ist mit solch einer unblutigen Lösung nicht einverstanden. Er eilt den Rebellen hinterher, südwärts an Kempten vorbei zum Ort Durach. Dabei verbreitet er bewusst Terror, um die Abziehenden zu demoralisieren. Das Dorf Leubas lässt er zuerst niederbrennen, und auch der weitere Weg wird zu einem Fackelzug, der den »Höhepunkt und Abschluss der strategischen Brandstiftung« bildet, so der Forscher Peter Blickle: Auf der nur neun Kilometer langen Strecke gehen 200 Höfe in Flammen auf.

Das ist selbst den Bundesräten, den führenden Vertretern des Schwäbischen Bundes, zu viel. Einige beobachten von Kempten aus das Geschehen und schreiben dem Truchsess, dass es nicht die Absicht des Bundes sei, »das Land mit Brand zu verderben«. Er solle »von Stund an bei allem Kriegsvolk [Soldaten] ernsthaft und zum Höchsten dafür sorgen, dass fortan nicht mehr gebrannt wird«. Sprich: Solche Verwüstungen sollen unterbleiben, zumal sie nicht nur die Bauern ruinieren, sondern auch ihre Herren. Georg Truchsess schickt daraufhin den Bundesräten eine pampige Antwort: Wenn sie ihn das Kriegführen lehren wollen, so sollen sie doch ins Feld ziehen, und er wolle derweil in Kempten auf den Kissen sitzen.

Die brutale Strategie, den Widerstandswillen der Bauern durch Terror in ihren Heimatdörfern zu brechen, führt nach einer Woche zum gewünschten Erfolg: 3000 Rebellen, die sich auf eine nahe Anhöhe zurückgezogen haben, ergeben sich auf Gnade und Ungnade. Mit weißen Stäbchen in der Hand als

Zeichen der Kapitulation müssen sie an den Siegern vorbeiziehen. »Da hat Herr Georg [Truchsess] etliche Rädelsführer herausgeklaubt und dieselbigen gen Durach in der Kirche gefangen gelegt und einen Teil, nämlich 18, zu Durach auf dem Berg köpfen lassen«, berichtet der Allgäuer Ritter Georg von Werdenstein, der sich zu der Zeit im nahen Kempten aufhält. »Zwei oder drei sind durch ihre Listigkeit aus der Kirche entkommen«, aber sie wurden wieder gefangen und am 24. Juli enthauptet.

»Außerhalb dieser geordneten Verfahren wurde sinnlos und lustvoll gemordet«, fügt der Forscher Blickle an. Zeuge dafür ist Ambrosius Geyer, der lakonisch über seine Kameraden mitteilt: »Wo die Bündischen einen Bauern gesehen haben, ist derselbige von ihnen erschlagen worden.«

Der gesamte Widerstand im Allgäu bricht nun zusammen, und es gibt für den Schwäbischen Bund nur noch eine Stadt zu unterwerfen: Füssen, das sich im Frühjahr Erzherzog Ferdinand von Österreich unterstellt hat. Der Truchsess, so lautet der neue Befehl, soll die Stadt erobern, strafen und ihrem rechtmäßigen Herrn zurückgeben, dem Bischof von Augsburg.

Damit wiederum ist Ferdinand nicht einverstanden. Vor allem will er nicht dulden, dass die Bürger Füssens dafür bestraft werden, ihn zu ihrem Herrn erwählt zu haben. Als Kompromiss zieht Georg Truchsess mit dem Heer nicht nach Füssen, sondern zu dem 30 Kilometer entfernten Dorf Aitrang. Dann reitet er ohne seine Armee zu der Stadt, um mit den Füssenern zu verhandeln. Die erklären sich schließlich bereit, zum Bischof von Augsburg zurückzukehren, der im Gegenzug Straffreiheit zusichert. Auch Ferdinand stimmt zu, seine Besatzungstruppen ziehen aus Füssen ab. All das erreicht Georg Truchsess ohne jedes Blutvergießen: Die Kunst der Diplomatie hat er nicht verlernt.

Anschließend kehrt der Feldherr zu seinem Heer zurück – und findet kein Heer mehr vor. Was ist geschehen? Während Georg Truchsess in Füssen verhandelte, haben die führenden

Vertreter des Schwäbischen Bundes »hinterrücks des Truchsess« alle Truppen entlassen, wie sein Schreiber moniert. Nur ein paar Einheiten, die Ferdinand von Österreich unterstehen, sind noch da. Georg Truchsess fühlt sich düpiert, laut seinem Schreiber ist er »übel zufrieden und beschwert sich«. Durchaus zu Recht: Dass fast eine komplette Armee ohne Wissen ihres Oberbefehlshabers aufgelöst wird, ist ein ebenso seltener wie seltsamer Vorgang. Und es ist natürlich ein Affront gegen den Truchsess. Nach dem fünfeinhalb Monate dauernden Feldzug kann er sich jetzt nicht einmal mehr von seinen Soldaten verabschieden.

Der Schwäbische Bund antwortet auf die Beschwerde des Truchsess schriftlich, dass man ihm keine Verachtung zeigen, sondern nur einen Monatssold für die Soldaten einsparen wollte. Und dass man gedacht habe, er würde rechtzeitig zur Verabschiedung in das Heereslager zurückkommen – was verdächtig nach einer Ausrede klingt. Sicherlich wollte der Schwäbische Bund Geld sparen, aber vielleicht auch verhindern, dass Georg Truchsess und sein marodierendes Heer weiter das Land verwüsten.

Mit den verbliebenen österreichischen Soldaten zieht der Feldherr ohne Heer ein letztes Mal durchs Land: vier Gehstunden weit zum Dorf Haldenwang. Wie ein Süchtiger, der nicht von seiner Droge wegkommt, tut Georg Truchsess dort noch einmal das, was er nicht lassen kann: Er befiehlt, vier angebliche Rädelsführer zu köpfen, wie Ritter Werdenstein in seiner Chronik berichtet. Unter den Verurteilten ist der Schneider Peter Nusser, der fragt, was er denn verbrochen habe. Der Truchsess konzediert, dass sich Nusser persönlich nichts zuschulden kommen ließ. »So lade ich dich ein, Georg Truchsess«, sagt der Schneider daraufhin, »und alle, die schuldig sind an meinem Tod, dass sie erscheinen und Antwort geben« in dem Tal Josaphat, dem biblischen Ort des Jüngsten Gerichts.

Georg Truchsess nimmt die Einladung ins Tal Josaphat an. Diese ist ein Fluch, der so gefürchtet wird, dass er vielerorts unter Strafe steht. Er bedeutet, dass sich der Geladene vor Gott selbst rechtfertigen muss – was sogar den Truchsess zum Nachdenken über sein Tun angeregt haben dürfte, glaubt der Forscher Blickle: Ihm hat jetzt ein Todeskandidat klargemacht, »dass die Urteile, die er fällte, vor dem Endgericht Gottes nochmals zur Sprache kommen könnten«.

Georg Truchsess entlässt nun die restlichen Soldaten. Damit endet sein Feldzug quer durch Süddeutschland, den er ab Februar 1525 erst gegen Herzog Ulrich von Württemberg und dann gegen die Rebellenheere führte. In den fünfeinhalb Monaten legte er nach Berechnungen Blickles 1866 Kilometer zurück und tötete geschätzt 20750 Bauern und Bürger, die meisten davon in den Schlachten bei Leipheim, Wurzach, Böblingen, Königshofen und Ingolstadt. »Es hat kein vergleichbares Vorgehen gegen Untertanen im Heiligen Römischen Reich Deutscher Nation gegeben«, resümiert Blickle.

Neben all den Toten hinterlässt der Feldherr eine Schneise der Verwüstung und eine verängstigte Bevölkerung. »Es war, als ob Gott den Bauern auf dem Nacken saß und ihnen das Herz nähme«, sagt ein Zeitgenosse laut Zimmermann. »Sie flohen oft, so [obwohl] ihnen niemand nachlief. Und so sich nur ein Vöglein rührte oder ein Blatt von einem Baume fiel, meinten sie, es wäre ein Reiter.« Georg alias Jörg Truchsess verbreitete so viel Terror in der Landbevölkerung, dass er wie erwähnt den Spitznamen Bauernjörg erhält und bald die Redewendung umgeht: »Ich will dir den Herrn Jörgen singen.« Selbst 100 Jahre später dient sein Name als Schreckmittel für ungehorsame Kinder, wie die Truchsess-Biografen Walchner und Bodent mitteilen. Und noch im Jahr 1868 zitiert der Militärhistoriker Johann Heilmann ein »Sprichwort, um Drohung einer schweren Strafe auszudrücken« wie folgt: »Man wird dir den Jörgen zeigen.«

Mit dem Feldzug des Truchsess endet der Bauernkrieg auf dem Gebiet des heutigen Deutschlands weitgehend, aber nicht ganz. Einzelne Rebellenhaufen durchstreifen noch das Land.

Mancherorts gelangen sie zu gütlichen Übereinkommen mit der Obrigkeit und lösen sich friedlich auf. Andernorts kommt es zu Scharmützeln. Das letzte Gefecht ereignet sich am 4. November 1525 bei Grießen nahe der Schweiz, wo Thomas Müntzer zum Jahreswechsel 1524/25 mehrere Wochen gelebt hat. Die Aufständischen werden besiegt, beim Friedhof des Ortes ergeben sich schließlich 350 Mann.

Am 5. Dezember 1525 kapituliert das nahe Waldshut und wird von den Truppen Ferdinands von Österreich besetzt. Die Stadt war im August 1524 die erste, die sich mit den Stühlinger Bauern verbündete, mit deren Aufstand im Juni 1524 der Bauernkrieg begonnen hatte. Und sie ist nun die letzte, die sich auf dem Gebiet des heutigen Deutschlands ergibt. Wo der große Volksaufstand seinen Anfang nahm, dort endet er auch.

Die Verfolgung der Aufständischen endet allerdings nicht. Viele Herren lassen rachsüchtig die überlebenden Rebellenführer jagen. Der Schwäbische Bund setzt dafür eine Polizeitruppe ein und engagiert Berthold Aichelin, den ehemaligen Scharfrichter des Truchsess. In den folgenden Monaten durchzieht Aichelin mit zunächst zwei, dann drei Henkersknechten das Land und richtet Hunderte angebliche Anführer hin. Die Exekutionen geschehen für gewöhnlich ohne Gerichtsverfahren und sind, wie Blickle schreibt, »ein dumpfes Abschlachten von Menschen«.

Dennoch machen Hinrichtungen nur einen vergleichsweise kleinen Teil der Toten des Bauernkriegs aus. Wilhelm Zimmermann übertreibt in seinem Standardwerk von 1841/43, wenn er beispielsweise behauptet: »Zehntausend waren im Gebiete des schwäbischen Bundes hingerichtet worden.« Viele Autoren haben seine Angaben übernommen, sodass bis heute in populären Darstellungen des Bauernkriegs gern von schaurigen Massenexekutionen die Rede ist. Tatsächlich wurden in der Regel nur einzelne Anführer oder kleine Gruppen hingerichtet, meist in kriegsgerichtlichen Schnellverfahren nach einer Schlacht oder Einnahme eines Ortes.

Wie hoch die Gesamtzahl der Opfer ist, lässt sich bloß grob abschätzen. Niemand hat nach den großen Schlachten die Gefallenen gezählt, und die Angaben über Exekutionen sind zwar teils präzise mit Namenslisten, teils aber auch sehr vage. Klar ist nur: In den Schlachten starben Zehntausende, durch Hinrichtungen Tausende. Schon die Zeitgenossen nennen typischerweise Schätzwerte zwischen 50000 und 130000 Toten durch den Bauernkrieg. Kaiser Karl V. etwa schreibt im August 1525 von 100000 Menschen, die durch den Aufstand ihr Leben verloren, und auch der Reiter-Hauptmann Ambrosius Geyer notiert in seinem Tagebuch, dass »im Jahr 25 in Deutschland an allen Orten über Hunderttausend erschlagen und umgekommen sind«. Diese Zahl kursiert lange in den einschlägigen Büchern, wurde aber in den vergangenen Jahrzehnten nach unten korrigiert. Der Augsburger Professor Ulrich Niggemann fasst 2023 den aktuellen Wissensstand so zusammen: »Insgesamt geht die Forschung von bis zu 70000 Toten in der Folge der Schlachten und von zwischen 2000 und 10000 Hinrichtungen aus.«

Wer dem Schlachtentod und den anschließenden Schnellverfahren entging, auf den warteten oft die Mühlen der Justiz – mit deutlich höheren Überlebenschancen. »Bald kamen allenthalben ordentliche Gerichtsverfahren in Gang, die sich über viele Monate hinzogen«, schreibt der Historiker Hans-Martin Maurer. »Sie bemühten sich um mehr Gerechtigkeit und unterschieden nach den Taten:

1. Brandstifter, Plünderer und Diebe, also die Täter krimineller Handlungen,
2. die Aufwiegler, Rädelsführer und Hauptleute,
3. die unteren Funktionäre und
4. die übrigen Teilnehmer (Mitläufer).

Wer verdächtig war, der Gruppe 1 und 2 anzugehören, wurde nach den Regeln der Zeit unter Folter verhört und dann hingerichtet, verstümmelt oder des Landes verwiesen.« Besonders hart bestraft wurden dabei Priester und Prediger, weil man diese als Verführer ansah. »Die große Mehrheit, vor allem die der Gruppen 3 und 4, aber auch einige der Gruppe 2, kamen mit Haft-, Geld- und Ehrenstrafen davon«, so Maurer.

Bei den Ehrenstrafen entwickeln manche Herren eine befremdliche Fantasie. Bauernkriegsforscher Günter Vogler nennt beispielhaft einen Untertan aus Neckarsulm: Er muss seine Waffen abgeben, darf fortan kein Wirtshaus mehr besuchen, an keiner Zusammenkunft der Gemeinde mehr teilnehmen und die Gemarkung Neckarsulm nicht mehr verlassen. Zudem wird ihm auferlegt, »künftig nur noch einen halben Bart zu tragen, die andere Hälfte aber alle zwei Wochen abscheren zu lassen«.

Auch ganze Dörfer werden bestraft, zum Beispiel indem die Glocken aus den Türmen genommen und die Kirchtürme niedergerissen werden – damit niemand mehr unerlaubt Sturmläuten kann. Besonders beliebt sind Geldstrafen für Einzelne und für ganze Gemeinden. Markgraf Kasimir etwa erpresst 100 000 Gulden aus seinen Landen. Umgerechnet in die heutige Kaufkraft sind das laut Blickle um die 50 Millionen Euro. Mancher Adlige saniert auf diese Weise im Nachgang des Bauernkriegs seine Kassen.

Welche Folgen der massenhafte Tod und die vielen Strafen für das Alltagsleben haben, darüber ist kaum etwas überliefert. Die Opferzahlen erscheinen zwar hoch, aber die Bevölkerung wächst damals schnell und erholt sich demografisch rasch wieder. Dennoch bleiben Fragen: Kann der Verlust von Zehntausenden Arbeitskräften in der Landwirtschaft bald kompensiert werden? Wie organisieren sich die vielen Familien, denen die erwachsenen Männer fehlen? Was bedeutet es psychologisch für die Dorfgemeinschaften, wenn in praktisch jeder Gemeinde Einwohner hingerichtet wurden? Zumal es mit den Rebellenführern oft die besonders engagierten und angesehenen Mitglieder traf. Wir können nur mutmaßen, die zeitgenössischen Quellen schweigen dazu.

Gut erforscht ist dagegen, welche Folgen der Bauernkrieg auf politischer Ebene hat: für das Verhältnis zwischen Landesherrn und Untertanen, für die Rechte der Bevölkerung und für die Entwicklung des Reichs. Bevor wir uns diesen Fragen zuwenden sowie das weitere Schicksal des Truchsess und Matern Feuerbachers beleuchten, unternehmen wir im nächsten Kapitel einen Ausflug in das heutige Österreich und Südtirol. Dort erfährt der große Volksaufstand im Jahr 1526 ein unerwartetes Comeback, angetrieben von einer der bemerkenswertesten Persönlichkeiten jener Zeit.

Steckbrief Markgraf Kasimir von Brandenburg-Kulmbach

- Geb. 27. September 1481 in Ansbach.
- Gest. 21. September 1527 im heutigen Budapest.

Stand und Familie: Kasimir stammt aus dem Haus Hohenzollern und zählt als Markgraf von Brandenburg-Kulmbach zu den fränkischen Fürsten im Reich. Zusammen mit seinem jüngeren Bruder Georg putscht er 1515 gegen seinen geistesgestörten Vater Friedrich V., setzt ihn dauerhaft gefangen und übernimmt die Landesherrschaft. 1518 heiratet er Prinzessin Susanna, Tochter des Herzogs Albrecht IV. von Bayern, und hat mit ihr fünf Kinder.

Wirken: Im Bauernkrieg spielt Kasimir zunächst den guten Landesvater und erfüllt am 1. Mai 1525 praktisch alle Forderungen der Aufständischen. Doch als im Juni die Niederlage der Rebellen in Franken feststeht, startet er einen grausamen Straffeldzug, den er streckenweise gemeinsam mit dem Truchsess führt. Berühmt-berüchtigt wird sein Schreckensgericht in Kitzingen, bei dem er 60 Bürgern die Augen ausstechen lässt, nachdem er zuvor allen das Leben versprochen hat. Nach Ende des Bauernkriegs setzt Kasimir die Verfolgungen mit aller Härte fort, bis seine Räte ihn im November 1526 darauf hinweisen, dass die Strafen auch Unschuldige treffen. Sogar einer seiner Ritter appelliert an ihn: »Es sind nichtswürdige Dinge, um die man jetzt noch die armen Gefangenen quält; vergesst einmal das Vergangene.« Daraufhin verkündet Kasimir einen Generalpardon. 1527 zieht er als oberster Feldhauptmann für Ferdinand von Österreich in den Krieg nach Ungarn und stirbt dort an der Ruhr.

Besondere Merkmale: Sein brutales Vorgehen im Bauernkrieg bringt Kasimir den Spitznamen »Bluthund« ein. Wegen seiner offenkundigen Grausamkeit wird er seither so negativ dargestellt, dass der renommierte Historiker Theodor Hirsch 1876 klagt: »Ich weiß keinen Biographen zu nennen, der ihm bis jetzt gerecht zu werden auch nur den guten Willen gezeigt hätte.«

KAPITEL V: NACHHALL

1. Das kommunistische Manifest (1525/26)

Im Frühjahr 1526 ziehen mehrere Hundert Mann heimlich über die Alpenpässe Tirols an Schneefeldern vorbei in das Salzburger Land. Viele kommen aus den süddeutschen Zentren des Bauernkriegs, sind erfahrene Widerstandskämpfer. Sie haben die Rebellion 1525 vorangetrieben, mussten nach der Niederlage fliehen, aber sie gaben nicht auf.

Mit zahlreichen anderen Gesuchten und Verbannten sammelten sie sich in Schweizer Orten. Diese reagierten ganz unterschiedlich auf die Flüchtlinge, nachdem die oberste Schweizer Behörde im Juli 1525 angeordnet hatte, alle Rebellen auszuweisen. Der Kanton Thurgau, der sich an den Bodensee schmiegt, schob geflohene Aufständische über die Grenze ab – die dann prompt hingerichtet wurden, angeblich zum großen Bedauern der Eidgenossen. Zürich machte ein Geschäft mit der Not und verlangte 20 statt bisher 10 Gulden, wenn ein Ankömmling das Bürgerrecht erwerben wollte. Andere Kantone gewährten stillschweigend Asyl, wobei Appenzell in der Nordostschweiz zu einem inoffiziellen Hauptquartier der Exilanten wurde: Dort bildeten sich regelrechte Flüchtlingsklubs mit eigenen Vorsitzenden.

Offen konnten die Geflohenen nicht agieren, aber in konspirativen Treffs gelang es einer herausragenden Persönlichkeit, das Feuer des Aufstands neu zu entfachen: Der Freiheitskämpfer Michael Gaismair brachte Anfang 1526 die revolutionäre Elite aus Süddeutschland dazu, ihr Exil in Appenzell zu verlassen und einen neuerlichen Zug gegen die Obrigkeit zu starten.

Der etwa 35-jährige Gaismair ist ein großer, hagerer Mann, der leicht gekrümmt und mit geneigtem Kopf geht, kurze dunkle Haare hat und einen dünnen Bart trägt, wie wir aus einem regierungsamtlichen Steckbrief wissen. Er wurde bei Sterzing in Südtirol geboren und stammt aus einer bürgerlichen Familie, die es mit Landwirtschaft und Bergbau zu Wohlstand gebracht hat. Über seine Bildung liegen keine gesicherten Informationen vor. Vermutlich besuchte er die Sterzinger Lateinschule und studierte Jura, denn er machte Karriere in der Verwaltung: Gaismair wurde Schreiber des Landeshauptmanns von Tirol, dann ab 1524 Sekretär des Fürstbischofs von Brixen in Südtirol. (Oft liest man, er sei auch Zöllner gewesen, aber diesen Posten hatte sein älterer Bruder Hans inne.) Trotz der beruflichen Nähe zum Adel schließt sich Michael Gaismair dem Aufstand an, als der Funke der Rebellion aus Schwaben in das heutige Österreich und Südtirol überspringt.

Der Bauernkrieg in den Alpen entzündet sich am 9. Mai 1525 in Brixen. Der ortsansässige Peter Pässler soll hingerichtet werden, weil er mehrfach ein Fischereiverbot übertreten und fürstbischöflichen Beamten die Fehde erklärt hat. Doch als der Delinquent gefesselt zum Richtplatz geführt wird, entreißen Bauern ihn den verdutzten Henkersknechten, bringen ihn aus der Stadt und schlagen mit einem Hammer seine Eisenketten ab. Das ist das Fanal zum Aufstand: Am Tag darauf läuten im nahen Ort Milland die Sturmglocken; etwa 5000 Bewaffnete strömen zusammen und ziehen nach Brixen, begeistert empfangen von den Bürgern der Stadt. Die Rebellen plündern einige Häuser des Adels und der Geistlichkeit und verjagen die bischöfliche Regierung. Weitere drei Tage später, am 13. Mai, wählen sie einen obersten Feldhauptmann: Michael Gaismair.

Von Brixen aus frisst sich das Feuer des Aufstands in rasendem Tempo weiter, und bald werden quer durch Südtirol die Klöster und Burgen gestürmt.

Noch im selben Monat, am 25. Mai, bricht die Revolution auch im benachbarten Erzbistum Salzburg aus, das damals ein großes, eigenständiges Fürstentum bildet. Zunächst erheben sich die Bauern und Bergknappen im Süden des Erzbistums, und »wieder setzte die Schnelligkeit in Erstaunen, mit der der Aufstand, einmal losgebrochen, das ganze Land ergriff und jeden Widerstand der überraschten Beamten überrannte«, schreibt der Forscher Günther Franz. »Bereits zehn Tage nach Beginn der Unruhen zog das Bauernheer, von den Bürgern begrüßt, in Salzburg ein und plünderte die erzbischöfliche Residenz.« Der Salzburger Fürsterzbischof Matthäus Lang flieht in seine Festung Hohensalzburg, die heute noch über der Stadt thront, und gibt faktisch die Kontrolle über sein Land auf.

Der mächtigste Mann in der Region, Erzherzog Ferdinand von Österreich, reagiert unterschiedlich auf die Aufstände. In seinen eigenen Landen, zu denen Tirol inklusive Südtirol gehört, gibt sich der Habsburger kompromissbereit: Ferdinand beruft für den 12. Juni 1525 einen Landtag in die Nordtiroler Stadt Innsbruck ein, um über die Forderungen der Aufständischen zu beraten. 200 Bauern nehmen als Vertreter ihrer Gemeinden teil. Am 22. Juni werden auf dem Landtag die Forderungen vor dem Erzherzog und seiner Gattin verlesen, was mehr als eine Stunde dauert. Die lange Liste umfasst 96 Artikel, und die Bauernvertreter bekräftigen diese mit so lauter Stimme, dass die Erzherzogin angeblich wegen des Lärms in Ohnmacht fällt.

Doch etliche Delegierte verlässt bald der Mut, als sie von dem blutigen Siegeszug des Truchsess erfahren, der nun von Franken aus näher rückt. Das bringt Ferdinand in eine stärkere Verhandlungsposition. Er soll sogar einigen Bauernvertretern eine Reise nach Franken finanziert haben, damit sie mit eigenen Augen sehen, zu welchen Gräueln der Bauernkrieg dort führt. Am 21. Juli verabschiedet der Tiroler Landtag dann einen Kompromiss, der den Bauern in einigen Punkten entgegenkommt, unter anderem den Fischfang freigibt, aber Ferdinands Herrschaftsbefugnisse insgesamt nicht antastet.

Derweil ließ der Erzherzog im Salzburger Aufstandsgebiet die Waffen sprechen. Sein hoher Untergebener Siegmund von Dietrichstein zog mit 5000 Soldaten zur Bergbaustadt Schladming, die unmittelbar an der Grenze zum Erzbistum Salzburg liegt. Dietrichstein schlug dort sein Lager auf, um am 3. Juli in das Salzburger Land vorzustoßen.

Doch die Rebellen auf der anderen Seite der Grenze sind nicht untätig geblieben. Ihr Hauptmann namens Michael Gruber hat 3500 Mann versammelt und führt diese in der Nacht vom 2. auf den 3. Juli »taktisch sehr geschickt in zwei Kolonnen« zu Dietrichsteins Lager, wie die Militärhistoriker Bensing und Hoyer loben. Die Aufständischen fallen über die komplett überraschten Soldaten her, erschlagen mehrere Hundert und erbeuten den gesamten Geschützpark sowie die Kriegskasse mit 19 000 Gulden. Sie nehmen Dietrichstein und mehr als ein Dutzend weitere Adlige gefangen und behalten die Herren bis zum Friedensschluss zwei Monate später in Geiselhaft.

Die Schlacht bei Schladming stellt den größten Sieg der Rebellen im Bauernkrieg über ein Heer des Adels dar. Aber der Erfolg kommt zu spät, um am Gesamtverlauf des Volksaufstands noch etwas zu ändern – die entscheidenden Schlachten sind bereits alle geschlagen.

Die Aufständischen regieren nun unangefochten im ganzen Erzbistum Salzburg. Sie nehmen die Beamten in die Pflicht, erheben eine Vermögensteuer und fördern den Bergbau, um mit dem geschürften Gold Landsknechte anzuheuern. Doch auch diese Herrschaft des Volkes dauert nur einige Wochen. Dann ringt sich der Schwäbische Bund dazu durch, Truppen in das Erzbistum zu entsenden, obwohl dieses gar kein Mitglied des Bundes ist. Man will verhindern, dass sich der Aufstand über die Salzburger Grenzen hinaus zu einem neuerlichen Flächenbrand entwickelt.

Am 16. August 1525 erscheint das Heer des Schwäbischen Bundes vor der Stadt Salzburg. Angeführt wird es von Georg von Frundsberg, dem berühmten Söldnerführer. Er und seine 8000 Landsknechte treffen auf eine Stadt, die die Rebellen nach allen Regeln der Kriegskunst durch Gräben und Bollwerke geschützt haben. An der Spitze der Verteidiger steht Michael Gruber, der Sieger von Schladming. Frundsberg belagert Salzburg zwei Wochen lang, ohne die Verteidiger in die Knie zu zwingen. Dann vermittelt er einen Friedensvertrag zwischen den Aufständischen und dem Salzburger Fürsterzbischof Matthäus Lang: Die Rebellen erhalten Straffreiheit, ihre Beschwerden sollen auf einem eigenen Landtag abgestellt werden.

Die beiden alpenländischen Aufstandsgebiete, Salzburg und Tirol, sind somit im Verlauf des Sommers 1525 wieder weitgehend zur Ruhe gekommen. Aber nicht ganz: Michael Gaismair, vom Kompromiss auf dem Tiroler Landtag enttäuscht, hat 18 Südtiroler Städte und Bezirke dazu aufgestachelt, die Zustimmung zu verweigern. Daraufhin wird er im August nach Innsbruck eingeladen, um der Tiroler Regierung die Gründe für die Ablehnung darzulegen. Nach einigem Zögern nimmt der Rebellenführer an, im Vertrauen auf die Redlichkeit der Herrschenden. Am 17. August erscheint er in der Nordtiroler Stadt – und die Falle schnappt zu: Gaismair wird verhört und, als er ein paar Tage später Innsbruck verlassen will, verhaftet und eingesperrt. Nach sieben Wochen im Kerker gelingt ihm am 7. Oktober die Flucht. Wie er entkommt und wer ihm hilft, ist nicht bekannt.

Während Gaismairs Gefangenschaft hat die Obrigkeit den letzten Widerstand in Südtirol gebrochen und überall die Macht übernommen – insofern war die unredliche Verhaftung aus Regierungssicht ein Erfolg. Der flüchtige Gaismair versteckt sich zunächst in den Bergen seiner Heimatregion und begibt sich dann auf Schleichwegen in die Schweiz. Dort trifft er mehrfach den Reformator Zwingli und mietet im Ostschweizer Prättigau ein Haus, wohin ihm seine Frau mit dem gemeinsamen Baby folgt.

Die Tiroler Regierung versucht derweil weiter, seiner habhaft zu werden. Sie hat die Chuzpe, Gaismair erneut nach Innsbruck einzuladen und ihm freies Geleit zu versprechen – und zugleich alle Lokalbehörden anzuweisen, ihn umgehend zu verhaften. Als Gaismair den Lockrufen klugerweise nicht folgt, setzt die Regierung Spione auf ihn an, schreibt ein Kopfgeld aus und versucht, seine Auslieferung zu erwirken. Alles ohne Erfolg.

Der Geflüchtete bleibt nicht nur aktiv, er wandelt sich im Schweizer Exil vom gewöhnlich denkenden Aufständischen zum visionären Revolutionär. Im Winter 1525/26 verfasst Gaismair das Werk, das ihn unter den Rebellenführern des Bauernkriegs hervorhebt: die sogenannte Tiroler Landesordnung, die eine neue Staats- und Gesellschaftsordnung entwirft. Sie ist ihrer Zeit so weit voraus, dass es keinen geeigneten zeitgenössischen Begriff für sie gibt, nur moderne Analogien. Man kann Gaismairs Programm etwa als demokratische Verfassung mit sozialistischen Zügen bezeichnen oder als frühes kommunistisches Manifest – in dem Sinn, dass es bereits viele Gedanken enthält, die sich ab dem 19. Jahrhundert im Kommunismus und Sozialismus wiederfinden.

Gaismair selbst ist natürlich weder Kommunist noch Sozialist oder Demokrat im modernen Sinn, zumal es solche Kategorien zu seiner Zeit gar nicht gab. Er ist vielmehr ein Mensch am Übergang vom Mittelalter zur Neuzeit, der erfasst hat, dass es nicht genügt, den Herrschenden einige Zugeständnisse abzutrotzen, um eine gerechtere Welt zu erschaffen. Sondern dass das hergebrachte Ständesystem an sich zutiefst ungerecht ist.

Schon im ersten Punkt seiner Landesordnung macht Gaismair klar, was er von den Bürgern des neuen Staatswesens erwartet: dass sie »in allen Dingen nicht den Eigennutz suchen, sondern zum Ersten die Ehre Gottes und danach den Gemeinnutz«.

Der nächste Punkt fordert: »Ihr sollt alle gottlosen Menschen, die das ewige Wort Gottes verfolgen, den armen gemeinen Mann unterdrücken und den Gemeinnutz verhindern, ausrotten und verjagen.« Das richtet sich gegen Ausbeuter jeder Couleur, klingt aber aus heutiger Sicht – 500 Jahre später, nach all den Erfahrungen mit religiösem Extremismus, kommunistischen und faschistischen Diktaturen – wie ein totalitärer Albtraum.

Alle Schlösser, Burgen und Stadtmauern sollen geschleift werden, die Städte verschwinden und alle Menschen fortan in Dörfern leben: »Damit es keinen Unterschied mehr zwischen den Menschen gebe, weil einer höher oder besser als der andere sein will.« Das Ziel lautet explizit, dass »eine völlige Gleichheit im Land sei«. Es ist ein wahrhaft sozialrevolutionäres Ziel in einer Welt, in der die gesamte Gesellschaft auf dem Glauben aufbaut, dass Gott jedem Menschen seinen Platz zuweist in einem höheren oder niederen Stand.

Sozialistisch mutet zudem an, wie der Handel geregelt wird: »Es soll niemand im Land das Kaufmannsgewerbe betreiben, auf dass sich niemand mit der Sünde des Wuchers beflecke«, dekretiert die Landesordnung. Stattdessen sollen Staatsangestellte mit festem Gehalt Läden betreiben, in denen alle Waren ohne Gewinn verkauft werden. »Damit würden aller Betrug und Falschheit verhütet.« Die Bergwerke sollen verstaatlicht werden, wenn sie Großunternehmern wie den Fuggern gehören. »Denn diese haben der ganzen Welt mit ihrem unchristlichen Wucher geschadet«, zürnt die Landesordnung. Die Handwerker sollen alle nach Trient ziehen, sodass sämtliche Produkte an einem Ort erzeugt und dann über das Land verteilt werden.

Neben all diesen sozialistischen Ideen durchzieht auch ein basisdemokratischer Gedanke den Verfassungsentwurf. »Es soll die ganze Gemeinde eines jeden Gerichts [Verwaltungsbezirks] jedes Jahr einen Richter und acht Geschworene wählen«, heißt es etwa. Auch die Regierung ist per Wahl zu be stimmen, wobei die Regierungsmitglieder aus allen Teilen des Landes kommen. Hauptstadt soll Brixen sein, wo eine theologische Hochschule eröffnet wird. Einen Fürsten gibt es nicht mehr.

Von den bisherigen Steuern bleibt nur der Zehnt, um die Pfarrer zu bezahlen und eine Armenfürsorge aufzubauen, die man heute als staatliches Sozialsystem bezeichnen würde: »Es sollen auch die Armen nicht nur mit Essen und Trinken, sondern mit Kleidung und allem Nötigen versehen werden.« Das Betteln hingegen verbietet die Landesordnung, um »Lotterei« zu verhindern. Wer arbeiten kann, soll das tun.

Die Klöster und Ordenshäuser sollen geschlossen und sozial umgewidmet werden: zu Krankenhäusern, Altenheimen und Waisenhäusern. In den Ersten »sollen die Kranken beieinander sein, für die mit aller Pflege und Arznei wohl gesorgt werden soll«, in den Zweiten »die alten Personen, die altershalber nicht mehr zu arbeiten vermögen«, in den Dritten »die armen Waisenkinder, die man unterrichten und zu Ehren erziehen soll«. Hier ist Gaismair seiner Zeit schier unendlich weit voraus. »Sozialmaßnahmen, wie er sie vorschlug, gab es damals nirgends«, betont der Historiker Michael Forcher in seiner Gaismair-Biografie von 2020. Was dem Revolutionär vorschwebt, ist nichts weniger als ein Sozialstaat, wie er erst im späten 19. Jahrhundert Gestalt annehmen wird.

In anderen Aspekten bleibt Gaismair dem mittelalterlichen Denken verhaftet. So ist sein Staat kein säkularer, sondern ein durch und durch christlicher. Drei Theologen sollen stets »in der Regierung sitzen und alle Angelegenheiten nach dem Befehl Gottes richten und urteilen« – was unangenehm an den islamischen Wächterrat der heutigen Theokratie Iran erinnert.

Trotz der Makel, die der Verfassungsentwurf aus heutiger Sicht hat, stellt er ein beeindruckendes Zeugnis dar, wie progressiv Menschen aus dem Volk schon damals denken können. Günther Franz kommt im 20. Jahrhundert zu einem nach wie vor treffenden Resümee: »In scharfgeschnittenen Linien gibt die Landesordnung das eindrucksvoll-geschlossene Bild einer christlich-demokratischen Bauernrepublik, in der die verpflichtende Kraft eines echten Sozialismus die Freiheit des Einzelnen der Gemeinschaft unterordnet«, schreibt der Forscher. »Als Ganzes ist die Ordnung das Werk eines ungewöhnlich klugen und entschiedenen Kopfes, eines wirklichen Idealisten.«

2019 urteilt der ehemalige Landtagspräsident des österreichischen Burgenlandes, Erwin Schranz: »Auch gemessen an modernen Grund- und Freiheitsrechten ist es ein teils um Jahrhunderte vorweggenommener Vorgriff auf heutige Grund- und Menschenrechte und Verfassungsprinzipien.« Dies beeindruckt umso mehr, als Gaismairs Verfassungsentwurf nicht nur hehre Prinzipien nennt, sondern eine Reihe konkreter Aufgaben, um die Wirtschaft zu fördern und die Bevölkerung besser zu versorgen: Unter anderem sind Brücken, Straßen und Wasserwege zu bauen, die Sümpfe zwischen Meran und Trient trockenzulegen, um dort Nutzvieh zu halten, und der Getreideanbau ist zu intensivieren. Es soll einheitliche Maße und Gewichte geben, eine stabile Währung, Binnenzölle sind abzuschaffen.

Gaismairs Schrift ist damit nicht nur visionär, sondern auch pragmatisch, wodurch sie sich von anderen großen Staatsutopien unterscheidet: etwa von dem berühmten Buch *Utopia*, in dem der englische Zeitgenosse Thomas Morus 1516 eine ideale Zukunftsgesellschaft ohne Privateigentum beschreibt. *Utopia* ist reine Fiktion, die Landesordnung hingegen ein konkretes politisches Programm für einen egalitären Bergarbeiter-und-Bauern-Staat – für den Gaismair zu kämpfen bereit ist.

Vermutlich zu Frühjahrsbeginn 1526 sendet der Revolutionär Abschriften seiner neuen Landesordnung nach Tirol. Um weitere Mitstreiter zu werben, reist er zudem im Bodensee-Gebiet umher: unter anderem im Kanton Appenzell, wo er Exilanten aus Süddeutschland rekrutiert, wie zu Beginn des Kapitels erwähnt. Doch die Pläne, einen neuerlichen Aufstand in Tirol zu entfachen, zerschlagen sich spätestens Ende März 1526: Die Behörden verhaften Gaismairs wichtigsten Verbindungsmann im Land, seinen älteren Bruder Hans. Dieser und einige Mitverschwörer werden so lange gefoltert, bis die Obrigkeit genügend über die Pläne und das Netzwerk der Widerstandsorganisation erfahren hat. Dann lässt die Tiroler Regierung Hans Gaismair am 28. Mai auf dem Innsbrucker Stadtplatz hinrichten.

Für Michael Gaismair ist es ein schwerer Schlag, aber er gibt nicht auf. In der Zwischenzeit hat sich eine neue Möglichkeit eröffnet, die Revolution voranzutreiben: Die Bauern im Salzburger Land haben sich im Frühjahr 1526 erneut erhoben, denn ihr Fürsterzbischof Matthäus Lang hat seine Zusagen vom Sommer 1525 immer noch nicht erfüllt. Die Rebellen verjagen Langs Truppen aus dem gebirgigen Süden des Erzbistums und belagern dort ab Mitte April 1526 die Stadt Radstadt, die sich dem Aufstand nicht anschließen will.

Anfang Mai bricht Michael Gaismair im Schweizer Appenzell auf, um den Salzburger Rebellen zu Hilfe zu kommen. Sein kleines Heer umfasst 100 bis 700 Mann – die Angaben in den Quellen schwanken wieder einmal stark. Um zu dem gut 300 Kilometer Luftlinie entfernten Radstadt zu gelangen, müssen die Männer durch Tirol hindurch. Gaismair teilt sie in mehrere Trupps auf, und jede Gruppe schleicht sich auf versteckten Wegen und abgelegenen Gebirgspfaden durch das Feindesland.

Die Tiroler Regierung erfährt von dem geheimen Marsch und alarmiert die Behörden vor Ort, aber ohne Erfolg. Ende Mai 1526 erreicht Gaismair mit seinen Männern Radstadt. Dort küren ihn die Salzburger Rebellen sofort zum obersten Feldhauptmann, also zu ihrem höchsten Anführer – was einiges über den Ruf sagt, den der Revolutionär innehat.

Auch die Gegenseite erhält Verstärkung: Salzburgs Fürsterzbischof Matthäus Lang ist inzwischen dem Schwäbischen Bund beigetreten, und dessen Truppen rücken im Juni an. In der Folge kommt es zu Gefechten zwischen den Rebellen und den Bundestruppen sowie den fürsterzbischöflichen Soldaten. Unter Letzteren befindet sich ebenjener Michael Gruber, der im Jahr zuvor den großen Bauernsieg in Schladming errang. Denn nach dem Salzburger Friedensschluss im Sommer 1525 kam Matthäus Lang auf eine Idee, die kein anderer Fürst im Bauernkrieg vor ihm hatte: Der Landesherr verfolgte seine fähigsten Gegner nicht wie üblich, sondern zog sie auf seine Seite. So beförderte er Michael Gruber zum Feldhauptmann seiner eigenen Truppen, und der Ex-Rebellenführer dankt es mit Loyalität: Er kämpft nun für seinen Herrn gegen die früheren Mitstreiter.

Das Kriegsglück wechselt in diesen Tagen rasch, mal gewinnt die eine, mal die andere Seite. Gaismair erwirbt sich »in einer Reihe brillanter Gefechte«, wie der Kommunist Friedrich Engels später lobt, einen Ruf als hervorragender Heerführer. Auch nach Niederlagen gelingt es ihm, seine Männer diszipliniert zusammenzuhalten und so die furchtbaren Verluste zu vermeiden, die die Aufständischen in Süd- und Mitteldeutschland 1525 bei ihren panischen Fluchten erlitten.

Die Entscheidung fällt am 1. Juli 1526: Bei Zell am See im Südwesten des Erzbistums Salzburg treffen Truppen des Schwäbischen Bundes auf ein Rebellenheer, das von ebenjenem Peter Pässler angeführt wird, mit dessen Befreiung vor dem Schafott im Mai 1525 der Bauernkrieg in Brixen begann. Pässler und seine Männer müssen sich geschlagen zurückziehen. Jetzt ist das Hauptheer der Aufständischen, das immer noch Radstadt belagert, gleich von mehreren Seiten bedroht.

Um von der feindlichen Übermacht nicht umzingelt zu werden, hebt Gaismair am 2. Juli die Belagerung auf. Er marschiert Peter Pässler entgegen, und die beiden vereinigen die Reste ihrer Heere zu einem etwa 2000 Mann starken Haufen. In einem Gewaltmarsch über die Alpen ziehen die Kämpfer nach Süden, zunächst bis Tirol, wo sie auf Truppen des Schwäbischen Bundes unter Frundsberg stoßen. Die Rebellen erlei den eine Niederlage, sind jedoch nicht besiegt. Einige entscheiden sich nun, auf Gnade und Ungnade in Tirol zu bleiben. Die Mehrheit aber beschließt, den Weg nach Süden fortzusetzen. Etwa 1500 Verschworene eilen weiter, entkommen den Verfolgern und überschreiten am 12. Juli 1526 die Grenze zur Republik Venedig. »Es war dies die letzte Aktion im deutschen Bauernkrieg«, bemerkt der Forscher Günter Vogler.

Venedig empfängt die Flüchtlinge mit offenen Armen – und nimmt sie geschlossen als Söldner in den Dienst. Gaismair ist jetzt Condottiere, also Söldnerführer. Als solcher kämpft er bis zum Sommer 1527 für die Lagunenstadt in Norditalien gegen die Habsburger. Dann verabschiedet er sich vom Militär und erhält für seine Verdienste eine großzügige Pension. Von dieser kauft er sich 1528 ein Landgut in Padua und lässt sich dort mit seiner Familie nieder, die inzwischen nachgereist ist.

Doch der Revolutionär kann natürlich nicht ruhig bleiben. Gaismair reist immer wieder in die Schweiz und knüpft rastlos Kontakte, um eine internationale Koalition zu schmieden, mit deren Hilfe er die Habsburger aus Tirol vertreiben und seinen egalitären Staat errichten will. Das bringt ihn ins Visier der Tiroler Regierung, die den Netzwerker mehr denn je als Staatsfeind Nummer eins ansieht. Sie will Gaismair unbedingt das gleiche Ende bescheren wie seinem einstigen Mitstreiter Peter Pässler, der 1527 ermordet wurde. Dazu setzt sie ein geradezu bizarr hohes Kopfgeld auf den Pensionär in Padua aus: 1000 Gulden, also mehr als 20 Jahresgehälter eines Landsknechts, plus eine lebenslange Rente von 400 Gulden im Jahr.

In der Folge kommt es zu einigen Attentaten auf Gaismair, die fehlschlagen. Am Morgen des 15. April 1532 klopft dann der befreundete Pferdehändler Jacometo Cavalcatore an seine Tür: Er habe neues Zaumzeug dabei, ob Gaismair es nicht ausprobieren wolle? Der Ahnungslose geht mit in den Hof oder in den Stall – wo ihm zwei italienische Söldner auflauern. Sie stecken mit dem Pferdehändler unter einer Decke, und die drei töten Gaismair mit 42 Messerstichen, wie der Bürgermeister von Padua in einem detaillierten Bericht mitteilt. Dann bringen sie noch einen Knecht und einen Künstler um, die zu ihrem Pech gerade vorbeikommen, und reiten mit einer Goldkette und einem silbernen Dolch ihres Opfers davon.

Allerdings haben die Mörder bei aller Hinterlist nicht damit gerechnet, dass die Tiroler Regierung noch hinterlistiger ist. Sie weigert sich, das versprochene Kopfgeld auszuzahlen – mit dem originellen Argument, die Täter hätten aus Geldgier und somit aus niederen Beweggründen gehandelt. So bleibt der Mord an dem visionären Revolutionär ungesühnt und unbelohnt zugleich.

Steckbrief Michael Gaismair

- Geb. um 1490 bei Sterzing in Südtirol.
- Ermordet am 15. April 1532 in Padua, Italien.

Stand und Familie: Er stammt aus einer bürgerlichen Aufsteiger-Familie. Sein Vater brachte es vom Bauern und Tagelöhner zum wohlhabenden Unternehmer, der über Anteile an Bergwerken und landwirtschaftliche Güter verfügt. Michael Gaismair ist der jüngste von drei Söhnen und heiratet die Bürgerstochter Magdalena. Das Paar hat vier Kinder, das erste kommt 1525 zur Welt.

Wirken: Gaismair ist Sekretär des Brixener Fürstbischofs, als im Mai 1525 der Bauernkrieg in Südtirol beginnt. Er wird zum obersten Rebellenführer gewählt. Im August 1525 lädt ihn die Tiroler Landesregierung nach Innsbruck ein und lässt ihn dort verhaften. Gaismair kann fliehen, geht in die Schweiz ins Exil und schreibt dort die neue Tiroler Landesordnung – den Entwurf für eine demokratische Verfassung, die ihrer Zeit in Teilen um Jahrhunderte voraus ist. Im Juni 1526 führt er den neuerlichen Aufstand in Salzburg an, im Juli muss er mit Getreuen nach Italien flüchten. 1532 wird er von Kopfgeldjägern erstochen.

Besondere Merkmale: Ein Steckbrief der Tiroler Landesregierung beschreibt ihn 1526 so: »Ein langer, aufgeschossener, hagerer, dünner Mann, im Alter ungefähr 34 oder 35 Jahre, hat einen schwarz-braunfarbenen dünnen Bart, ein schönes kleines Gesicht, kurz geschorene Haare, geht mit geneigtem Kopf oder etwas bucklig und ist sehr redegewandt.« Wie von den anderen Rebellenführern ist von ihm kein authentisches Bild überliefert, die Abbildung ein Fantasieporträt. Nach dem Bauernkrieg gerät Gaismair in Vergessenheit und wird im 19. Jahrhundert als Freiheitskämpfer wiederentdeckt.

2. Truchsess: Ein Mann, ein Wort (1526)

Was tut ein Feldherr ohne Heer? Mit dieser Frage muss sich Georg Truchsess nicht lange auseinandersetzen, nachdem seine Armee im Juli 1525 hinter seinem Rücken entlassen wurde. Nahezu zeitgleich eröffnet sich ihm die Möglichkeit, auf der zivilen Karriereleiter ganz weit nach oben zu klettern.

Der Grund ist ein plötzlicher Krankheitsfall in der Familie: Sein Vetter Wilhelm Truchsess, der Statthalter – also Regierungschef – im Herzogtum Württemberg, hat einen Herzinfarkt erlitten. Dem 55-Jährigen geht es so schlecht, dass die Ärzte ihn zwischenzeitlich aufgaben und er die Sterbesakramente erhielt. Mitte 1525 bittet Wilhelm Truchsess wegen »Blödigkeit und Schwachheit« um seine Entlassung aus dem Amt des Regierungschefs. (Später erholt er sich entgegen den ärztlichen Prognosen, lebt noch fast 32 Jahre weiter und steigt erneut in höchste Positionen auf.)

Zu dem Zeitpunkt ist Südwestdeutschland stellenweise noch in Aufruhr, und der abgesetzte Herzog Ulrich von Württemberg lauert weiter darauf, sein Land zurückzuerobern. In dieser bedrohlichen Gemengelage gibt es für den Württemberger Landtag eine logische Lösung: Eine harte Hand muss her, um die Ordnung aufrechtzuerhalten. Und so bittet der Landtag den Landesherrn, Erzherzog Ferdinand von Österreich: Der andere Truchsess möge doch der neue Regierungschef werden.

Ferdinand hat einigen Grund, über Georg Truchsess verärgert zu sein – zumal dieser kürzlich in das Allgäu einmarschiert ist, obwohl Ferdinand es explizit verboten hatte. Aber das hält den pragmatischen Landesherrn nicht von der naheliegenden Personallösung ab. Im Herbst 1525 tritt Georg Truchsess seinen neuen Posten als Statthalter von Württemberg an. Am 2. Januar 1526 ist die von ihm gewünschte Regierung komplett. Den engsten Kreis um ihn bilden zehn Regenten, heute würde man sagen Minister. Diese entstammen vorwiegend dem Adel, doch es sind auch zwei bürgerliche Doktoren des Rechts darunter.

Georg Truchsess zeigt bald, dass er nicht nur kompetent ein Heer führen, sondern auch Behörden leiten kann. »Die Verwaltung des Alltags scheint reibungslos funktioniert zu haben«, bilanziert Peter Blickle. Den Grund sieht der Forscher einerseits in den »klaren Kompetenzen« der Behörden, andererseits in »der offenkundigen Ernsthaftigkeit, mit welcher der Statthalter sein Amt versah«. Georg Truchsess kümmert sich persönlich um zahlreiche Details: Rechnungen zu überprüfen, bessere Polizeiordnungen zu erlassen, schlechte Münzen aus dem Verkehr zu ziehen, die Straßen sicherer zu machen.

Um das Pensum zu schaffen, verlässt er so selten wie möglich das Herzogtum. Sogar dort, wo er selbst der Landesherr ist, zeigt sich der Truchsess nur sporadisch: in den Herrschaften (Grundbesitztümern) Waldburg, Wolfegg, Waldsee und Zeil sowie den Städten Waldsee und Wurzach – die zusammen ein durchlöchertes Territorium bilden, das gut 30 Kilometer Durchmesser hat und im Südosten des heutigen Bundeslandes Baden-Württemberg liegt.

Im Frühjahr 1526 muss Georg Truchsess trotzdem in seine Ländereien, um so manches zu klären. Die Beziehung zu den eigenen Untertanen ist durch den Bauernkrieg zerrüttet – aus Sicht des Truchsess, weil ihm seine Leute während des Feldzugs 1525 in den Rücken fielen, sich dem Aufstand anschlossen und sogar sein Schloss Linden niederbrannten; aus Sicht der Untertanen, weil Dutzende von ihnen in der Schlacht bei Wurzach von den Soldaten des Truchsess umgebracht wurden. Wie soll man wieder zueinander finden? Und will man das überhaupt? Der Truchsess hat im Grunde zwei Möglichkeiten: seinen renitenten Untertanen entgegenzukommen – oder durch Verfolgung und harte Strafen jeden Widerstandsgeist zu ersticken, so wie er es auf seinem blutigen Feldzug getan hat und wie es gerade in vielen anderen Gebieten geschieht.

Hinzu kommt die Frage: Wie soll man umgehen mit dem Vertrag von Weingarten, den Georg Truchsess im April 1525 mit den großen Bauernhaufen in seiner Heimatregion Oberschwaben schloss, als er sich in einer militärisch prekären Situation befand? Andernorts wurden Abkommen mit den Aufständischen bereits für ungültig erklärt, nachdem sich die Machtverhältnisse gedreht hatten. In ganz Franken hält sich allein Nürnberg weiterhin an die Zugeständnisse, die es den Rebellen gemacht hat; alle anderen fränkischen Obrigkeiten führen wieder die alten Steuern und Frondienste ein. Und auch in Oberschwaben zeigen die Herren wenig Lust, sich an ihre Zusagen zu halten. Der Vertrag von Weingarten wird zwar nicht für ungültig erklärt, aber weitgehend ignoriert: Fast kein Landesherr geht die versprochenen Reformen an, obwohl sogar der Schwäbische Bund dies 1526 anmahnt. Rings um das Gebiet des Truchsess kommen lediglich das Reichskloster Irsee und das Fürststift Kempten zu einer Übereinkunft mit den Untertanen, so wie es vertraglich vereinbart wurde.

Umso erstaunlicher ist, was im Herrschaftsgebiet des Truchsess geschieht. Ausgerechnet der erbarmungslose Feldherr, der im Bauernkrieg geschätzt 20750 Menschenleben auslöschte, entpuppt sich dieses Mal als positive Ausnahmeerscheinung: Als einziger weltlicher Landesherr hält sich der »Bauernjörg« Truchsess an den Vertrag von Weingarten.

Vielleicht folgt er einem eigenen moralischen Kompass, der es erlaubt, Kriegsgegner und Aufrührer zu töten, jedoch nicht, sein Wort zu brechen. Anders gesagt: Georg Truchsess ist ein Killer, aber ein ehrlicher. Und nun gibt er ein Beispiel für Aufrichtigkeit. Er fordert seine Untertanen auf, ihre Beschwerden einzureichen, wie es der Vertrag vorsieht.

Daraufhin setzen die Bewohner von Wolfegg und dreier weiterer Gerichtsbezirke im Frühjahr 1526 ein gemeinsames Schreiben auf. Auch aus den übrigen Bezirken im Gebiet des Truchsess kommen wohl Beschwerdeschriften, die aber nicht erhalten sind. Die Tonlage ist nicht mehr selbstbewusst fordernd, wie während des Aufstands, sondern demütig bittend. Gleichwohl machen die Untertanen in der Sache klar, was ihre Anliegen sind. Die Leibeigenschaft möge nach »göttlichen und kaiserlichen Rechten« neu geregelt werden. Die Frondienste und Abgaben sollen reduziert, das Fischen in Bächen und Flüssen erlaubt werden, ebenso die Jagd auf bestimmte Tiere: auf Füchse, Hasen und Vögel. Außerdem soll es weniger Ge- und Verbote geben, was die Antragsteller bauernschlau begründen: Als unverständige Leute könnten sie sich die vielen Vorschriften nicht merken.

Die Forderungen erinnern in vielem an die berühmten Zwölf Artikel, die diplomatischerweise nicht erwähnt werden. Die Verhandlungen kommen rasch in Gang. Auf der einen Seite sind 15 bevollmächtigte Vertreter der Leibeigenen, auf der anderen die Amtsleute des Truchsess. Dieser beteiligt sich nicht persönlich an den Gesprächen – dafür ist das Verhältnis zu den Untertanen wohl noch zu gestört. Stattdessen lässt sich Georg Truchsess via Boten über den aktuellen Zwischenstand informieren und gibt seine Kommentare dazu ab.

Das Ergebnis sind zwei Vertragswerke, die im April und Mai 1526 geschlossen werden, wobei jeder Vertrag doppelt ausgefertigt und gesiegelt wird: Je ein Exemplar ist für den Herrn und für die Untertanen. Diese sind also nicht mehr bloße Befehlsempfänger, sondern Vertragspartner – und somit in einem neuen rechtlichen Zustand, wie der Forscher Blickle betont: Die Gesamtheit der Untertanen bildet nun eine Korporation, eine Körperschaft wie etwa in einem Unternehmen.

Diese Entwicklung ist nicht ganz neu, sie setzte bereits vor dem Bauernkrieg in vielen schwäbischen Gebieten ein. Auch auf dem Territorium des Truchsess wurde schon ein Abkommen mit den Untertanen geschlossen: 1515 über die Fronarbeit. Einer der beiden neuen Verträge baut darauf auf: Er ersetzt einen Teil der Frondienste durch Geldzahlungen, die umso höher ausfallen, je mehr Pferde und damit Wirtschaftskraft der Betreffende hat. Aus der Fronarbeit wird dadurch eine Art Vermögensteuer. Einige wenige Tage im Jahr muss allerdings noch körperlich für den Herrn gearbeitet werden. So ist ein Tag Erntedienst von morgens 7 Uhr bis abends 6 Uhr zu leisten – jedenfalls in der Theorie. In der Praxis beklagt die Herrschaft schon im 16. Jahrhundert, dass einige Untertanen oftmals erst mittags zum Frondienst erscheinen, andere gar nicht.

Neu ist, dass es eine finanzielle Vergütung gibt: Ein Mann bekommt 12 Heller, eine Frau 10 Heller für den Erntedienst (420 Heller entsprechen einem Gulden). Das ist zwar nicht mehr als eine Entschädigung – der übliche Tageslohn beträgt für Mann und Frau jeweils das 3,5-Fache –, aber ein Fortschritt. Und es wirkt auch in anderer Hinsicht modern: Der Verdienstunterschied zwischen den Geschlechtern, heute würde man Gender Pay Gap sagen, ist mit knapp 17 Prozent geringer als im 20. Jahrhundert und je nach Statistik nicht weit entfernt von den gegenwärtigen Zahlen.

Der zweite Vertrag, den Georg Truchsess mit den Untertanen schließt, behandelt das Thema, das die Bauern wohl am meisten bewegt: die Leibeigenschaft. Diese bleibt zwar bestehen, aber einige diskriminierende Regeln fallen weg. So brauchen Leibeigene das bislang übliche Hochzeitsgeld nicht mehr zu zahlen, und sie erhalten das Recht, den Ehepartner frei zu wählen.

Noch wichtiger ist ein weiterer Artikel in dem Vertrag. Die Leibeigenen haben jetzt das schriftlich verbriefte Recht, sich loszukaufen, sodass sie mit urkundlicher Bestätigung dem Stand der Freien angehören. Der Preis der Freiheit beträgt 3 Gulden für einen Mann, 4 Gulden für eine Frau – die mehr wert ist, da sie ja entscheidend ist für den Status der Kinder (die Leibeigenschaft vererbt sich über die Mutter, wie in Kapitel II.2 beschrieben). Allerdings muss die betreffende Person dann aus dem Gebiet des Truchsess fortziehen. Möchte sie frei sein und daheim bleiben, verdoppelt sich der Preis auf 6 beziehungsweise 8 Gulden.

4 Gulden sind wie erwähnt das Monatsgehalt eines Landsknechts, eine weibliche Tagelöhnerin muss dafür 48 Tage arbeiten. Für einen männlichen Arbeiter sind die 3 Gulden Freikaufsumme etwa 30 Tagelöhne. Das ist keine Kleinigkeit, aber bezahlbar.

Damit besteht die Leibeigenschaft zwar nominell fort, hat jedoch ihren Charakter komplett verändert. Wenn die Unfreien das Recht haben, sich für eine überschaubare Summe loszukaufen und Freizügigkeit zu erlangen – dann sind sie nicht mehr wirklich unfrei. Dann ist die Leibeigenschaft keine Institution mehr, die den Leibeigenen lebenslang an seinen Herrn kettet, sondern nur noch eine Art Wegzug-Steuer, die bei Verlassen des Herrn einmalig zu entrichten ist.

Von ihrem neuen Recht machen die Untertanen des Truchsess tatsächlich Gebrauch, wenn auch in bescheidenem Umfang, wie Peter Blickle berichtet: »Die Rechnungsbücher vor und nach 1525 belegen, dass die Zahl der Freikäufe pro Jahr immer unter zehn lag.« Denn die Freiheit hat einen Haken: Wer sich von seinem Leibherrn löst, kann dessen Gerichte nicht mehr in Anspruch nehmen, ist sozusagen staatenlos. Ansonsten gibt es im Alltagsleben zwischen Freien und Unfreien nahezu keinen Unterschied mehr. Und so handeln die Leibeigenen des Truchsess offenbar pragmatisch: Sie kaufen sich vorwiegend dann los, wenn sie zwecks Heirat fortziehen wollen. »Im Freikaufartikel steckt die zukunftsweisende und auf Freiheit als Menschenrecht orientierende Tendenz dieses Vertrags«, lobt Blickle die Übereinkunft in seiner Truchsess-Biografie. »Freikauf war gewissermaßen zur Zauberformel geworden.«

Wenige Monate später wird dieses Thema im großen Rahmen eine Rolle spielen: auf dem Reichstag, dem gesamtdeutschen Parlament, das von Juni bis August 1526 in Speyer tagt und sich ausführlich mit dem Bauernkrieg befasst. Einberufen wurde es ordnungsgemäß von Kaiser Karl V., der sich von seinem jüngeren Bruder vertreten lässt: von Erzherzog Ferdinand von Österreich. Der 23-jährige Habsburger reist mit einer riesigen Entourage an, die 700 Personen umfasst – Reichstage bestehen nicht nur aus politischen Beratungen, sondern sind auch spektakuläre gesellschaftliche Events mit Jagden, Festen und Turnieren.

In Ferdinands Gefolge befindet sich Georg Truchsess, der eine herausgehobene Position einnimmt: als Ferdinands Statthalter in Württemberg und als dessen Orator, das heißt als sein Sprecher und Vertreter bei vielen Beratungen. Pflichtbewusst wie er ist, nimmt Georg Truchsess an praktisch allen wichtigen Verhandlungen teil. Peter Blickle bezeichnet ihn gar als »omnipräsent« auf dem Reichstag.

Die Parlamentssitzungen finden in drei getrennten Kammern statt, Kurien genannt. In der ersten tagen die sieben Kurfürsten, die den deutschen Kaiser wählen. Die zweite Kammer umfasst zum einen die Landesherren der 74 weiteren Fürstentümer, zum anderen die Grafen, die zusammen aber nur über zwei Stimmen verfügen. Die dritte Kammer schließlich bilden die Reichsstädte, allerdings mit sehr begrenztem Einfluss: Ihre Stellungnahmen werden in der Regel als unverbindliche Meinungsäußerung abgetan. Effektiv regieren also im Reichstag die Kurfürsten und Fürsten, der Rest ist kosmetisches Beiwerk.

Die Themen auf der Agenda werden nicht sofort in den Kammern beraten und verabschiedet, sondern zunächst an Ausschüsse überwiesen, so wie es auch heute im Bundestag der Fall ist. Um damals Mitglied in einem Fachausschuss etwa für Münzwesen, Zoll oder Kriege zu werden, war »Kompetenz in der Sache gefragt«, betont Blickle. »Im Ausschuss saß man nicht qua Stand, sondern qua Sachverstand.«

Georg Truchsess sitzt in einem achtköpfigen Ausschuss, der

Vorschläge für eine bessere Seelsorge erarbeitet – und dabei auch gesellschaftliche Fragen angeht, die der Bauernkrieg aufgeworfen hat. So empfiehlt der Ausschuss, dass »allen Untertanen im Reich die Ehe frei zugelassen sein soll, also dass jeder und jede sich verheiraten mag, mit wem sie wollen, ohne Einziehen einer Strafe«. Das erinnert an die vertragliche Vereinbarung, die Georg Truchsess mit seinen eigenen Leibeigenen geschlossen hat. »Möglicherweise sah er darin ein Modell für eine reichsweite Lösung«, spekuliert Blickle.

Der Abschlussbericht des achtköpfigen Ausschusses geht in die Arbeit eines größeren Gremiums ein, das danach gebildet wird: des sogenannten Großen Ausschusses. Dieser besteht aus Delegierten der Kurfürsten, Fürsten, Grafen, geistlichen Herren und Städte – insgesamt sind es 21 Ausschussmitglieder, die Ende Juli gewählt werden. Georg Truchsess bleibt außen vor, weil seine Unterstützer ihn nicht gegen einen Kandidaten der Geistlichkeit durchsetzen können.

Am 18. August 1526 präsentieren die 21 Delegierten ihre Folgerungen aus dem Bauernkrieg: den »Ratschlag des Großen Ausschusses bezüglich der Missbräuche und Belastungen der Untertanen«. Dieses Gutachten orientiert sich offenkundig an den Zwölf Artikeln, die nahezu Punkt für Punkt abgearbeitet werden – und so eine späte Würdigung durch ihre Gegner erfahren, auch wenn das berühmte Manifest der Rebellen mit keiner Silbe erwähnt wird. Der Große Ausschuss empfiehlt unter anderem, Freie grundsätzlich nicht mehr in die Leibeigenschaft zu drücken und darüber nachzudenken, die Ehefreiheit zu gewähren und »ob nicht Mittel zu finden wären, wie sich die Leibeigenen freikaufen mögen«. Die Fronarbeit soll auf das früher übliche Maß reduziert und möglichst nicht zur Erntezeit eingefordert werden.

Auch in anderen Punkten wie Abgaben, Gemeindegütern, Wildschäden, Strafen und Rechtssicherheit kommt der Große Ausschuss den Forderungen der Zwölf Artikel weit entgegen. Ganz allgemein mahnt er an, »dass sich eine jede Obrigkeit davor hüten soll, ihre Untertanen unangemessen zu belasten«. Das Gutachten ist von tiefer Nachdenklichkeit geprägt und zeugt von überraschend großem Verständnis der Herren für die Nöte der Bevölkerung.

Aber dann gerät das Papier in die üblichen Mühlen des parlamentarischen Betriebs. Vielen im Reichstag geht vieles zu weit, und Ferdinand drängt auf ein schnelles Ergebnis. Die progressiven Vorschläge werden rasch gekürzt oder gestrichen, der Rest auf den kleinsten gemeinsamen Nenner gebracht. Das Ergebnis kommt in den sogenannten Reichsabschied, das Abschlussdokument, das alle neuen Beschlüsse und Gesetze versammelt. Es wird am 27. August 1526 vom Reichstag verabschiedet.

In diesem entscheidenden Dokument wird festgehalten, dass es eine »erschreckende, unerhörte und unchristliche Empörung der Untertanen an fast allen Orten der oberdeutschen Nation« gab, die »zu erheblichem christlichen Blutvergießen« führte. Trotzdem sollen die Mitläufer »mehr Gnade und Güte als Schärfe und Ungnade spüren«, die Rädelsführer hingegen »zu keinen Gnaden angenommen« werden. Wer seine Strafe verbüßt hat, den dürfe die Obrigkeit »nach ihrem Gefallen« wieder in seine früheren Ämter einsetzen – also gleichsam resozialisieren. Und so geht es weiter mit weichgespülten Formulierungen und Allgemeinplätzen. Nach konkreten Verbesserungsvorschlägen aus dem »Ratschlag des Großen Ausschusses« sucht man vergebens. Letztlich ist der Reichsabschied ein Zeugnis dafür, dass die damalige Politik zwar die drängenden Probleme der Zeit erkennt, aber nicht entsprechend zu handeln vermag.

Der nächste Reichstag, der 1529 wieder in Speyer tagt, wird bereits von konfessionellen Konflikten überschattet. Sechs evangelische Fürsten und 14 Reichsstädte veröffentlichen sogar eine Protestnote gegen die Beschlüsse der katholischen Mehrheit, die sogenannte Protestation – und der Begriff Protestanten für Evangelische ist geboren.

Es bleibt also den einzelnen Landesherren überlassen, ob sie die Ursachen der Rebellion an der Wurzel beseitigen wollen, indem sie auf die Klagen ihrer Untertanen eingehen. Von den größeren Fürstentümern schließen nur die Alpenländer Tirol und Salzburg Kompromisse, die die rechtliche Situation der Bevölkerung dauerhaft verbessern. Eine besondere Rolle spielt Landgraf Philipp von Hessen: Dieser Fürst schlug die Aufstände in und um sein Gebiet zwar blutig nieder – insbesondere in der Schlacht bei Frankenhausen gegen die Rebellen um Thomas Müntzer –, aber er lässt nach dem Bauernkrieg die Beschwerden seiner Untertanen im ganzen Land sammeln und viele Missstände beheben.

Seinen Untertanen entgegen kommt auch Markgraf Philipp von Baden ganz im Südwesten Deutschlands. Er hält sich weiter an den sogenannten Renchener Vertrag, den er und einige kleinere Landesherren am 25. Mai 1525 mit den Aufständischen schlossen. Der Vertrag basiert auf den Zwölf Artikeln und bringt den Bauern eine Reihe von Erleichterungen. Damit zeigt Philipp von Baden, dass es durchaus möglich ist, die Rebellion friedlich und mit positivem Resultat für beide Seiten zu beenden.

Signifikante Zugeständnisse von Dauer gewähren zudem einige unabhängige Städte und kleinere Territorien. Darunter sind Basel, Memmingen, wie erwähnt Nürnberg, das Erzstift Kempten und die Ländereien des Truchsess.

All diese positiven Beispiele machen zusammen mehr als ein Drittel des Aufstandsgebiets aus. Aber sie können nicht darüber hinwegtäuschen, dass es im größeren Teil zu keinen Verbesserungen für die einfache Bevölkerung kommt. Die meisten Obrigkeiten in Süd- und Mitteldeutschland setzen nicht auf Kompromiss, sondern auf Unterdrückung und Verfolgung – jedenfalls für die nächsten Jahre.

Denn es wird nicht mehr so sein, wie es einmal war. Die Bauern und Bürger haben die hohen Herren 1525 das Fürchten gelehrt, und viele Untertanen drohen auch in den folgenden

Jahren mehr oder weniger unverhohlen mit einem neuerlichen Aufstand. »Bauern blieben in erstaunlichem Maße renitent, Herren ungeachtet ihres militärischen Sieges traumatisiert«, weiß der Forscher Blickle. Die Angst der Mächtigen vor dem Volk bleibt so stark, dass die Herren sich 30 Jahre später doch noch bewegen und die Rechte der Untertanen reichsweit verbessern. Mehr darüber erzählt der Epilog.

Steckbrief Erzherzog Ferdinand von Österreich (ab 1558 Kaiser Ferdinand I.)

- Geb. 10. März 1503 bei Madrid.
- Gest. 25. Juli 1564 in Wien.

Stand und Familie: Ferdinand entstammt dem Haus Habsburg, der mächtigsten Dynastie Europas. Sein älterer Bruder Karl V., der 1519 zum Kaiser gewählt wird, ist König von Spanien sowie Herrscher über Österreich, die Niederlande, Burgund, das südliche Italien und wachsende Gebiete in Amerika. 1521/22 übernimmt Ferdinand von seinem Bruder Österreich inklusive Tirol sowie Territorien in Südwestdeutschland inklusive des neu erworbenen Herzogtums Württemberg; damit spaltet sich das Haus Habsburg in eine spanische und eine österreichische Linie. Ferdinand wird zudem Stellvertreter des Kaisers und in Karls Todesjahr 1558 selbst Kaiser des Heiligen Römischen Reichs Deutscher Nation.

Der überzeugte Katholik heiratet 1521 Anna von Böhmen und Ungarn. Dadurch wird er 1526 König der beiden Länder. Das Paar hat 15 Kinder.

Wirken: Ferdinand ist der bedeutendste Landesherr, der vom Bauernkrieg direkt betroffen ist. Kompromisse mit den Aufständischen schließt er in Tirol, nicht aber in Württemberg. Dieses verliert er 1534 an den früheren Landesherrn, Herzog Ulrich von Württemberg.

Besondere Merkmale: Ferdinand und Anna führen bis zu deren Tod 1547 eine glückliche Ehe. Sie begleitet ihn ungewöhnlich oft auf Reisen, und auf verwunderte Nachfragen antwortet Ferdinand, die Kosten seien besser für die Gattin angelegt als für Geliebte.

3. Feuerbacher vs. Truchsess: Der Prozess (ab 1527)

Es ist 12 Uhr Mittag, High Noon. Das Duell um das Leben Matern Feuerbachers beginnt im Freien. »Unter offenem Himmel an der Kaiserlichen Landstraße«, so wie es Tradition und Rechtsordnung vorschreiben, eröffnet das hohe Gericht am 15. Mai 1527 feierlich den Prozess. Und setzt ihn drinnen fort, im Kaufhaus oder Rathaus der Reichsstadt Rottweil. Als Duellanten stehen sich gegenüber: hier der Landesherr und die Regierung von Württemberg, vertreten durch ihren Anwalt; dort der angeklagte Feuerbacher mit seinem Anwalt.

Der Prozess wird sich über vier Monate hinziehen. 87 Zeugen sollen aussagen, und das Gericht wird an sechs Verhandlungstagen zusammentreten. Jeder dieser Tage ist ein eigener Akt in einem filmreifen Drama, das zu einem überraschenden Ende führt. Und das viel verrät über die Justiz vor 500 Jahren, die zwar die Folter und grausame Strafen kennt, aber auch Gerichtsverfahren, die sich sehr um objektive Wahrheitsfindung bemühen – und dabei erstaunlich modern wirken, selbst nach heutigen Maßstäben.

Matern Feuerbacher ist nach der Niederlage bei Böblingen am 12. Mai 1525 den Soldaten des Truchsess entkommen und für eineinhalb Jahre von der Bildfläche verschwunden, wie in Kapitel III.4 erwähnt. Anfang Januar 1527 wurde er in der Reichsstadt Rottweil verhaftet und in den Turm gesperrt, auf Druck der Württemberger Regierung, die vom Truchsess angeführt wird. Rottweil widersetzte sich aber dem Begehren, den ehemaligen obersten Rebellenführer auszuliefern oder zu foltern.

Die Reichsstadt, die im heutigen Baden-Württemberg 80 Kilometer südwestlich von Stuttgart liegt, führt den Prozess stattdessen auf ihrem eigenen Territorium. Und das mit gutem Grund: Rottweil ist Sitz des Kaiserlichen Hofgerichts, dessen Zuständigkeit bis nach Köln, an den Thüringer Wald und in die Schweiz reicht. Im späten Mittelalter war es das höchste Gericht im Heiligen Römischen Reich Deutscher Nation, bis 1495 mit dem Reichskammergericht und 1498 mit dem Reichshofrat zwei noch höhere Gerichte geschaffen wurden. In der Folge verblasst die Bedeutung des Kaiserlichen Hofgerichts in Rottweil, aber 1525 ist die Stadt immer noch einer der bedeutendsten Gerichtsorte im ganzen Reich.

Die Verhandlung leitet ein Schultheiß, der als Richter den Vorsitz innehat. Das Urteil fällen zwölf Beisitzer aus dem Rottweiler Stadtrat, vergleichbar den heutigen Geschworenen in Großbritannien und den USA. Die zwölf Geschworenen der damaligen Zeit brauchen keine Einstimmigkeit zu erzielen, es genügt die einfache Mehrheit für einen Entscheid.

Als offizieller Kläger firmiert der Landesherr von Württemberg, Erzherzog Ferdinand. Faktisch sind Georg Truchsess und seine Württemberger Regierung die klagende Partei. Ihr Anwalt – der dem heutigen Sprachgebrauch entsprechend als Staatsanwalt bezeichnet wird, auch wenn es den Begriff damals noch nicht gab – ist der Untervogt der württembergischen Stadt Asperg, Diepold Gengenbach. Der Anwalt des Angeklagten, in modernen Worten sein Verteidiger, ist Matern Feuerbachers eigener Bruder: Bernhard Feuerbacher, von Beruf Prokurator (Rechtsvertreter) der Reichsstadt Esslingen nahe Stuttgart.

Außerdem erhalten Kläger und Angeklagter je einen Fürsprecher beigestellt: einen zusätzlichen Rechtsbeistand, der die Arbeit des Hofgerichts gut kennt. Für die eine Seite ist es der Notar Kaspar Müller, für die andere der Notar Konrad Mock.

Damit steht das Ensemble für den Beginn des Gerichtsdramas, das anhand der Prozessunterlagen ausführlich rekonstruiert wurde: von Gustav Bossert in seiner Feuerbacher-Biografie der 1920er-Jahre und von dem Historiker Eberhard Mayer in seiner 1957 veröffentlichten Dissertation an der Universität Tübingen. Auf beiden Arbeiten fußt die folgende Schilderung.

1. Akt. Mittwoch, 15. Mai 1527.

Der Staatsanwalt Diepold Gengenbach lässt durch seinen Fürsprecher im Gerichtssaal die Anklage verlesen. Diese umfasst sechs Punkte:

Erstens habe sich Feuerbacher am Ostermontag 1525 zu dem aufständischen Haufen auf dem Berg Wunnenstein begeben und sich zu dessen Hauptmann wählen lassen, obwohl er doch gegen die Aufrührer vorgehen sollte.

Zweitens habe er zusammen mit dem weiteren Haupttäter Hans Wunderer an viele Städte den schriftlichen Befehl geschickt, sich den Bauern anzuschließen.

Drittens habe er über die Vorratskammern seines Landesherrn wie ein Eigentümer verfügt. Er habe daraus Wein und Getreide entnehmen und einiges zu Geld machen lassen.

Viertens habe er als oberster Hauptmann Leute in Ämter berufen wie Profos (Polizeikräfte), Proviant- und Pfennigmeister; und er habe ihnen mündliche und schriftliche Befehle erteilt.

Fünftens habe er regierungstreue Städte und Dörfer vergewaltigt, zum Teil im Sturm erobert und so gezwungen, sich den Bauern anzuschließen.

Sechstens habe er seine unrechtmäßige Macht ausgeübt, bis sein Haufen dank der Gnade des Allmächtigen zerstreut und zum Teil erschlagen wurde.

Das alles sei wider Gott, Ehre und Pflicht geschehen und gegen das Recht im Reich, insbesondere gegen den Ewigen

Landfrieden von 1495. Daher habe Feuerbacher als Landfriedensbrecher Leib und Leben verwirkt. Er sei mit der ganzen Schärfe des Gesetzes zu richten, um seine boshaften Taten zu sühnen und um ein Exempel zu statuieren, damit sich andere »solch boshafter, eigenmächtiger und gewalttätiger Handlungen« enthalten.

Kurz gesagt: Der württembergische Staatsanwalt beantragt die Todesstrafe.

Die Verteidigung erwidert durch ihren Fürsprecher, dass sie Zeit benötigt, um sich mit der Anklage zu befassen. Sie beantragt daher, den weiteren Prozess zu vertagen. Das Gericht gibt dem Antrag statt – unter dem Protest des Staatsanwalts – und setzt den nächsten Verhandlungstermin in neun Tagen an.

2. Akt. Freitag, 24. Mai 1527.

Am zweiten Sitzungstag lässt Matern Feuerbacher seine Antwort vortragen. Die Anklage sei unbegründet, und er gestehe ihre Richtigkeit keineswegs zu. Denn er sei nicht freiwillig zu dem Haufen gezogen, sondern auf Befehl der Obrigkeit in Person seines Vogts. Dieser habe ihn gebeten, möglichst Schaden zu verhüten. Auch die beiden Adligen, Ludwig Spät der Ältere und der Jüngere, hätten ihn aufgefordert, sich zu den Empörern zu begeben. Einmal in deren Lager, hätten ihn die Bauern nicht gehen lassen, sondern ihn gegen seinen Willen zum Hauptmann gewählt. In dieser Position habe er sich stets bemüht, den Befehl seines Vogts zu befolgen. Tatsächlich habe er viel Schaden verhütet, sodass Schlösser, Klöster, Märkte und Dörfer unbeschädigt blieben. Für den Adel habe er so sehr gesorgt, dass die Bauern ihn der Adelsfreundschaft beschuldigten und ihn verschiedene Male erstechen wollten.

Ansonsten habe er nach Mehrheitsbeschluss handeln müssen, und viele Briefe seien zwar in seinem Namen, aber hinter seinem Rücken abgesendet worden. Er selbst habe niemanden zum Aufruhr verleitet oder zum Anschluss gezwungen, und er habe auch keine Befehle erteilt, die für seinen Landesherrn nachteilig waren. Dass er nicht Hauptmann sein wollte, bewiesen seine Absetzung und Gefangennahme in Sindelfingen (am Tag vor der Schlacht bei Böblingen).

Die Verteidigung versucht also gar nicht, den Tatbestand zu bestreiten, dass Feuerbacher als Rebellenhauptmann agierte. Dafür sind die Beweise auch zu erdrückend. Aber sie hebt hervor, dass er auf Befehl von oben und aus einem Notstand heraus handelte – und plädiert auf Freispruch. Die Prozesskosten sollen dem Kläger auferlegt werden.

Staatsanwalt Gengenbach antwortet sofort: Was die Verteidigung vorbringe, sei kein Beweis, sondern eine Entschuldigung. Selbst wenn der Vogt dem Angeklagten befohlen hätte, zu dem Haufen zu ziehen, habe Feuerbacher nicht »wohlgehandelt«. Denn der Vogt habe ihm keineswegs befohlen, Hauptmann zu werden und Städte und Dörfer zu vergewaltigen. Dass Feuerbacher einigen Adligen geholfen habe, helfe ihm nichts; er hätte seinem Landesherrn gehorchen sollen. Die Argumente der Verteidigung seien »impertinentes [ungehörig], im Recht nicht zulässig«.

Feuerbacher entgegnet, der Vogt habe ihm befohlen, bei dem Haufen zu bleiben und sein Bestes zu geben, damit die Untat von Weinsberg sich nicht wiederholt. Gern wäre er daheim geblieben, aber Befehl und Zwang hätten es nicht erlaubt.

Der Staatsanwalt wirft dem Angeklagten nun vor, er hätte zumindest dem Vogt die Erfolglosigkeit seines Auftrags melden müssen. Feuerbacher aber habe sogar Weinsberger Mordbuben (Jäcklein Rohrbach und dessen Männer) in seinen Haufen aufgenommen. Worauf dieser antwortet, er sei hier lediglich dem Zwang und Mehrheitsbeschluss gefolgt.

Nach dem Hin und Her zwischen Anklage und Verteidigung beschließen der Richter und die Geschworenen einstimmig, ein Beweisurteil zu fällen. Das heißt in modernen Worten: einen Indizienprozess zu führen, bei dem anhand der Beweislage entschieden wird.

Es ist also keineswegs so, dass im Mittelalter und in der Frühen Neuzeit für einen Schuldspruch stets ein Geständnis oder Gottesurteil nötig war, wie gern kolportiert wird. Wahr ist vielmehr: Ein Geständnis erleichterte den Prozess, und um es zu erlangen, stellte die Folter ein beliebtes Mittel dar. Üblich war das Aufziehen: Das Opfer wurde an den Händen, die hinter dem Rücken zusammengebunden waren, hochgezogen. Andere Methoden finden sich kaum in den damaligen Quellen. In der Regel durfte nur gefoltert werden, wenn bereits gewichtige Indizien für die Tat vorlagen. Oft blieb es beim sogenannten gütlichen Verhör. Im Prozess gegen Matern Feuerbacher hat das Gericht die Folter nicht einmal erwogen.

Stattdessen erhalten Staatsanwalt und Verteidigung die Gelegenheit, ihre Behauptungen gerichtsfest zu belegen. Die Beweisführung soll bis zum nächsten Verhandlungstag abgeschlossen sein: dem 17. Juli 1527, also in knapp acht Wochen.

Intermezzo: Zeugenvernehmung.

Beide Seiten dürfen dem Gericht eine Liste der Zeugen vorlegen, die vernommen werden sollen. Der Staatsanwalt benennt 40 Zeugen, die Verteidigung 50. Drei Personen stehen auf beiden Listen, sodass insgesamt 87 Zeugen aufgestellt sind.

Diese gehören verschiedenen Ständen an, sind Leibeigene, Bürger, Geistliche und Adlige. Ihr Alter liegt zwischen 17 und 70 Jahren. Unter den Zeugen befinden sich vier Frauen, die alle von der Verteidigung nominiert wurden. Viele Namen kennen wir bereits – von dem Forstknecht Jörg Cannstatter, der Feuerbacher auf den Wunnenstein begleitete und von beiden Parteien als Zeuge benannt wurde, bis zu den beiden adligen Ludwig Spät, die auf der Liste der Verteidigung stehen.

Anders als in heutigen Prozessen treten die Zeugen nicht persönlich vor Gericht auf. Ihre Aussagen werden bei einem gesonderten Termin aufgenommen, protokolliert und später in der Verhandlung verlesen. Mit den Vernehmungen beauftragt das Gericht einen Kommissar namens Johann Arnlin.

Ein formales Hindernis gibt es noch: Die meisten Zeugen sind Untertanen des Landesherrn von Württemberg, also des Klägers, und diesem zu Gehorsam verpflichtet. Damit sie trotzdem frei aussagen können, müssen sie vorübergehend von ihrem Untertaneneid entbunden werden. Das erforderliche Schreiben stellt Georg Truchsess als Regierungschef von Württemberg am 23. Juni aus: »Im Handel gegen Matern Feuerbacher von Bottwar« seien die Betreffenden »ihrer Pflichte und Eide« ledig. »Wir befehlen ihnen auch ernstlich«, fährt der Truchsess in dem Brief fort, dass sie »auf die Fragen des Kommissars zur Förderung der Wahrheit so viel darüber aussagen, wie sie wissen, und nichts verbergen wollen«.

Damit können die Vernehmungen beginnen. Als Erstes lädt der Kommissar die Zeugen der Anklage vor. Diese sollen sich am Montag, dem 1. Juli, um 8 Uhr morgens in Stuttgart im Gasthaus zum Bären einfinden. Mit dabei sind die Notare Müller und Mock als Fürsprecher beider Parteien sowie der Staatsanwalt Gengenbach. Der Verteidiger, Materns Bruder Bernhard Feuerbacher, erscheint aus unbekannten Gründen nicht, obwohl er die Einladung erhielt.

An dem Termin werden vor den Versammelten die einschlägigen Schreiben verlesen. Anschließend werden die Zeugen zur Wahrheit ermahnt, über die Folgen eines Meineids belehrt und vereidigt.

Die Verhöre führen der Kommissar, der Fürsprecher der Anklage und der Fürsprecher der Verteidigung. Die drei rufen einen Zeugen nach dem anderen einzeln zu sich. Zunächst muss jeder 15 standardisierte Fragen beantworten, unter anderem: Name und Alter, ob er mit einer Partei befreundet oder verfeindet ist, ob seine Aussage beeinflusst wird, etwa durch ein Geschenk oder die Angst vor Vergeltung. Darauf folgen die Fragen zu den Behauptungen beider Seiten. In der Regel erzählt der Zeuge zusammenhängend, was er über den Fall weiß. Zum Abschluss jedes Verhörs beurkunden Kommissar Arnlin und die beiden Fürsprecher das Protokoll.

Am Ende des Tages übergibt Staatsanwalt Gengenbach dem Kommissar noch einen Packen Beweisstücke: 94 Briefe, Pässe und Befehle, die mit Feuerbachers Namen unterzeichnet sind.

Der Termin mit den Zeuginnen und Zeugen der Verteidigung findet an einem anderen Ort statt. Offenbar trauen sich einige der Geladenen nicht nach Stuttgart, das als Sitz der Regierung von Württemberg geradezu die Höhle des Löwen ist. Dies gilt insbesondere für die geflohenen Ex-Rebellen unter den Zeugen. Der einstige Hauptmann Theus Gerber etwa ist in die Reichsstadt Esslingen bei Stuttgart geflüchtet, in der auch der Verteidiger Bernhard Feuerbacher arbeitet. Und so bietet es sich an, den zweiten Verhörtermin dort abzuhalten: am Sonntag, den 7. Juli, im Haus des Esslinger Wirtes Siesskung.

Zugegen sind der Kommissar, die beiden Fürsprecher und diesmal sowohl der Staatsanwalt Gengenbach als auch der Verteidiger Bernhard Feuerbacher. Ansonsten ist der Ablauf ähnlich wie beim ersten Termin.

An dem Tag übergibt der Verteidiger dem Kommissar noch ein gesondertes Schriftstück. Es enthält eine Passage aus dem Reichsabschied von Speyer 1526, die bereits zitiert wurde: dass die Mitläufer »mehr Gnade und Güte als Schärfe und Ungnade spüren« sollen, die »Anstifter, Aufwiegler und Haupttäter« hingegen keine Gnade. Offenbar glaubt Bernhard Feuerbacher, dass er seinen Bruder vor Gericht zum Mitläufer kleinreden kann – wozu einige Chuzpe gehört.

Nach Abschluss der beiden Vernehmungstage haben 75 der 87 benannten Zeuginnen und Zeugen ausgesagt. Auf fünf wurde verzichtet – Staatsanwalt und Verteidiger durften von ihrer eigenen Liste Personen wieder streichen. Außerdem verweigerten einige Zeugen die Aussage oder behaupteten, sie wüssten von nichts; einer verstarb, einer ließ sich wegen Krankheit seiner Frau entschuldigen.

Der Kommissar und die beiden Fürsprecher versiegeln nun die Aussageprotokolle, Briefe und sonstigen Beweisstücke, um sie dem Gericht am folgenden Verhandlungstermin zu übergeben.

3. Akt. Mittwoch, 17. Juli 1527.

Zu Beginn der dritten Gerichtssitzung beantragt der Staatsanwalt, die Verhandlung zu vertagen, weil noch Beweismittel fehlten. Und er fordert, den von Bernhard Feuerbacher vorgelegten Auszug aus dem Reichsabschied von Speyer zu entfernen – jeder Schüler könne solch einen Zettel schreiben. Das Gericht stimmt dem Antrag auf Vertagung zu, belässt das beanstandete Schriftstück aber in den Akten.

4. Akt. Dienstag, 6. August 1527.

Am vierten Verhandlungstag übergibt Kommissar Arnlin dem Gericht die versiegelten Aussageprotokolle und Beweisstücke. Die Dokumente werden geöffnet und vor den Anwesenden verlesen. Ihr Inhalt entspricht weitgehend dem, was in diesem Buch in den Kapiteln über Matern Feuerbacher steht.

Aus Historikersicht ist zu berücksichtigen, dass zum einen kaum jemand sich selbst belasten wollte, zum anderen einige Zeugen der Verteidigung wohl versuchten, Matern Feuerbacher in ein günstiges Licht zu rücken. Wenn etwa der Adlige Ludwig Spät der Ältere schildert, wie er Feuerbacher zuredete, mit den Aufständischen zu ziehen, auch als deren Hauptmann – dann kann das die Wahrheit sein oder ein Gefallen für einen Freund. Wir werden es nie wissen, zumal die Verteidigung auf die Aussage seines Cousins Ludwig Spät der Jüngere verzichtete, der bei dem Gespräch dabei war.

Nach der Verlesung wünscht Staatsanwalt Gengenbach eine Abschrift der Aussageprotokolle. Verteidiger Bernhard Feuerbacher erwidert, das sei nicht üblich. Das Gericht beschließt darauf, die weitere Verhandlung zu vertagen. Es lässt keine Abschrift anfertigen, aber die Fürsprecher beider Parteien erhalten Akteneinsicht, sooft sie wollen. Zudem dürfen sie mit dem Angeklagten Matern Feuerbacher sprechen, der weiter im Turm eingesperrt ist.

Staatsanwaltschaft und Verteidigung erhalten gut einen Monat Zeit, ihre Plädoyers vorzubereiten. Das Duell um Matern Feuerbachers Leben geht in die entscheidende Phase.

5. Akt. Dienstag, 10. September 1527.

In der fünften Sitzung werden auf Antrag der Verteidigung die Zeugenaussagen noch einmal verlesen. Dann lässt Staatsanwalt Gengenbach sein Plädoyer durch den Fürsprecher vortragen. Wenig überraschend argumentiert der Ankläger, die Beweisaufnahme habe seine Sicht der Dinge bestätigt: Matern Feuerbacher sei des Landfriedensbruchs schuldig. Die Zeugenaussagen hätten seine Böswilligkeit und seinen Hochmut erwiesen. Die Zeugen der Gegenseite hätten lediglich bestätigen können, dass Feuerbacher Adligen und Klöstern Gutes getan habe. Das berühre aber nicht die Anklage, die auf Landfriedensbruch lautet. Außerdem seien die Aussagen der Frauen wertlos, da es sich bei diesen um »verlotterte und unnütze Personen« handle.

Das letzte Argument verwundert, zumal sich unter den vier Zeuginnen der Verteidigung neben drei Bewohnerinnen Bottwars sogar eine Adlige befindet: Elisabeth von Nippenburg, die 46-jährige Gattin eines Ritters. Vielleicht rückt der Staatsanwalt die Frauen trotzdem in den Fokus, weil er entsprechend den damaligen Geschlechterklischees meint, so die Glaubwürdigkeit der Gegenseite unterminieren zu können.

Die Verteidigung kontert wie in einem Gerichtsfilm à la Hollywood: Sie erklärt ihrerseits Zeugen der Anklage für unglaubhaft. Einige hätten ihre Aussage angeboten, um die Gnade und Huld ihrer Obrigkeit zu gewinnen. Andere seien zuvor von den Württemberger Regierungsbehörden vernommen worden, die parteiischen Einfluss ausgeübt hätten.

Der Fürsprecher der Verteidigung argumentiert zudem in seinem Plädoyer, der Ankläger habe eben nicht belegen können, dass Matern Feuerbacher sich des Landfriedensbruchs schuldig machte. Denn es sei klar erwiesen, dass er auf Befehl seiner Obrigkeit zu dem Haufen zog, um Mord und Schaden zu verhüten. Die Unbestechlichkeit des Angeklagten ergebe sich aus den Aussagen. Das anderslautende Gerede mancher Zeugen der Anklage sei »singularis«, also singulär, ohne Bestätigung durch andere Aussagen – und damit hinfällig. Zum Abschluss des Plädoyers weist die Verteidigung auf den Reichsabschied von Speyer hin, da Feuerbacher weder Anstifter noch Haupttäter gewesen sei.

Jetzt ist wieder der Staatsanwalt beziehungsweise sein Fürsprecher an der Reihe, und man hat das Gefühl, ihm platzt gleich der Kragen. Bestimmte Aussagen seien nur deswegen »singularis«, so schimpft er, weil die Verteidigung arglistig auf diejenigen Zeugen verzichtet habe, die diese Angaben bestätigt hätten. Das gelte insbesondere für Ludwig Spät den Jüngeren: Von ihm hätte man die Wahrheit erfahren, aber genau das habe die Verteidigung befürchtet. Der Verzicht auf seine Aussage ist in der Tat rätselhaft – und das nutzt die Staatsanwaltschaft aus, um bei den Geschworenen den Verdacht zu schüren, dass die andere Seite mit faulen Tricks arbeitet.

Es geht weiter hin und her, und schließlich bestimmt das Gericht: Die Verhandlung wird noch einmal aufgeschoben. In drei Tagen fällt die endgültige Entscheidung.

6. Akt. Freitag, 13. September 1527.

Am letzten Sitzungstag verkündet der Richter das Urteil der zwölf Geschworenen. In geheimer Beratung kamen sie mit einer Mehrheit von zehn zu zwei Stimmen zu dem Schluss: Der Angeklagte ist »nicht schuldig«. Der Kläger muss für die Gefängniskosten aufkommen »und ansonsten jede Partei ihre Kosten selbst leiden und tragen«.

Das ist nichts weniger als eine Sensation. Eine Begründung für das unerwartete Geschworenenurteil gibt es nicht, so wie es heute noch in angelsächsischen Ländern gängig ist.

Wie erleichtert oder euphorisch Matern Feuerbacher und sein Bruder reagiert haben, ist nicht überliefert. Dafür kennen wir die Reaktion des Staatsanwalts, da sie der Richter zu den Akten genommen hat. Die Notiz lässt erahnen, wie Gengenbach vorstürmt und förmlich vor Wut bebt: »Er trug folgende Meinung persönlich vor: dass er solch ein untaugliches, irrtümliches Urteil für seinen gnädigsten und gnädigen Herrn nicht erwartet habe, aber wie dem auch sei, so habe er hiermit einen Zettel bei der Hand«, den der Richter gefälligst lesen solle – und dann zuhören. Der Richter ruft daraufhin die Geschworenen zu sich und antwortet vor allen: »Sofern dieser [Zettel] den Angeklagten Matern betreffe, wollte ich davon nichts hören.«

Nach dieser Abfuhr verkündet Staatsanwalt Gengenbach erkennbar aufgebracht, dass er wegen des »irrtümlichen, nichtigen und unförmigen Urteils« an den Kaiser appellieren werde. Daher beantrage er »zum ersten, zum zweiten und zum dritten Mal fleißig, noch fleißiger und am allerfleißigsten bittend und begehrend«, dass man ihm die Prozessakten und das Urteil aushändige. Bis zur Entscheidung des Kaisers, fordert Gengenbach außerdem, solle Matern Feuerbacher in Haft bleiben.

Jetzt schaltet sich die Verteidigung ein: Das Urteil sei gesprochen, und dabei solle es bleiben. Es sei »nie gehört«, dass jemand gegen ein Strafurteil des Kaiserlichen Hofgerichts appellierte, also in Berufung ging.

Der Richter und die Geschworenen entscheiden, die Berufung dennoch zuzulassen, den Parteien das Urteil schriftlich auszuhändigen und dem Staatsanwalt die Briefe zurückzugeben, die er als Beweisstücke eingereicht hat. Aber sie lehnen dessen Antrag ab, den Angeklagten weiter in Haft zu halten. Und sie verzichten darauf, eine Bürgschaft, also Kaution, von ihm zu verlangen.

Nach mehr als acht Monaten Haft und Todesangst ist Matern Feuerbacher ein freier Mann.

Er verlässt Rottweil und zieht nach Zürich, das damals den Status einer Reichsstadt hat – erst 1648 wird die Schweiz offiziell aus dem Heiligen Römischen Reich Deutscher Nation austreten. Von dort will Feuerbacher seine Angelegenheiten in der Heimat regeln.

Aber Georg Truchsess sieht als Regierungschef von Württemberg gar nicht ein, seinen zeitweilig größten Gegner ungeschoren davonkommen zu lassen, nur weil ein Gericht ihn freigesprochen hat. Und so rückt die Regierung Feuerbachers Eigentum nicht heraus, das sie beschlagnahmt hat. Auch verbietet sie seiner Frau und den Kindern, zu ihm nach Zürich nachzuziehen. Matern Feuerbacher muss also getrennt von seiner Familie leben und sich in Zürich eine neue Existenz von null an aufbauen.

Unterdessen erleidet Georg Truchsess ebenfalls eine unfreiwillige Trennung, die ihm sein Leben vergällt. 1528 rächt sich eines seiner vielen Opfer – kein Bauer oder Bürger, sondern ein Adliger: Hans Thomas von Rosenberg, der frühere Herr der Burg Boxberg, die der Truchsess 1523 bei seinem Feldzug gegen fränkische Raubritter eroberte und abfackeln ließ.

Nun, fünf Jahre später, begibt sich Rosenberg mit 13 Berittenen heimlich nach Dole in Burgund. Dort hält sich der älteste Sohn des Truchsess auf, der 13-jährige Jakob, um zu studieren und die französische Sprache zu lernen. Wie in einem Agententhriller steigt Rosenberg inkognito in einem Wirtshaus ab, verteilt seine Leute in der Stadt und der Umgebung und lässt die Gewohnheiten des Truchsess-Sohnes ausspionieren. Als dieser am 11. Juni 1528 mit einem Freund und einem Lehrer vom Gottesdienst in seine Wohnung geht, schlagen die Häscher zu. Einer ergreift den Jungen und wirft ihn auf das nahe Pferd, auf dem Rosenberg sitzt, mit den anderen Reitern im Gefolge. Während der Lehrer vor Schreck erstarrt, greift der junge Freund des Truchsess-Sohnes mutig einem der Reiter in die Zügel. Doch er kriegt einen Hieb auf den Kopf, der ihn betäubt. Dann galoppieren die Entführer davon, halten nacheilende Bürger mit Warnschüssen fern, bedrohen die Torwache und verschwinden mit ihrer Beute aus der Stadt.

Georg Truchsess erhält bald darauf einen Brief von seinem entführten Sohn und einen von Rosenberg, der seine Burg zurückfordert. Später verlangt der Raubritter stattdessen 30 000 Gulden Lösegeld. Beide Forderungen kann und will der Truchsess nicht erfüllen. Er startet große Suchaktionen nach dem Aufenthaltsort des Jungen und der Entführer, aber die Bemühungen bleiben vergeblich, ebenso alle diplomatischen Lösungsversuche.

Matern Feuerbacher hat sich derweil in Zürich etabliert. Wir kennen seine Tätigkeit nicht, aber dem einstigen Wirt und Rebellenhauptmann ist es wieder einmal gelungen, die Menschen in seiner Umgebung für sich zu gewinnen. Das zeigt eindrucksvoll der folgende Briefwechsel, den Gustav Bossert in seiner Feuerbacher-Biografie wiedergibt.

Schon nach zehn Monaten Aufenthalt setzt sich der Züricher Rat für den Neuankömmling ein. Am 14. Juli 1528 schreiben die Stadtoberen an die Württemberger Regierung unter Georg Truchsess: Diese möge Feuerbacher sein Eigentum zurückgeben und seine Familie nachkommen lassen, wenn sie ihn schon im Land selbst nicht mehr dulden will. Ganz allgemein lobt Zürich den Mittvierziger für seine »Ehrbarkeit und Dienstbarkeit«.

Das ist wohl zu viel für den Truchsess. Seine Regierung wendet sich am 12. August 1528 an den Landesherrn, Erzherzog Ferdinand von Österreich: Das Urteil im Fall Feuerbacher sei ungerecht, die Zeugen der Verteidigung seine Spießgesellen gewesen. Durch den Freispruch für den Haupträdelsführer werde das Urteil über viele andere hinfällig. Darum möge Ferdinand das Reichskammergericht oder sonst ein Gericht mit einer neuen Verhandlung beauftragen.

Zwei Tage später schickt die Truchsess-Regierung dem Züricher Rat die Antwort zu: Das Gesuch auf Familiennachzug wird abgelehnt. Die Züricher sollten sich weder Feuerbachers annehmen noch ihn als Bürger dulden. Sie seien falsch unterrichtet, und man lege ihnen einen besseren Bericht über den Täter bei. Außerdem schreibt die Regierung noch einmal an Erzherzog Ferdinand und teilt mit: Die vom Kaiserlichen Hofgericht angeforderten Akten und Kopien hätten ziemliche Kosten verursacht, trotzdem wolle man unter allen Umständen eine Verurteilung Feuerbachers erzwingen.

Die Berufung gegen den Freispruch geht an Ferdinands Bruder, Kaiser Karl V., und der leitet sie an das Reichskammergericht weiter. Und dann passiert: nichts. Ferdinand, der als Landesherr der offizielle Kläger ist, verliert anscheinend das Interesse, und das Berufungsverfahren verläuft im Sand. Das Reichskammergericht wird dazu nie eine Entscheidung fällen.

Für den Truchsess muss die Entwicklung in der Causa Feuerbacher doppelt frustrierend sein, denn auch der Briefwechsel mit Zürich führt nicht zum erwünschten Resultat. Anstatt den Ex-Rebellenhauptmann auszuweisen, verfasst die Stadt am 14. November 1528 ein neues Bittgesuch und beklagt, Feuerbacher müsse trotz seines Freispruchs im Elend umherziehen.

Bald darauf, am 28. November und am 13. Dezember, schreibt Matern Feuerbacher persönlich zwei Briefe an den Truchsess und dessen Regierung: Man möge ihm sein Eigentum zurückgeben, seine Frau nachkommen lassen und das Rottweiler Urteil als rechtens anerkennen. Er habe ja dem Adel und der Ehrbarkeit viel Gutes erwiesen, sei kein Rädelsführer gewesen und habe den Frieden gewollt. Der Truchsess möge sich als Vater an ihm erweisen.

Auf den rührenden Schlussappell folgt zwei Tage später ein weiterer Brief der Züricher, die Feuerbachers Bitte abermals unterstutzen. Am 22. Dezember 1528 antwortet Georg Truchsess – zunächst in gewohntem Ton: Er habe den ehrliebenden Zürichern das eidbrüchige und boshafte Treiben Feuerbachers nachgewiesen in der Hoffnung, sie würden sich aus Abscheu vor jedem Aufruhr solch einer leichtfertigen Person entledigen. Doch dann klingt der Brief etwas versöhnlicher, zumindest sachlicher: Feuerbachers Hab und Gut sei im Auftrag des Schwäbischen Bundes eingezogen worden. Mit dem Obervogt habe sich Feuerbachers Frau schon vertragen, soviel er wisse, mit dem Schwäbischen Bund aber noch nicht. Deutet sich hier ein Entgegenkommen an?

Den Zürichern genügt das nicht, und die Stadt fährt jetzt stärkere Geschütze auf, als nur zu bitten. Am 31. Januar 1529 verlangt sie erneut die Herausgabe von Feuerbachers Vermögen. Andernfalls, so droht sie, werde man ihm helfen, zu seinem Recht zu kommen.

Warum Zürich den Exilanten so vehement unterstützt, ist ein weiteres der vielen Rätsel rund um den Bauernkrieg. Zumal sich die Reichsstadt sonst weniger offenherzig gegenüber den geflüchteten Rebellen zeigt; sie verdoppelte ja sogar den Preis für eine Einbürgerung von 10 auf 20 Gulden. Aber für Feuerbacher machen die Stadtoberen eine Ausnahme: Am 18. Juli 1529 verleihen sie ihm das Züricher Bürgerrecht – kostenlos, »um seiner Dienste willen«. »Welche Dienste er Zürich geleistet, ist nicht bekannt«, merkt Biograf Bossert an.

Fünf Monate später, wenige Tage vor Weihnachten 1529, schreibt Feuerbacher noch einmal dem Truchsess, zunehmend verzweifelt klingend: Er möge ihm doch verzeihen und ihn mit Gnaden bedenken.

Georg Truchsess ist zu diesem Zeitpunkt ein gesundheitliches Wrack. Schon im Frühjahr 1529 litt er an so starkem Rheumatismus, dass er auf Krücken gehen musste. Die Ärzte verschrieben dem 41-Jährigen heilende Bäder gegen die Gelenkschmerzen, »allein er empfand keine Linderung, im Gegenteil nahm das Übel immer mehr zu und zerstörte langsam die Lebenskräfte«, erzählen die Truchsess-Biografen Walchner und Bodent. In einem Aufsatz des Jahres 2000 geht der Historiker Martin Zürn von der Universität Freiburg davon aus, dass der Truchsess an der Syphilis leidet. Die tödliche Variante der Geschlechtskrankheit wurde aus Amerika eingeschleppt, schon durch Christoph Kolumbus' erste Entdeckungsfahrten. Seit 1495 verbreiten sich die Syphilis-Bakterien rasend schnell in Europa und wüten insbesondere in den Landsknechtheeren.

Gegen diesen unsichtbaren Feind gibt es damals kein Mittel. Der Zustand des einst gefürchteten Bauernjörgs verschlechtert sich immer mehr, und am 29. Mai 1531 stirbt Georg Truchsess im Alter von 43 Jahren.

Seinen Sohn Jakob sah er trotz aller Bemühungen nie wieder. Der junge Truchsess kommt erst 1534 gegen die Zahlung von 8000 Gulden frei. Aber er scheint sich mit seinen Entführern in den sechs Jahren Geiselhaft auf einer hessischen Burg gut verstanden zu haben – so gut, heißt es, dass einer der Rosenbergs später Jakob besucht und von ihm gastfreundlich beherbergt wird.

Matern Feuerbacher erhält am 14. Februar 1531, dreieinhalb Monate vor dem Tod des Truchsess, eine erlösend klingende Nachricht: Die Württemberger Regierung teilt dem Züricher Rat mit, sie lasse dem Geflüchteten auf vielfache Bitte hin sein Vermögen zukommen. Dann vergeht erneut ein Jahr, ohne dass etwas geschieht.

1532 dürfen Feuerbachers Frau und Kinder endlich zu ihm nach Zürich ziehen, mitsamt seinem Vermögen. Sieben Jahre nach dem Bauernkrieg ist die Familie wieder vereint – und man kann wohl sagen: glücklich wieder vereint.

Vom weiteren Leben des Exilanten besitzen wir nur eine kurze Notiz. Diese verdanken wir einem Prozess seines einstigen Mitkämpfers Theus Gerber, der nach der Niederlage 1525 nach Esslingen geflohen ist. Gerbers Heimatstadt Stuttgart schickte ihm zwar bald seine Frau und Kinder sowie später sein Vermögen von 400 Gulden nach, aber das genügte dem Verstoßenen nicht. Der Handwerker zieht jahrelang gegen

Stuttgart vor Gericht, um seine volle Rehabilitierung zu erstreiten, und es werden Unmengen an Zeugen verhört.

Einer davon ist am 22. März 1539 »Matern Feuerbacher, meines gnädigen Fürsten und Herrn Küchenmeister zu Pforzheim«, 55 Jahre alt. Das Verhörprotokoll enthält nur allgemeine und ausweichende Antworten Feuerbachers über die Zeit des Bauernkriegs, aber wir wissen dadurch, dass er knapp 14 Jahre danach eine respektable Anstellung gefunden hat: als Chefkoch am Hof des Markgrafen Ernst von Baden, der in Pforzheim residiert. Wie gelang dem einstigen Wirt, Rebellenführer, Kurzzeit-Regenten von Württemberg, Flüchtling und beinahe zum Tode Verurteilten nun die Karriere am Fürstenhof? Das bleibt der Fantasie des Lesers überlassen, bis eines Tages neue Dokumente über Feuerbacher gefunden werden.

Der erfolgreiche Charismatiker und erfolglose Friedenskämpfer verschwindet im Nebel der Geschichte. Alles, was wir noch über ihn wissen, ist, dass er am 13. Februar 1567 nicht mehr lebt. Denn an dem Tag verkaufen die Erben von »Matern Feuerbacher selig« sein Haus. Sein Biograf Bossert vermutet, dass unser Protagonist erst kurz zuvor starb – dann wäre er über 80 Jahre alt geworden. Den Truchsess, seinen unerbittlichen Verfolger, überlebte der Rebell wider Willen auf jeden Fall um eine lange Zeit.

EPILOG

Wer heute aus südlicher Richtung nach Bad Frankenhausen fährt, erblickt zunächst das Kyffhäusergebirge, das sich direkt hinter dem Kurort erhebt. Auf dem vordersten Höhenzug, 140 Meter über der Stadt, sticht schon bald eine Bergkuppe ins Auge: Auf ihr thront ein helles, zylinderförmiges Gebäude, als ob der Berg eine überdimensionierte Krone aufhätte.

Vom Besucherparkplatz ist es ein kurzer Fußweg zu dem imposanten, 18 Meter hohen Rundbau. Neben dem Eingang befindet sich ein Café, dessen Terrasse einen weiten Blick über die thüringische Mittelgebirgslandschaft bietet – eine Aussicht, die Thomas Müntzer und seine Männer kaum genießen konnten, als sie dort vor 500 Jahren in ihrer Wagenburg auf das feindliche Fürstenheer warteten.

An den Revolutionär erinnern DDR-Sonderbriefmarken, die heute noch an der Eingangskasse des Gebäudes zum Verkauf angeboten werden. Von der Kasse aus führen 80 Stufen hinauf zum zentralen Panoramasaal, einem kreisrunden Raum mit fast 40 Metern Durchmesser, der in Dämmerlicht getaucht ist. Sitzend oder stehend betrachten hier die Besucher die beleuchtete Leinwand, die sie kreisförmig umgibt mit einem Gemälde der Superlative: dem 14 Meter hohen und 123 Meter breiten Bauernkriegspanorama, das einen geschlossenen Ring um sie bildet.

Darauf zu sehen sind mehr als 3000 Figuren, von Bäuerinnen über Landsknechte zu Adligen, die größten mehr als drei Meter hoch. Ihr Schöpfer, der Leipziger Maler Werner Tübke, erhielt 1976 vom DDR-Kulturministerium den Auftrag für das Monumentalgemälde, das die Aufständischen um Müntzer würdigen sollte. Aber der 46-jährige Tübke sagte nur unter der Bedingung zu, dass er freie Hand erhält. Nach elf Jahren fieberhafter Arbeit setzte er 1987 den letzten Pinselstrich an dem wohl spektakulärsten Auftragswerk der jüngeren Kunstgeschichte. Es wurde ein überwältigendes Panoptikum der Zeit um 1525, so voller Menschen, Anspielungen und Allegorien, dass es irrwitzig wirkt – und gerade deshalb so beeindruckt.

Das Panorama Museum, wie der Rundbau auf dem Schlachtberg bei Bad Frankenhausen heißt, ist zweifellos die grandioseste Gedenkstätte des Bauernkriegs. Dass sie in der DDR entstand, stellt keinen Zufall dar: Der Volksaufstand ließ sich als Klassenkampf gegen den Feudalismus bestens ins marxistische Geschichtsbild einpassen, und so hielt die sozialistische Regierung gern die Erinnerung daran hoch. Schon in der Sowjetischen Besatzungszone, aus der die DDR hervorging, feierte man die Enteignungen mit Plakaten, auf denen stand:

> Was 1525 endete in Blut und Verrat
> Ward 1945 vollendete Tat.

In Westdeutschland fand der Volksaufstand weit weniger Beachtung. Nach dem Zweiten Weltkrieg dominierte lange die Lesart des 1902 geborenen Bauernkriegsforschers Günther Franz: Durch die Niederlage 1525 »schied der Bauer für fast drei Jahrhunderte aus dem Leben unseres Volkes aus«, lautet sein deprimierendes Fazit. »Ohne dass sich die wirtschaftliche und rechtliche Lage des Bauernstandes entscheidend geändert hatte, sank der Bauer jetzt doch zum Arbeitstier herab. Er wurde zum Untertan, der seine Tage in Dumpfheit verbrachte.«

War also alles vergebens, wie man in Westdeutschland

dachte? Oder begründete der Bauernkrieg eine revolutionäre Tradition, die in der Befreiung der Werktätigen mündete, wie man in Ostdeutschland behauptete? Inzwischen hat sich eine differenzierte Sichtweise durchgesetzt: Der Aufstand endete zwar in einer vollständigen militärischen Niederlage, führte aber langfristig doch zu bedeutenden rechtlichen Veränderungen im Reich.

Die wichtigste Triebfeder für Reformen nach dem Bauernkrieg ist eine »fast paranoide Furcht vor neuen Aufständen«, wie der US-Historiker Thomas Sea formuliert. Diese Angst motiviert unter anderem den Schwäbischen Bund, 1527 dem Salzburger Fürsterzbischof zu drohen, dass man zugunsten seiner Untertanen militärisch einschreiten werde, wenn er diese zu sehr unterdrückt. Auch den hohen Herren scheint zu dämmern, was der Schweizer Chronist Johannes Stumpf aus dem Bauernkrieg folgert: »Tyrannei und Aufruhr gehören zusammen«, stellt der Zeitgenosse fest. »Es sind Deckel und Topf.«

Insbesondere Juristen machen sich in der Folgezeit Gedanken, wie sich Konflikte zwischen unten und oben gerichtlich entschärfen lassen, sodass es nicht mehr zu gewalttätigen Aufständen kommt. Das dauert freilich – die Mühlen der Justiz und der Gesetzgebung mahlen schon damals langsam. Ein extremes Beispiel ist der Pfälzer Eberhart Augenreich, Hauptmann der Dürkheimer Rebellen im Bauernkrieg: Er streitet ein Vierteljahrhundert lang um sein beschlagnahmtes Vermögen und gewinnt die Prozesse schließlich in höchster Instanz 1550.

Fünf Jahre später gelingt der gesetzgeberische Durchbruch. Unter Vorsitz des Erzherzogs Ferdinand von Österreich, der immer noch Stellvertreter des Kaisers ist, beschließt der Reichstag 1555 zwei bedeutende Gesetzeswerke: zum einen den Augsburger Religionsfrieden, der den Landesherren das Recht einräumt, über die Konfession in ihrem Gebiet zu entscheiden; zum anderen eine neue Reichskammergerichtsordnung. Diese ist weniger bekannt, aber ebenfalls von immenser

Tragweite, denn sie enthält eine modern anmutende Rechtswegegarantie: Alle Untertanen, die erfolglos vor örtlichen Gerichten gegen ihren Herrscher geklagt haben, können nun vor dem obersten Gerichtshof des Reichs Berufung einlegen (sofern es sich beim Landesherrn nicht um einen der wenigen großen Fürsten handelt, die für ihr Territorium ein Berufungsverbot durchgesetzt haben).

Der Rechtsweg gegen den eigenen Herrn steht ausdrücklich auch »armen Parteien« offen, die sich die üblichen Prozessgebühren nicht leisten können. Ihnen werden Anwalt und Untersuchungsrichter gestellt, und sie müssen die Gerichtskosten erst bezahlen, wenn sie genügend Vermögen besitzen.

Das ist nicht nur ein Alibi-Recht. Die Menschen machen davon so häufig Gebrauch, dass sich einige Landesherren über die mutwillige Prozessiererei ihrer Untertanen beschweren. »Der rechtliche Krieg gerät um 1600«, so der Jenaer Geschichtsprofessor Georg Schmidt, »zur beinahe alltäglichen Form des bäuerlichen Widerstandes.« Rund 700 Klagen werden um diese Zeit jährlich beim Reichskammergericht eingereicht, etwa zwei pro Tag. Die Folge dieser sogenannten Untertanenprozesse ist, dass die sozialen Konflikte zwischen Bevölkerung und Herrschern jetzt meist friedlich verlaufen – anders als etwa in England oder Frankreich. Zudem verbessert sich der Zusammenhalt im deutschen Reich. »Den klagenden Bauern aus Schwaben oder aus Ostfriesland wurde stets von Neuem vor Augen geführt, dass es neben ihrer Herrschaft ein übergeordnetes Ganzes gab«, bemerkt Schmidt.

Dann kommt eine historische Zäsur: der Dreißigjährige Krieg, der von 1618 bis 1648 mehrere Millionen Tote fordert und ganze Landstriche verheert. Die Bevölkerung im deutschen Reich geht um ein Drittel zurück, in weiten Regionen um mehr als zwei Drittel. Es ist die größte menschgemachte Katastrophe in Mitteleuropa, und sie überdeckt die Erinnerung an den Bauernkrieg. Der dient jetzt vor allem als abschreckendes Beispiel, welche Folgen der Ungehorsam haben kann.

Das ändert sich erst mit der Französischen Revolution 1789, die den Deutschen wieder vor Augen führt, dass man sich gegen die Obrigkeit erheben kann und darf. Sechs Jahre später erscheint die erste umfassende Geschichte des Bauernkriegs, verfasst von dem Göttinger Historiker Georg Sartorius, der längere Zeit im revolutionären Paris verbracht hat. Der 30-Jährige begrüßt in seinem Werk zwar pflichtschuldig die Unterdrückung des Aufstands, aber er lobt die Zwölf Artikel als wegweisend: Diese hätten gefordert, »was einige Jahrhunderte später allgemeine Menschenrechte, Natur- und allgemeines Staatsrecht genannt ward«.

Das ist ein neuer Blick auf die Ziele der Aufständischen, die bislang als gewalttätiger Pöbel geschmäht wurden im Sinne von Luthers fürchterlichem Verdikt »Wider die mörderischen und räuberischen Rotten der Bauern«. Nun beginnt sich die Sichtweise zu drehen: Die Rebellen rücken von Jahrzehnt zu Jahrzehnt in ein zunehmend positives Licht, die Herren in ein negatives.

Wenn man »im Mondschein die dunkeln Burgtrümmer sieht aus der Zeit des Bauernkriegs«, schreibt etwa Heinrich Heine 1828, »so sieht man auch die hohe Jagd, die der deutsche Adel, der roheste der Welt, gegen die Besiegten geübt, man sieht wie tausendweis die Wehrlosen totgeschlagen, gefoltert, gespießt und gemartert wurden, und aus den wogenden Kornfeldern sieht man sie geheimnisvoll nicken, die blutigen Bauernköpfe«.

Der berühmte Naturforscher Alexander von Humboldt kommt 1843 sogar zu dem Schluss: »Der große Fehler in der deutschen Geschichte ist, dass die Bewegung des Bauernkrieges nicht durchgedrungen ist.«

Im selben Jahr vollendet der württembergische Theologe und Historiker Wilhelm Zimmermann seine dreibändige *Allgemeine Geschichte des großen Bauernkrieges*. Der Mittdreißiger »steht fest, unbeirrt und als erster unter den deutschen Historiografen auf der Seite der Bauern«, betont der Forscher

Peter Blickle. Zimmermann trifft damit den Zeitgeist: Sein 1300 Seiten starkes Mammutwerk verkauft sich in 30 Auflagen geschätzt 300 000 Mal, obwohl es derart vor Namen und Orten überbordet, dass es für Nichtfachleute schwere Kost bietet. Aber es enthält auch eingängige Schilderungen und ist bis heute »das wohl einflussreichste Buch über 1525«, wie Blickle 2015 resümiert.

Zimmermann belässt es nicht beim Schreiben über den vergangenen Aufstand. Während der Deutschen Revolution von 1848/49 zieht er als Abgeordneter in die Frankfurter Nationalversammlung ein, wo er sich der äußersten Linken anschließt. In dem Revolutionsparlament begegnet er einem leibhaftigen Nachfahren des Georg Truchsess von Waldburg: dem Fürsten und Reichserbtruchsess Constantin von Waldburg-Zeil. Dieser ist ebenfalls gewählter Abgeordneter, bleibt fraktionslos – und schlägt sich bei jeder Abstimmung auf die Seite der Linken, zum Entsetzen seiner adligen Standesgenossen.

Der 41-jährige Reichserbtruchsess lässt auf seinem Zeiler Schloss die schwarz-rot-goldene Fahne der Revolution wehen. Nach deren Scheitern verbringt er einige Monate in Festungshaft und spannt einen Bogen von Georg Truchsess zu sich persönlich: »Wo jener Blut säte und mit Leichen die Gegend bedeckte, da wählten nach 300 Jahren die Enkel jener erschlagenen Bauern einen Nachkommen jenes Truchsessen zum Vertreter ihrer Interessen«, schreibt er 1850 selbstbewusst über sich. »So habe ich dagegen für die Rechte des Volkes unerschütterlich eingestanden!«

Der Truchsess-Nachfahre hilft dem Bauernkriegsforscher Zimmermann anschließend, in den Württemberger Landtag gewählt zu werden – mit Erfolg. Zimmermann revanchiert sich, indem er in den späteren Auflagen seines großen Werks die härteste Passage über den Truchsess und dessen Henker Berthold Aichelin streicht. Anscheinend freut sich auch ein linker Adliger, wenn sein Ahnherr nicht allzu schlecht wegkommt. Aber es ist zu spät für eine Imagekorrektur: Georg

Truchsess wird bis heute als Bauernjörg die schwarze Schreckensgestalt des Bauernkriegs bleiben.

Zimmermanns Einfluss reicht noch viel weiter nach links: Der kommunistische Vordenker Friedrich Engels verfasst 1850 die Schrift *Der deutsche Bauernkrieg*, die auf gut 100 Seiten einen kompakten Überblick über die Ereignisse gibt. »Der gesamte auf die Bauernaufstände und auf Thomas Münzer [sic] sich beziehende Stoff ist aus Zimmermann genommen«, gesteht Engels in einem späteren Vorwort mit entwaffnender Offenheit.

Für den Mitbegründer des Marxismus rangiert der Bauernkrieg als »großartigster Revolutionsversuch des deutschen Volkes« noch vor der 1848er-Revolution. »Es ist an der Zeit, gegenüber der augenblicklichen Erschlaffung«, schreibt Engels im Vorwort 1850, »die ungefügen, aber kräftigen und zähen Gestalten des großen Bauernkriegs dem deutschen Volke wieder vorzuführen.« Wer seine Darstellung liest, erhält eine Ahnung davon, weshalb der Co-Vater des Kommunismus mit seinem schriftstellerischen Gesamtwerk solch durchschlagenden Erfolg erzielt: Der enge Freund von Karl Marx schafft es, das komplexe Geschehen des Bauernkriegs so kompakt, interessant und übersichtlich darzustellen wie kaum ein anderer – bis heute.

Im 20. Jahrhundert entdeckt dann auch die Rechte den Bauernkrieg für sich. Der Kampf gegen die Privilegien des Adels und des Klerus passt in die Ideologie des Nationalsozialismus, der sich anfangs als revolutionäre Bewegung versteht und von einer egalitären Volksgemeinschaft träumt – unter Ausschluss aller rassenideologisch unerwünschten Personen. Die aufständischen Bauern von 1525 gelten den Völkischen nun als Ausdruck der gesunden deutschen Volkskraft.

Dass nach Zimmermanns Werk die nächste wegweisende Gesamtdarstellung *Der deutsche Bauernkrieg* ausgerechnet zu Beginn der Naziherrschaft 1933 erscheint, ist indes bloße Koinzidenz: Der Autor Günther Franz hat Jahre zuvor die

Arbeit daran begonnen und 1930 über das Thema habilitiert. Allerdings zeigt sich Franz keineswegs abgeneigt gegenüber der neuen braunen Staatsmacht. Schon 1933 tritt der 30-Jährige der NSDAP bei, 1935 auch der SS. Er bejubelt Hitlers Machtergreifung als Vollendung der Ziele des Bauernkriegs, erstellt antisemitische Publikationen und steigt zum einflussreichen Geschichtsprofessor sowie SS-Hauptsturmführer auf, ohne an die Front zu müssen.

Nach dem Zweiten Weltkrieg übernehmen in Ostdeutschland die Kommunisten die Deutungshoheit. Wie zu Beginn des Epilogs erwähnt, feiern sie sich nun ihrerseits als Vollender des Bauernkriegs.

Im Westen dagegen wird es sehr ruhig um den Aufstand von 1525. Günther Franz verliert seine Professur, aber nicht für immer: Der Geschasste verschleiert erfolgreich seinen Einsatz für das Naziregime und wird 1957 wieder auf einen Lehrstuhl berufen, als Professor in Stuttgart-Hohenheim. Sein Buch von 1933 gilt bis in die 1970er-Jahre in der Bundesrepublik als das Standardwerk über den Bauernkrieg schlechthin. Das liegt zum einen an der unbestrittenen Qualität seiner Forschungsarbeit, zum anderen daran, dass lange Zeit sich kaum ein westdeutscher Historiker mehr dem Thema widmen will, das von Kommunisten und Nationalsozialisten vereinnahmt wurde.

Die DDR kennt solche Berührungsängste nicht. Die Soldaten ihrer Nationalen Volksarmee (NVA) schmettern das Marschlied »Wir sind des Geyers schwarzer Haufen« ebenso wie zuvor die Rassekrieger der SS. Heldenstatus erhält der Revolutionstheologe Thomas Müntzer, der praktischerweise auf dem Boden der DDR kämpfte und starb. Ab 1971 ziert sein Konterfei den 5-Mark-Schein des selbst ernannten Arbeiter-und-Bauern-Staates.

Den konservativen Rebellenhauptmann Matern Feuerbacher hingegen schmähen DDR-Autoren als »Verräter in den Reihen der Aufständischen«. Als Beleg dafür ziehen sie den

Freispruch von 1527 heran, ohne auf den Prozess näher einzugehen. Im Westen wiederum wird der Kurzzeit-Regent von Württemberg grundsätzlich positiv gesehen. »Sein Ziel war, Recht und Gerechtigkeit zu handhaben und das Evangelium und die Wahrheit an den Tag kommen zu lassen«, urteilt etwa Günther Franz 1961. »Doch fehlte ihm der Blick für das Erreichbare und die Kraft sich durchzusetzen.« Heute ist in Großbottwar die Matern-Feuerbacher-Realschule nach dem geschätzten Sohn der Stadt benannt.

Der Unterschied zwischen Ost- und Westsicht reicht noch tiefer: Während die DDR-Historiker den Bauernkrieg als frühbürgerliche Revolution feiern, versuchen ihre westdeutschen Kollegen lange Zeit, ihn zu einem bloßen Konflikt um politisch-rechtliche Fragen herunterzudimmen. Den Gegensatz löst erst der Historiker Peter Blickle teilweise auf, der in den 1960er-Jahren am Lehrstuhl von Günther Franz arbeitet und ab 1972 Professor in Saarbrücken ist. Er beschreibt 1975 den Bauernkrieg als »Revolution des gemeinen Mannes«, also der einfachen Bevölkerung in Dorf und Stadt, was Bauern, Bergarbeiter und Bürger einschließt. Damit übernimmt Blickle die Deutungshoheit im Westen, die sein Ex-Chef Franz vier Jahrzehnte lang innehatte.

Im Osten entsteht zu der Zeit der Bad Frankenhausener Rundbau für das gewaltige Bauernkriegspanorama, an dem der Maler Werner Tübke wie erwähnt von 1976 bis 1987 arbeitet. Mit der Einweihung lässt sich die DDR-Führung Zeit bis zu den Feierlichkeiten zu Müntzers mutmaßlichem 500. Geburtstag: Am 14. September 1989, nach 15 Jahren der Vorbereitung, eröffnet der sozialistische Staat endlich seine kolossale Gedenkstätte für den großen deutschen Volksaufstand.

Und keine zwei Monate später, Ironie der Geschichte, bringt ein neuer großer Volksaufstand erst die innerdeutsche Mauer und dann die ganze DDR zu Fall.

Die friedliche Revolution von 1989 ist die einzige in Deutschland nach dem Bauernkrieg, bei der die breite Bevölkerung in öffentlichen Märschen quer durch das Land versucht, den Umsturz herbeizuführen – diesmal mit Erfolg. So gesehen kann die Demokratiebewegung in der DDR am ehesten für sich in Anspruch nehmen, in der Tradition von 1525 den Aufstand vollendet zu haben.

Nach der Wiedervereinigung wird es wieder ruhiger um den Bauernkrieg. Mit der innerdeutschen Grenze verschwinden ideologische Barrieren, ost- und westdeutsche Forscher bringen zunehmend gemeinsame Publikationen heraus. Zehn Museen in den alten und neuen Bundesländern vereinigen sich 2007 zur »Arbeitsgemeinschaft der deutschen Bauernkriegsmuseen« mit gemeinsamem Internetauftritt (www.bauernkriegsmuseen.de). »Wir sind nicht mehr im Ost-West-Konflikt mit klaren Grenzen zwischen der bürgerlichen und sozialistischen Sichtweise«, sagt heute der Geschichtsprofessor Ulrich Niggemann. »Damit eröffnen sich neue Perspektiven. Wir können noch mal ganz anders über die Bauernkriegsfrage diskutieren.«

So gelangt auch die demokratische Mitte in Deutschland zu einer positiven Interpretation des Aufstands – und lobt ihn als Grundstein der Menschenrechte, wie bereits Georg Sartorius 1795. Diese neue alte Deutung wird gleichsam offiziell durch die Rede von Bundespräsident Johannes Rau am 21. März 2000. »Die zwölf Artikel enthalten im Kern die Überzeugung von der Universalität der Menschenrechte«, konstatiert das Staatsoberhaupt. »Als die Mütter und Väter den Artikel 1 des Grundgesetzes formuliert haben – ›Die Würde des Menschen ist unantastbar‹ –, war das auch ein fernes Echo der Bauernartikel.«

Werden also fortan das Grundgesetz und die UN-Menschenrechtserklärung in die Tradition des Bauernkriegs gestellt? In diese Richtung deuten die großen Landesausstellungen, die in Baden-Württemberg, Thüringen und Sachsen-Anhalt zum 500. Jahrestag des Aufstands 2024/25 laufen. »Erstmals in der deutschen Geschichte wurden in den als Bauernkrieg bezeichneten Aufständen universale Freiheitsrechte gefordert und eine allgemeine Gleichheit aller Menschen postuliert«, schreibt etwa das Landesmuseum Württemberg in Stuttgart. Es spannt in seiner Ausstellung den Bogen von 1525 zur Gegenwart und beleuchtet Protestbewegungen bis hin zu den modernen Klimaprotesten.

Dabei illustrieren gerade die radikalen Klimaaktivisten, wie sehr sich die Gesellschaft in den vergangenen 500 Jahren fortentwickelt hat. Als die Bauern und Bürger 1525 demonstrierten, bewaffneten sie sich, um der Obrigkeit nicht wehrlos gegenüberzutreten. Heutige Rebellierende, die sich etwa an Straßen festkleben oder an Brücken festketten, begeben sich dagegen bewusst in eine hilflose Situation – im Zutrauen darauf, dass die Vertreter der Staatsgewalt sie mühselig und sorgsam wieder befreien werden. Ihre Aktionen sind damit ein enormer Vertrauensbeweis in die Staatsmacht beziehungsweise Obrigkeit, zieht man den Vergleich zu 1525, als die Menschen ihr Leben aufs Spiel setzten für mehr Freiheit und Gerechtigkeit.

Auch wenn die Aufständischen im Bauernkrieg jede entscheidende Schlacht verloren haben, zeigten sie vielfach einen Mut, den wir heute nur bewundern können. Zum Verhängnis wurde ihnen wohl, dass sie eben keinen Krieg wollten, sondern in aller Regel versuchten, ihre Ziele friedlich zu erreichen. Das nutzten ihre adligen Gegner skrupellos aus, zumal auch diese sich im Recht fühlten.

Wer waren die Rebellen von 1525? Räuberischer Pöbel? Vertreter alter Tugenden? Revolutionäre Klassenkämpfer? Vorreiter der Menschenrechtsbewegung? Die Antwort ist im Grunde ein Spiegel: Sie sagt mehr über uns Betrachter und den vorherrschenden Zeitgeist aus als über die damaligen Menschen, die es aus den unterschiedlichsten Motiven an vielen Orten zugleich wagten, sich gemeinsam zu erheben – und so von unten heraus eine Bewegung formten, die bis heute ihresgleichen sucht.

ZEITTAFEL

1476	Der junge Pfeifer von Niklashausen löst eine Massenbewegung in Süd- und Mitteldeutschland aus
1483/84	Geburt von Matern Feuerbacher
25. Januar 1488	Geburt von Georg Truchsess von Waldburg, dem späteren Bauernjörg
1493	Bauern im Elsass verschwören sich zur Bundschuh-Bewegung
1495	Ewiger Landfriede: Fehden sind im deutschen Reich verboten
um 1500	Übergang vom Mittelalter zur Neuzeit
1501	Joß Fritz initiiert im Gebiet des Oberrheins einen neuen Bundschuh
1514	Aufstand »Armer Konrad« im Herzogtum Württemberg
1517	Ende der Bundschuh-Bewegung; Joß Fritz entkommt

31. Oktober 1517	Martin Luther veröffentlicht seine 95 Thesen
1519	Der Schwäbische Bund vertreibt Ulrich von Württemberg und verkauft sein Herzogtum 1520 an die Habsburger
1520	Georg Truchsess tritt in die Dienste der Habsburger
1523	Im Auftrag des Schwäbischen Bundes zerstört Georg Truchsess 23 fränkische Raubritterburgen
23. Juni 1524	Mit der Stühlinger Erhebung an der Grenze zur Schweiz beginnt der Bauernkrieg
24. August 1524	Aufständische ziehen nach Waldshut und verbünden sich mit der Stadt
bis Ende 1524	Der Aufstand breitet sich weitgehend friedlich in Südwestdeutschland aus
Januar/Februar 1525	In Oberschwaben formieren sich drei große Rebellenheere: der Baltringer, Allgäuer und Bodenseer Haufen
2. Februar 1525	Der Habsburger Erzherzog Ferdinand von Österreich ernennt Georg Truchsess zum Obersten Feldhauptmann des Schwäbischen Bundes

ab 23. Februar 1525	Ulrich von Württemberg versucht, sein Herzogtum zurückzuerobern; Mitte März muss er abziehen
6.-16. März 1525	Der Baltringer, Allgäuer und Bodenseer Haufen verbünden sich in Memmingen. Sie verabschieden eine gemeinsame Verfassung und ihr Manifest: die Zwölf Artikel
19. März 1525	Die Zwölf Artikel gehen in Augsburg in Druck; binnen zwei Monaten werden in 15 Städten etwa 25 000 Exemplare produziert
22. März 1525	Der Aufstand weitet sich nach Franken aus
4. April 1525	Georg Truchsess schlägt bei Leipheim nahe Ulm die erste Schlacht des Bauernkriegs
14. April 1525	Auch in der Schlacht bei Wurzach siegt Georg Truchsess. Am selben Tag beginnt der Aufstand im Elsass
16. April 1525	Weinsberger Bluttat: Der Neckartal-Odenwälder Haufen erobert die Stadt Weinsberg; zehn Adlige werden durch die Spieße gejagt

17. April 1525	Matern Feuerbacher wird Hauptmann des Wunnensteiner Haufens; dieser vereinigt sich fünf Tage später mit dem Zabergäuhaufen zum Hellen Christlichen Haufen
17./22. April 1525	Vertrag von Weingarten: Der Bodenseer und der Allgäuer Haufen lösen sich auf; Georg Truchsess verspricht Straffreiheit und Schiedsgerichte
18. April 1525	Der Aufstand erreicht Fulda und Thüringen; dort agitiert Thomas Müntzer von Mühlhausen aus
25. April 1525	Der Helle Christliche Haufen nimmt kampflos Stuttgart ein; Matern Feuerbacher wird effektiv der Regent Württembergs
ca. 6. Mai 1525	Martin Luther verfasst das Pamphlet »Wider die mörderischen und räuberischen Rotten der Bauern«
7. Mai 1525	Das Kurfürstentum Mainz kapituliert vor dem Neckartal-Odenwälder Haufen
8. Mai 1525	12000 Rebellen unter Matern Feuerbacher und Hans Wunderer erobern Herrenberg im Sturm

9.-13. Mai 1525	In Brixen beginnt der Tiroler Aufstand; Michael Gaismair wird zum obersten Feldhauptmann gewählt
11. Mai 1525	Matern Feuerbacher wird abgesetzt
12. Mai 1525	Schlacht um Württemberg: Bei Böblingen erleiden die Rebellen eine vernichtende Niederlage gegen Georg Truchsess; Matern Feuerbacher und Hans Wunderer fliehen
15. Mai 1525	Schlacht um Thüringen: Bei Frankenhausen werden die Rebellen um Thomas Müntzer von einem vereinten Fürstenheer massakriert; Müntzer wird gefasst, gefoltert und am 27. Mai enthauptet
16./17./20. Mai 1525	Schlachten um das Elsass: Die Truppen des Herzogs Anton von Lothringen töten bei Lupstein, Zabern (heute Saverne) und Scherweiler (heute Scherwiller) 28 000 Aufständische
23. Mai 1525	Sechs Rebellenheere erobern Freiburg im Breisgau
25. Mai 1525	Der Aufstand entzündet sich im Erzbistum Salzburg

2./4. Juni 1525	Schlachten um Franken: Georg Truchsess und Kurfürst Ludwig von der Pfalz (»der Friedfertige«) vernichten bei Königshofen den Neckartal-Odenwälder Haufen und beim Dorf Ingolstadt ein weiteres Rebellenheer
8. Juni 1525	Georg Truchsess und Ludwig von der Pfalz reiten in Würzburg ein; dort und auf dem weiteren Zug durch Franken befiehlt der Truchsess reihenweise Hinrichtungen
9./11. Juni 1525	Schreckensgericht von Kitzingen: Markgraf Kasimir von Brandenburg-Kulmbach lässt 60 Bürgern die Augen ausstechen
23./24. Juni 1525	Ludwig von der Pfalz siegt in der Schlacht bei Pfeddersheim (heute Stadtteil von Worms)
3. Juli 1525	Salzburger Rebellen erringen bei Schladming den größten Bauernsieg in einer Schlacht
Mitte Juli 1525	Nach der unentschiedenen Schlacht an der Leubas im Allgäu lässt Georg Truchsess 200 Höfe abfackeln; die Rebellen kapitulieren, das Heer des Truchsess wird aufgelöst
21. Juli 1525	Der Landtag in Tirol schließt einen Kompromiss mit den Aufständischen

31. August 1525	Ein Friedensvertrag beendet den Aufstand in Salzburg
Herbst 1525	Georg Truchsess wird Statthalter (Regierungschef) im Herzogtum Württemberg
4. November 1525	Das letzte Gefecht in Deutschland; 350 Bauern ergeben sich bei Grießen nahe Waldshut
5. Dezember 1525	Die Stadt Waldshut an der Grenze zur Schweiz kapituliert; damit endet der Bauernkrieg in Deutschland
Winter 1525/26	Michael Gaismair verfasst im Schweizer Exil den visionären Entwurf einer neuen Staats- und Gesellschaftsordnung
April 1526	Neuer Aufstand im Erzbistum Salzburg; Gaismair kommt den Rebellen im Mai zu Hilfe
April/Mai 1526	Verträge des Truchsess mit seinen Untertanen: Die Fronarbeit wird eingeschränkt, Leibeigene dürfen sich freikaufen und frei heiraten
2. Juli 1526	Der Schwäbische Bund schlägt den Salzburger Aufstand nieder, Gaismair und seine Männer fliehen; am 12. Juli erreichen sie die Republik Venedig, der Bauernkrieg ist zu Ende

Anfang Januar 1527	Matern Feuerbacher wird in Rottweil verhaftet; am 15. Mai beginnt der Prozess gegen ihn
13. September 1527	Feuerbacher wird freigesprochen und zieht nach Zürich; seine Familie darf erst 1532 nachkommen
29. Mai 1531	Georg Truchsess stirbt
15. April 1532	Michael Gaismair wird in Padua ermordet
1534	Ulrich von Württemberg erobert sein Herzogtum zurück
März 1539	Feuerbacher ist Küchenmeister am Hof des Markgrafen Ernst von Baden in Pforzheim; er stirbt spätestens 1567
September 1555	Neue Reichskammergerichtsordnung: Untertanen können vor dem obersten Gericht gegen ihren Landesherrn klagen

DANKSAGUNG

Ohne Vertrauen kann kein Buch entstehen, und ich habe das Glück, dass Kristin Rotter als Programmleiterin Propyläen mir dieses erneut geschenkt hat. Ebenso wie Christian Seeger, mit dem alle meine Bücher untrennbar verbunden sind: Zu dem ersten Werk gab er mir bei Propyläen die Chance, zu dem zweiten den Anstoß, und das jetzige dritte lektorierte er persönlich. Bevor er das Manuskript in die Hand bekam, lasen es mein Kollege Dirk Liesemer und meine Frau Heike Pantle gegen. Wo sie mich auf Stellen mit Verbesserungsbedarf hinwiesen, musste ich ihnen meist recht geben, mit Gewinn für den Text. Grundlegend für die gesamte Arbeit waren das Vertrauen und der Rückhalt der Familie: Meine Frau begleitete das dreijährige Buchprojekt mit Engagement, unsere Eltern mit Anteilnahme, unsere Kinder mit freundlichem Desinteresse, so wie es sein soll.

QUELLEN UND LITERATUR

I. Quellen

Die zeitgenössischen Texte aus dem Bauernkrieg bilden einen reichhaltigen Fundus. Einige Forscher haben in dankenswerter Archivarbeit das Material gesichtet, thematisch geordnet, in Druckschrift herausgebracht und so allgemein zugänglich gemacht. Aus folgenden Quellensammlungen und -editionen schöpft dieses Buch:

Franz Ludwig Baumann, *Quellen zur Geschichte des Bauernkriegs in Oberschwaben*, H. Laupp, Tübingen 1876. Darin enthalten sind folgende ausführliche Augenzeugenberichte:

- die »Werdensteiner Chronik« von Ritter Georg von Werdenstein
- die Aufzeichnungen des Schreibers des Truchsessen Georg von Waldburg
- das Tagebuch des Herolds Hans Lutz
- die »Handlung des Bund wider die Bauern« von Ambrosius Geyer

Franz Ludwig Baumann, *Akten zur Geschichte des deutschen Bauernkrieges aus Oberschwaben*, Herder'sche Verlagshandlung, Freiburg i. Br. 1877

Ludwig Böhm (Hrg.), »Kitzingen und der Bauernkrieg. Nach den Originalakten des Kitzinger Stadtarchivs«, in: *Archiv des Historischen Vereins von Unterfranken und Aschaffenburg*, 36. Band, Stürtz, Würzburg 1893

Martin Cronthal, Hieronymus Hammer (Autoren), Michael Wieland (Hrg.), *Die Stadt Würzburg im Bauernkriege* nebst einem Anhang »Geschichte des Kitzinger Bauernkriegs«, Stürtz, Würzburg 1887

Günther Franz, »Aus der Kanzlei der württembergischen Bauern im Bauernkrieg«, *Württembergische Vierteljahrshefte für Landesgeschichte* 1935, Sonderabdruck 1. u. 2. Heft, 3. u. 4. Heft, W. Kohlhammer, Stuttgart 1935

Günther Franz, *Quellen zur Geschichte des Bauernkrieges*, Wissenschaftliche Buchgesellschaft, Darmstadt 1963

Lorenz Fries (Autor), August Schäffler, Theodor Henner (Hrg.), *Die Geschichte des Bauern-Krieges in Ostfranken*, Erster und Zweiter Band, Stürtz, Würzburg 1883

Moriz von Rauch, *Württembergische Geschichtsquellen*, Band 20: *Urkundenbuch der Stadt Heilbronn, Band 4 (von 1525 bis zum Nürnberger Religionsfrieden im Jahr 1532)*, W. Kohlhammer, Stuttgart 1922

Zahlreiche Archive stellen Scans von Original-Handschriften im Internet bereit. Darunter sind die Gerichtsakten aus dem Prozess gegen Matern Feuerbacher 1527 im Landesarchiv Baden-Württemberg auf www.landesarchiv-bw.de/plink/?f=1-2488694-1. Das Protokoll von Matern Feuerbachers Aussage im Theus-Gerber-Prozess 1539 ist auf www.landesarchiv-bw.de/plink/?f=1-2491543-1 zu finden. Für dessen Transkription bedanke ich mich bei Karin Lackner (www.zeitenreise.at).

Passagen innerhalb von Anführungszeichen habe ich ungekürzt aus den Quellen übernommen und vorsichtig dem modernen Sprachgebrauch angepasst, wie auf Seite 56 dargelegt. Jede Übertragung stellt einen Kompromiss dar, um einerseits den Inhalt für heutige Leser klar verständlich wiederzugeben, andererseits das Flair der alten Texte nach Möglichkeit zu bewahren. Oft habe ich daher den ursprünglichen Begriff belassen. Hinter weniger gebräuchlichen Wörtern steht in eckigen Klammern das moderne Synonym oder eine kurze Erläuterung.

II. Literatur

Die Sekundärliteratur über den Bauernkrieg ist vergleichsweise dünn gesät. Es finden sich zwar viele Fachpublikationen zu bestimmten Regionen oder Aspekten, aber nur relativ wenige übergreifende Arbeiten. Rar sind bislang insbesondere die großen Standardwerke, die das Thema umfassend und tiefgehend erschließen. Im Grunde gibt es aus jedem Jahrhundert nur ein solches Werk: aus dem 18. Jahrhundert das von Georg Sartorius 1795, aus dem 19. Jahrhundert die drei Bände von Wilhelm Zimmermann 1841 bis 1843, aus dem 20. Jahrhundert das von Günther Franz 1933.

Nach dem Zweiten Weltkrieg bleiben die meisten Studien in der Bundesrepublik kleinteilig. Erst 1984 kommt wieder eine umfassende Abhandlung heraus, die eine größere Leserschaft anspricht: *Der deutsche Bauernkrieg*, verfasst von mehreren Fachleuten und herausgegeben von den Geschichtsprofessoren Horst Buszello, Peter Blickle und Rudolf Endres.

Die DDR-Historiker publizieren derweil eifriger für die Allgemeinheit. Einige ihrer Bücher zählen bis heute zu den besten zum Thema. Nach wie vor lesenswert sind beispielsweise das wohltuend kurz gefasste militärhistorische Werk *Der deutsche Bauernkrieg 1524–1526* von Manfred Bensing und Siegfried Hoyer sowie das übersichtliche Taschenbuch *Die Gewalt soll gegeben werden dem gemeinen Volk – Der deutsche Bauernkrieg 1525* von Günter Vogler.

Seit der Wiedervereinigung sind Gesamtdarstellungen Mangelware, es dominiert die Spezialliteratur. Peter Blickles Taschenbuch *Der Bauernkrieg – Die Revolution des Gemeinen Mannes* befasst sich mehr mit Nebenaspekten als dem eigentlichen Geschehen und ist zum Einstieg weniger zu empfehlen. Dafür lohnt sich seine tiefgehende Truchsess-Biografie *Der Bauernjörg*, die er 2015 veröffentlichte, zwei Jahre vor seinem Tod. (Anmerkung zur dritten Auflage: Sieben Wochen nach diesem Buch erschien *Der Bauernkrieg* von dem Dresdner Professor Gerd Schwerhoff. Der Band beschreibt detailliert die Aufstände in den verschiedenen Regionen und könnte das neue Nachschlagewerk werden.)

Dieses Buch ist die Arbeit eines Wissenschaftsjournalisten. Es soll die Quellen nicht neu bewerten, sondern das vorhandene Wissen in strukturierter, gut lesbarer Form wiedergeben. Bei widersprüchlichen Informationen gab ich der aktuellen Forschungsliteratur den Vorzug vor der älteren. Dabei stützte ich mich vor allem auf die folgenden Werke:

Thomas Adam, *Joß Fritz – das verborgene Feuer der Revolution*, Verlag Regionalkultur, 3. Aufl., Ubstadt-Weiher 2013

Willi Alter: »Eberhart Augenreich (1474–1550). Ein Bauernkriegsschicksal, 2. Hälfte«, in: *Mitteilungen des Historischen Vereins der Pfalz* 78, 1980

Wolfgang Behringer, »Bauern-Franz und Rassen-Günther. Die politische Geschichte des Agrarhistorikers Günther Franz«, in: Winfried Schulze und Ott Gerhard Oexle (Hrg.), *Deutsche Historiker im Nationalsozialismus*, Fischer Taschenbuch, Frankfurt am Main 1999

Manfred Bensing, Siegfried Hoyer, *Der deutsche Bauernkrieg 1524–1526*, Militärverlag der Deutschen Demokratischen Republik, 5. Aufl., Berlin 1987

Michael Beyer et al. (Hrg.), *Melanchthon deutsch I*, Evangelische Verlagsanstalt, Leipzig 1997

Peter Blickle, *Der Bauernjörg. Feldherr im Bauernkrieg*, C.H.Beck, München 2015

Peter Blickle, *Der Bauernkrieg. Die Revolution des Gemeinen Mannes*, C.H.Beck, 5. Aufl., München 2018

Peter Blickle, *Die Revolution von 1525*, Oldenbourg Wissenschaftsverlag, 4. Aufl., München 2004

Ernst Bloch, *Thomas Münzer als Theologe der Revolution*, Kurt Wolff, München 1921

Gustav Bossert: »Der Bauernoberst Matern Feuerbacher. Ein Beitrag zur Geschichte des Bauernkriegs in Altwürttemberg«, in: *Württembergische Jahrbücher für Statistik und*

Landeskunde, Jahrgang 1923/24 und 1925/26, W. Kohlhammer, Stuttgart 1926 und 1927

Siegfried Bräuer und Günter Vogler, *Thomas Müntzer. Neu Ordnung machen in der Welt*, Gütersloher Verlagshaus, Gütersloh 2016

Jürgen Bücking, *Michael Gaismair*, Klett-Cotta, Stuttgart 1978

Horst Buszello, Peter Blickle, Rudolf Endres (Hrg.), *Der deutsche Bauernkrieg*, UTB Schöningh, 3. Aufl., Paderborn 1995

Alexander Demandt, *Es hätte auch anders kommen können. Wendepunkte deutscher Geschichte*, Propyläen, Berlin 2010

Hermann Ehmer (Hrg.), *Matern Feuerbacher und der Bauernkrieg*, Katalog zur Ausstellung in Großbottwar 2006

Friedrich Engels, *Der deutsche Bauernkrieg*, F. Thiele, Leipzig 1870

Michael Forcher, *Michael Gaismair*, Haymon Taschenbuch, Innsbruck 2020

Günther Franz, *Der deutsche Bauernkrieg*, Wissenschaftliche Buchgesellschaft, 4. Aufl., Darmstadt 1956 (1. Aufl. 1933, 12. Aufl. 1984)

Walter Friedensburg, *Der Reichstag zu Speier 1526*, R. Gaertners Verlagsbuchhandlung, Berlin 1887

Leonhard Fronsperger, *Von Kayserlichen Kriegßrechten*, Frankfurt am Main 1565

Hans-Jürgen Goertz, *Thomas Müntzer. Revolutionär am Ende der Zeiten*, C.H.Beck, München 2015

Carlheinz Gräter, *Der Bauernkrieg in Franken*, Stürtz, Würzburg 1975

Johann Heilmann, *Kriegsgeschichte von Bayern, Franken, Pfalz und Schwaben 1506–1651*, 1. Band, G. J. Cotta'sche Buchhandlung, Stuttgart 1868

Heinrich Heine, *Englische Fragmente* (1828), Holzinger, Berlin 2013

Klaus Hermann, *Auf Spurensuche. Der Bauernkrieg in Südwestdeutschland*, DRW, Leinfelden Echterdingen 1991

Malte Hohn, *Die rechtlichen Folgen des Bauernkrieges von 1525*, Duncker & Humblot, Berlin 2004

Alfred Kohler, *Ferdinand I.: 1503–1564. Fürst, König und Kaiser*, C.H.Beck, München 2003

Thomas Kramer, »Manipulierte Vorbilder« in: *G/Geschichte* 6/2021: »Der Bauernkrieg«

Hans-Martin Maurer, »Der Bauernkrieg als Massenerhebung« in: *Bausteine zur geschichtlichen Landeskunde von Baden-Württemberg*, W. Kohlhammer, Stuttgart 1979

Hans-Martin Maurer, »Bauernkrieg 1524/25. Heereszüge der Aufständischen und des Schwäbischen Bundes«, in: *Historischer Atlas von Baden-Württemberg*, VI-11: »Bauernkrieg«, Stuttgart 1980

Eberhard Mayer, *Die rechtliche Behandlung der Empörer von 1525 im Herzogtum Württemberg*, Dr. Ekkehart Fabian, Tübingen 1957

Alfred Meusel, *Thomas Müntzer und seine Zeit*, Aufbau, Berlin 1952

Andreas Musculus (Autor), Max Osborn (Hrg.), *Vom Hosenteufel* (1555), Max Niemeyer, Halle 1894

Ulrich Niggemann, »Furcht bei Adel und Kirche«, Interview in: *G/Geschichte* 6/2021: »Der Bauernkrieg«

Ulrich Niggemann, *Revolte und Revolution in der Frühen Neuzeit*, UTB Vandenhoeck & Ruprecht, Göttingen 2023

Christian Pantle, *Der Dreißigjährige Krieg*, Propyläen, 7. Aufl., Berlin 2018

Moriz von Rauch, »Der Bauernführer Jäklein Rohrbach von Böckingen« in: *Württembergische Vierteljahrshefte für Landesgeschichte*, Band 32, W. Kohlhammer, Stuttgart 1926

Georg Sartorius, *Versuch einer Geschichte des Deutschen Bauernkriegs oder der Empörung in Deutschland zu Anfang des sechszehnten Jahrhunderts*, Joh. Friedrich Unger, Berlin 1795

Georg Schmidt, *Der Dreißigjährige Krieg*, C.H.Beck, 9. Aufl., München 2018

Eugen Schneider, »Stuttgart im Bauernkrieg« in: *Württembergische Vierteljahrshefte für Landesgeschichte*, Jahrgang 23, N. F. 10, W. Kohlhammer, Stuttgart 1901

Erwin Schranz, »Ein Freiheitskämpfer, seiner Zeit voraus. Michael Gaismair und die Tiroler Landesordnung 1526«, *Wiener Zeitung online* 23. 1. 2019

Thomas Sea, »Schwäbischer Bund und Bauernkrieg. Bestrafung und Pazifikation« in: Hans-Ulrich Wehler (Hrg.), *Der deutsche Bauernkrieg 1524–1526*, Vandenhoeck & Ruprecht, Göttingen 1975

Barbara Stollberg-Rilinger, *Das Heilige Römische Reich Deutscher Nation*, C.H.Beck, 7. Aufl., München 2023

Günter Vogler, *Die Gewalt soll gegeben werden dem gemeinen Volk. Der deutsche Bauernkrieg 1525*, Dietz, 3. Aufl., Berlin 1983

Kasimir Walchner und Johann Bodent, *Biographie des Truchsessen Georg III. von Waldpurg*, Bannhard, Konstanz 1832

Paul Matthias Wehner (Hrg.), *Alte vnd Ernewerte Ordnung vnd Reformation der Römischen Keyserlichen Majestät Keyserlichen Hoffgerichts zu Rotweil*, Frankfurt am Main 1610

Erich Weismann, *Weinsberger Blut-Ostern 1525. Eine Rekonstruktion der Vorgänge nach zeitgenössischen Augenzeugenberichten*, Verlag des Nachrichtenblattes der Stadt, Weinsberg 1992

Wilhelm Zimmermann, *Allgemeine Geschichte des großen Bauernkrieges*, Franz Heinrich Köhler, Stuttgart 1841–1843 (Erster Theil 1841, Zweiter Theil 1842, Drittel Theil 1843). Gesamtausgabe: *Der große deutsche Bauernkrieg*, Parkland, Köln 1999

Martin Zürn, »Georg III. von Waldburg, der Bauernjörg« in: Elmar L. Kuhn (Hrg.), *Der Bauernkrieg in Oberschwaben*, Bibliotheca Academia, Tübingen 2000

BILDNACHWEIS

Bildteil
Abb. 1: akg-images
Abb. 2: Photo © CCI/Bridgeman Images
Abb. 3: Martin Egg/Creative commons
Abb. 4: UIG/Bridgeman Images
Abb. 5: akg-images
Abb. 6: INTERFOTO/Sammlung Rauch
Abb. 7: bpk-Fotoarchiv
Abb. 8: akg/euroluftbild.de/Robert Grahn
Abb. 9: bpk/Nationalgalerie, SMB/Klaus Göken VG Bild-Kunst, Bonn 2024
Abb. 10: duncan1890

Steckbriefe
Michael Gaismair, S. 263: © SZ Photo/Sammlung Megele/Bridgeman Images
Alle anderen Abbildungen in den Steckbriefen entstammen gemeinfreien Quellen.

ORTSREGISTER

PERSONENREGISTER